佛山市人文和社科研究丛书编委会
FOSHANSHI RENWEN HE SHEKE YANJIU CONGSHU BIANWEIHUI

主　任：商学兵　黎才远　邓　翔
副主任：何子健　陈恩维
编　委：姚朝文　邓　辉　李若岚
　　　　李建丽　刘建萍　张良桥
　　　　雷郎才　淦述卫　申元凯
　　　　李慧需

中共佛山市委宣传部　　主编
佛山市社会科学界联合会

佛山市人文和社科研究丛书
FOSHANSHI RENWEN HE SHEKE YANJIU CONGSHU

佛山功夫名人影视传播研究

FOSHAN GONGFU MINGREN
YINGSHI CHUANBO YANJIU

姚朝文 著

中山大學出版社
SUN YAT-SEN UNIVERSITY PRESS

·广州·

版权所有　翻印必究

图书在版编目（CIP）数据

佛山功夫名人影视传播研究/姚朝文著.—广州：中山大学出版社，2015.9

（佛山市人文和社科研究丛书）

ISBN 978-7-306-05352-7

Ⅰ.①佛…　Ⅱ.①姚…　Ⅲ.①武术家—生平事迹—佛山市　②武术家—关系—地方文化—研究—广东省　Ⅳ.①K825.47　②G127.65

中国版本图书馆 CIP 数据核字（2015）第 159186 号

出 版 人：	徐　劲
策划编辑：	赵　婷　李海东
责任编辑：	赵　婷
封面设计：	方楚娟
责任校对：	刘丽丽
责任技编：	何雅涛
出版发行：	中山大学出版社
电　　话：	编辑部 020-84110283，84111996，84111997，84113349
	发行部 020-84111998，84111981，84111160
地　　址：	广州市新港西路 135 号
邮　　编：	510275　传真：020-84036565
网　　址：	http://www.zsup.com.cn　E-mail：zdcbs@mail.sysu.edu.cn
印 刷 者：	广州家联印刷有限公司
规　　格：	787mm×1092mm　1/16　15.5 印张　300 千字
版次印次：	2015 年 9 月第 1 版　2015 年 9 月第 1 次印刷
定　　价：	48.00 元

如发现本书因印装质量影响阅读，请与出版社发行部联系调换。

《佛山市人文和社科研究丛书》出版前言

文化是一座城市的品格和基因，佛山是座历史传统悠久、人文气息浓郁、文化积累深厚的城市。近年来，佛山经济社会发展日新月异，岭南文化名城建设如火如荼，市、区有关部门及镇街从各自工作职能或地方发展特点出发，陆续编辑出版了一些人文或社科方面的书籍及资料。但从全市层面看，尚无一套完整反映佛山历史文化和人文社科方面的研究丛书，实为佛山社会文化传承的一大憾事。为弥补这不足之处，中共佛山市委宣传部、佛山市社会科学界联合会决定联合全市社会科学研究力量，深入挖掘佛山历史文化资源，梳理佛山哲学社会科学研究成果，编辑出版《佛山市人文和社科研究丛书》，并力争将其打造成为佛山市的人文社科研究品牌和城市文化名片。

本套丛书的策划和编辑，主要基于以下几个方面的考虑：一是体现综合性。丛书从全市层面开展综合性研究，既彰显佛山社会经济文化综合实力，也充分展现佛山人文社科研究水平，避免了只研究单一领域或个别现象，难以形成影响力的缺憾。二是注重广泛性。丛书对佛山历史文化、名人古迹、民俗风情、非物质文化遗产和经济、政治、社会、生态等各个方面都给予关注，而佛山经济社会发展亮点、历史文化闪光点和研究空白领域更是丛书首选。三是突出本土性。丛书选题紧贴佛山实际，具有鲜明的地方特色，作者主要来自佛山本地，也适当吸收外部力量，以锻炼培养一批优秀的人文社科研究人才。四是侧重研究性。丛书严格遵守学术规范，注重学术研究的广度、深度和高度。注重理论的概括、提炼和升华，在题材、风格、构思、观点等方面多有独到之处，具备权威性、整体性、系统性和新颖性，是值得收藏或研究的好书籍。五是兼顾通俗性。丛书要求语言通俗易懂，行文简洁明了，图文并茂，条理清晰，易于传播，既可作阅读品鉴之用，也是开展对外宣传和交流的好读物。六是坚持优质性。丛书综合考虑研究进度和经费安排，本着宁缺毋滥的原则，采取成熟一本、出版一本的做法，"慢工出细活"，保证研究出版的质量。七是力求系统性。

每年从若干选题中精选一批进行资助出版，积沙成塔，形成规模，届时可再按历史文化、哲学社会科学、佛山典籍整理等形成系列，使丛书系列化、规模化、品牌化。八是讲究方便性。每种书，既是整套丛书的一部分，编排体例、形式风格保持一致，又独立成书，自成一体，各有风采，避免卷帙浩繁，方便携带和交流。

自2012年底正式启动丛书编辑工作以来，编委会多次召开专门会议，讨论确定研究主题、编辑原则、体例标准、出版发行等事宜。最终确定《佛山功夫名人影视传播研究》、《走向"后申遗时期"的佛山非遗传承与保护研究》、《佛山传统建筑研究》、《解构与传承——康有为思想的当代价值研究》等作为丛书的第二批项目，列入我市重点社科理论研究课题予以资助出版。经过选题报告、修改完善、专家审定、编辑校对等环节，最终呈现给读者的就是第二批《佛山市人文和社科研究丛书》。今后，编委会将继续从全市各单位、各院校及社会各界广泛征集项目进行论证遴选和资助出版，力争通过数年的持续努力，形成一整套覆盖佛山人文社科方方面面的研究丛书，使之成为建设佛山岭南文化名城、增强地方文化软实力的一项标志性工程。

本套丛书的编辑得到了佛山科学技术学院、佛山市委党校、佛山职业技术学院、顺德职业技术学院等院校和全市广大人文社科工作者的大力支持，中国社会科学院首批学部委员、著名学者杨义教授欣然为丛书作总序，中山大学出版社为丛书的出版做了大量艰苦细致的工作，在此一并表示衷心的感谢，并对所有关心和支持丛书编撰工作的社会各界人士致以深深的敬意！

佛山市人文和社科研究丛书编委会

2015年3月9日

都来了解佛山的城市自我
——《佛山市人文和社科研究丛书》总序

杨 义
（中国社会科学院首批学部委员）

  大凡有文化底蕴的地方，都有它的身份、品格和精神，有它的人物、掌故和地方风物，从而在祖国文化精神总谱系中留下它独特的文化DNA。佛山作为一座朝气蓬勃而又谦逊踏实的岭南名城，自然也有它的身份、品格、精神，有它的人物、掌故、风物和文化DNA。对于佛山人而言，了解这些，就是了解他们的城市自我；对于外来人而言，了解这些，就是接触这个城市的"地气"。

  佛山有"肇迹于晋，得名于唐"的说法。汉武帝派遣张骞通西域之后，中国始通罽宾，即今之克什米尔。罽宾属于或近于佛教发祥之地，在东汉魏晋以后的数百年间，多有高僧到中原传播佛教和译经。唐玄奘西行求法，就是从罽宾进入天竺的。据清代《佛山志》，东晋时期，有罽宾国僧人航海东来传教，在广州西面的西江、北江交汇的"河之洲"季华乡结寮讲经，宣传佛教，洲岛上居民因号其地为"经堂"。东晋安帝隆安二年（398），初来僧人弟子三藏法师达毗耶舍尊者，来岛再续传法的香火，在经堂旧址上建立了塔坡寺。因而佛山经堂有对联云："自东晋卓锡季华，大启丛林，阅年最久；念西土传经上国，重兴法宇，历劫不磨。"其后故寺废弛。到了唐太宗贞观二年（628），居民在塔坡岗下辟地建屋，掘得铜佛三尊和圆顶石碑一块，碑上有"塔坡佛寺"四字，下有联语云："胜地骤开，一千年前，青山是我佛；莲花极顶，五百载后，说法起何人。"乡人认为这里是佛家之山，立石榜纪念，唐贞观二年镌刻的"佛山"石榜至今犹存。佛山的由来，因珠江冲击成沙洲，为佛僧栽卜慧根，终于立下了人杰地灵的根脉。

  明清以降的地方志，逐步发展成为记录地方历史风貌的百科全书。读地方志一类文献，成为了解地方情势，启示就地方而思考"我是谁"的文化记忆遗产。毛泽东喜欢读地方志书。在战争年代，每打下一座县城，就找县志来读。1929年打下兴国县城,获取清代续修的《瑞金县志》,如获至宝,挑灯夜读。新中国成立后,毛泽东到各地视察、开会,总要借阅当地志书。1958年在成都会议之前,就率先借阅《四川通志》、《蜀本纪》、《华阳国志》,后又要来《都江堰水利述要》、《灌县志》,并在书上批、画、圈、点。他在这次成都会议上,提倡在全国编修地方志。1959年,毛泽东上庐山,就借阅民国时期吴宗慈修的《庐山志》及《庐山续志稿》。可见编纂地方人文社会科学文献,是使人明白"我从何而来"、"我的文化基因若何",保留历史记忆,增加文化底蕴的重要工程。

从历史记忆可知,佛山之得名,是中外文化交流的一个靓丽的典型。它栽下的慧根,就是以自己的地理姻缘和人文胸怀,得经济文化的开放风气之先。因为佛教东传,不只是一个宗教事件,同时也是开拓文化胸襟的历史事件。随同佛教而来的,是优秀的印度、波斯、中亚和希腊文化,它牵动了海上丝绸之路。诸如雕塑、绘画、音乐、美术、珍宝、工艺、科技、思想、话语、逻辑、风习,各种新奇高明的思想文化形式,都借助着航船渡过瀚海,涌入佛山。佛山的眼界、知性、文藻、胸襟为之一变,文化地位得到提升。

但是佛山胸襟的创造,既是开放的,又是立足本土的。佛山的城市地标上"无山也无佛",山的精神和佛的慧根,已经化身千千万万,融入这里的河水及沃土。佛山的标志是供奉道教的北方玄天大帝(真武)的神庙,而非佛寺,这是发人深省的。清初番禺人屈大均的《广东新语》卷六说:"吾粤多真武宫,以南海佛山镇之祠为大,称曰祖庙。"那么为何本土道教的祖庙成了佛山的标志呢?就因为佛山为珠江水流环抱,水是它的生命线,如屈大均接着说的:"南冥之水生于北极,北极为源而南冥为委,祀赤帝者以其治水之委,祀黑帝者以其司水之源也。"于是,从北宋元丰年间(1078—1085)起,佛山就建祖庙,宋元以后各宗祠公众议事于此,成为联接各姓的纽带,遂称"祖庙"。祖庙附有孔庙、碑廊、园林,红墙绿瓦,亭廊嵯峨,雕梁画栋,绿荫葱茏,历数百年而逐渐成为一座规模宏大、制作精美、布局严谨,具有浓厚岭南地方特色的庙宇建筑群。

这种脚踏实地的开放胸襟,催生和推动了佛山的社会经济开发的脚步。晋唐时期的佛山,还只是依江临海的沙洲,陆地尚未成片。到了宋代,随着中原移民的大量涌入和海外贸易的兴起,以及珠江三角洲的进一步开发,佛山得到了进一步的发展,于是有"乡之成聚,肇于汴宋"的说法。佛山临近省城,可以分润省城的人才、文化、交通、商贸需求的便利;但它又不是省城,可以相当程度地摆脱官府权势压力和体制性条条框框的约束,有利于民间资本、技艺、实业和贸易方式的发育。珠江三角洲千里沃野，需要大量铁制的农具，因而带动了佛山的冶铁铸造业。屈大均《广东新语》卷十五说："铁莫良于广铁，……诸炉之铁冶既成，皆输佛山之埠，佛山俗善鼓铸，……诸所铸器，率以佛山为良，陶则以石湾。"生产工具的改进和省会、海外需求的刺激，又进一步带动了以桑基鱼塘为依托的缫丝纺织业。

起源于南粤先民的制陶业，也在中原制陶技术的影响下，迅速发展起来了。南宋至元，中原移民把定、汝、官、哥、钧诸名窑的技艺带到佛山石湾，与石湾原有的制陶技艺相融合，在吸取名窑造型、釉色、装饰纹样的基础上，使"石湾集宋代各名窑之大成"。石湾的土、珠江的水，在佛山人手里仿佛具有了灵性，它们在南风古灶里交融裂变、天人合一，幻化出五彩斑斓的石湾陶。清人李调元《南越笔记》卷六记载："南海县之石湾善陶。凡广州陶器，皆出石湾，尤精缸瓦。其为金鱼大缸者，两两相合。出火则俯者为阳，仰者为阴。阴所盛则水浊，阳所盛则水清。试之尽然。谚曰'石湾缸瓦，胜于天下。'"李调元是清乾嘉年间的四川人，晚年著述自娱，这也取材于《广东新语》。水下考古曾在西沙沉没的古代商船中发现许多宋代石湾陶瓷。在东至日本朝鲜、西至西亚的亚曼和东非的坦桑尼亚等地，也有不少石湾陶瓷出土。自明代起，石湾的艺术陶塑、建筑园林陶瓷、手工业用陶器不断输出国外，尤其是园林建筑陶瓷，极受东南亚人民的欢迎。东南亚各国如泰国、越南、新加坡、马来西亚、印度尼西亚等地的出土文物中，石湾陶瓷屡见不鲜。至今在东南亚各地以及香港、澳门、台湾地区的庙宇寺院屋檐瓦脊上，完整保留有石湾制造的瓦脊就有近百条之多，建筑饰品更是难以计其数。石湾陶凭借佛山通江达海的交通条件和活跃的海外贸易，走出了国门，创造了"石湾瓦，甲天下"的辉煌。石湾陶瓷史，堪称一部浓缩的佛山文化发展史，也是一部精华版的岭南文化发展史：南粤文化是其底色，中原文化是其彩釉，而外来文化有如海风拂拂，引起了令人惊艳的"窑变"。

佛山真正名扬四海，还因其在明清时期演绎的工商兴市的传奇。明清时期的佛山，城市空间不断拓展，商业空前繁荣，由三堡六市一跃而为二十七铺。佛山的纺织、铸造、陶瓷三大支柱产业，都进入了繁荣昌盛的发展阶段。名商巨贾、名工巧匠、文人士子、贩夫走卒，五方辐辏，汇聚佛山。或借助产业与资本的运作，富甲一方，造福乡梓；或潜心学艺、精益求精，也可创业自强。于是，佛山有了发迹南洋的粤商，有了十八省行商会馆，有了古洛学社和佛山书院，有了诸如铸铁中心、南国丝都、南国陶都、广东银行、工艺美术之乡、民间艺术之乡、中成药之乡、粤剧之乡、武术之乡、美食之乡等让人艳羡的美名，有了陈太吉的酒、源吉林的茶、琼花会馆的戏……百业竞秀、名品荟萃，可见街市之繁华。乡人自豪地宣称："佛山一埠，为天下重镇，工艺之目，咸萃于此。"外地游客也盛赞："商贾丛集，阛阓殷厚，冲天招牌，较京师尤大，万家灯火，百货充盈，省垣不及也。"清道光十年（1830）佛山人口据说已近60万，成为"广南一大都会"，与汉口、景德镇、朱仙镇并称"天下四大名镇"，甚至与苏州、汉口、北京共享"天下四大聚"之美誉，即清人刘献廷《广阳杂记》卷四所云："天下有四聚，北则京师，南则佛山，东则苏州，西则汉口。"佛山既非政治中心，亦非军事重镇，它的崛起打破了"郡县城市"的旧模式，开启了中国传统工商城市发展的新途径。它以"工商成市"的模式，丰富了中国城市学的内涵。

近现代的佛山，曾经遭遇过由于交通路线改变、地理优势丧失、经济环境变化的困扰。但是，佛山没有步同列四大名镇的朱仙镇一蹶不振的后尘，而是在艰难中励志探索，始终没有松懈发展的原动力，在日渐深化的程度上实行现代转型。改革开放以来，佛山又演绎了经济学家津津乐道的"顺德模式"和"南海模式"。前者是一种以集体经济为主、骨干企业为主、工业为主的经济发展方式。借助这种模式，顺德于20世纪80年代完成了从农业社会到初始化工业社会的过渡，完善了有利于科学发展的体制机制，诞生了顺德家电的"四大花旦"——美的、科龙、华宝、万家乐。后者是以草根经济为基础，按照"三大产业齐发展，五个层次一起上"的方针，调动县、镇、村、组、户各方面的积极性和社会资源，形成中小企业满天星斗的局面。上述两种模式衍生了佛山集群发展的制造业基地、各显神通的专业市场、驰名中外的佛山品牌、享誉全国的民营经济。

佛山在自晋至唐的得名过程中埋下了文化精神的基因，又在现代产业经济发展中，培育和彰显了一种敢为人先、崇文务实和通济和谐的佛山精神。这种文化基因和文化精神，使佛山人得近代风气之先，走出了一批影响卓著的名人：从民族资本家陈启源到公车上书的康有为，从"近代科学先驱"邹伯奇到"铁路之父"詹天佑，从"岭南诗宗"孙蕡到"我佛山人"吴趼人，从睁眼看世界的梁廷枏到出使西国的张荫桓，从岭南雄狮黄飞鸿到好莱坞功夫巨星李小龙。在现代工商发展方式上也多有创造，从工商巨镇到家电之都，从"三来一补"到经济体制改革，从专业镇建设到大部制改革，从简镇强权到创新型城市建设，百年佛山人在政治、经济、文化领域引领风骚，演绎了一个个岭南传奇。佛山适时地开发了中国最具经济实力和发展活力之一的珠江三角洲腹地，位于亚太经济发展活跃的东亚及东南亚的交汇处的地理位置优势，由古代四大名镇之一转型为中国的改革先锋。

佛山人生生不息、与时俱进的创造力，蕴含着深厚的文化血脉和丰富的文化启示，值得进行系统的梳理和深层次的阐释。当代的佛山人，在默默发家致富、务实兴市的同时，应该自觉地了解生于斯、长于斯的这个城市的"自我"，总结这个城市发展的风风雨雨、潮起潮落的足迹，以佛山曾是文献之邦、人文渊薮的传统，来充实自己的人文情怀，提高"佛山之梦"的境界。佛山人也有梦，一百年前"我佛山人"吴趼人在《南方报》上连载过一部《新石头记》，写贾宝玉重入凡世乃是晚清社会，他不满于晚清的种种奇怪不平之事，后来偶然误入"文明境界"，目睹境内先进的科技、优良的制度，不胜唏嘘。他呼唤"真正能自由的国民，必要人人能有了自治的能力，能守社会上的规则，能明法律上的界线，才可以说自由"；而那种"野蛮的自由"，只是薛蟠要去的地方。这些佛山文化遗产，是佛山人应该重新唤回记忆，重新加以阐释的。

"我佛山人"是我研究小说史时所熟悉的。我曾到过佛山，与佛山人交流过读书的乐趣和体会，佛山的文化魅力和经济成就也让我感动。略有遗憾的是，当我想深入追踪佛山的历史身份、品位和文化 DNA 时，图书馆和书店里除了旅游手册之类，竟难以找到有丰厚文化底蕴的新读物。"崇文"的佛山，究竟隐藏在繁华都市的何方？"喧嚣"的佛山，可曾还有一方人文净土？我困惑着，也寻觅着。如今这套《佛山市人文和社科研究丛书》，当可满足我的精神饥渴。它涵盖了佛山的方方面面，政治、经济、文化、历史、人文、地理，城市、人物、事件，时空交错、经纬纵横，一如古镇佛山，繁华而不喧嚣，富有而不夸耀；也如当代佛山，美丽而不失内秀，从容而颇具大气。只要你开卷展读，定会感受到佛山气息，迎面而来；佛山味道，沁人心脾；佛山故事，让人陶醉；佛山人物，让人钦佩；佛山经验，引人深思；佛山传奇，催人奋进。当你游览祖庙圣域、南风古灶、梁园古宅之后，从容体味这些讲述佛山文化的书籍，自会感到精神充实，畅想着佛山的过去、当下和未来。我有一个愿望，这套丛书不止于三四本，而应该是上十本、上百本，因为佛山的智慧和传奇，还在书写着新的篇章，佛山是一部读不完的大书。佛山，又名禅城。佛山于我们，是参不透的禅。这套丛书可以使我们驻足沉思，时有顿悟！

我喜欢谈论人文地理，近来尤其关注包括佛山在内的南中国地区的历史文化。但是对于佛山，充其量只是走马观花、浮光掠影，爱之有加，知之有限。聊作数言，权作观感。是为序。

2014 年 2 月 9 日

目　　录

第一章　历史人物黄飞鸿的生平 …………………………… 1
    第一节　黄飞鸿生卒年月与出生地的考辨 / 3
    第二节　黄飞鸿生平主要行状 / 6
    第三节　大洪拳的起源 / 9
    第四节　黄飞鸿发扬光大大洪拳的高超功夫 / 13
    第五节　黄飞鸿：从历史走上银幕 / 22
    第六节　武功与武侠 / 25
    第七节　黄飞鸿银幕形象和现实生活中的差别 / 28

第二章　叶问功夫电影对咏春拳发展的影响 …………… 31
    第一节　叶问学习咏春拳的经历 / 31
    第二节　授徒香港　现代宗师 / 34
    第三节　叶问对咏春拳的发扬光大 / 36
    第四节　影视作品中的叶问 / 37
    第五节　影视与历史中的叶问形象比较 / 39
    第六节　从《叶问·终极一战》看咏春功夫理念与处世哲学 / 40
    第七节　咏春拳在世界的传播 / 45

第三章　李小龙功夫电影的"中国形象"塑造 ………… 48
    第一节　李小龙生平简介 / 50
    第二节　创立截拳道 / 55
    第三节　李小龙武术的传播路线 / 57
    第四节　李小龙的功夫哲学 / 64

第五节　李小龙对世界的影响 / 67
第六节　结语 / 70

第四章　铁桥三、梁赞和林世荣的电影传播 …………… 74
第一节　铁桥三 / 75
第二节　梁赞 / 83
第三节　林世荣 / 96

第五章　中国功夫电影的区域心理图式 ……………… 98
第一节　岭南风情与岭南心态 / 98
第二节　岭南民众的愿望 / 101
第三节　武功大师影视传播的生存策略 / 104
第四节　舞狮、舞龙与抢花炮 / 114
第五节　粤港民俗 / 121

第六章　功夫影视的叙事类型 ……………… 123
第一节　男女情缘 / 126
第二节　擂台传奇 / 130
第三节　武功道德化 / 132
第四节　国际化困境 / 133
第五节　宗族信义 / 137

第七章　功夫题材的文化认同和产业化路径 ………… 140
第一节　《叶问》系列电影叫座的三种牌路 / 140
第二节　功夫电影对民族文化认同及文化产业的影响 / 142
第三节　岭南功夫影视的国际文化拓展道路 / 144
第四节　打造佛山名片，提升佛山国际知名度 / 146
第五节　文化认同的特定优势 / 147
第六节　广东影视文化产业化路径 / 150

第八章　创建"岭南功夫影视城"的构想 ……………… 153
第一节　历史条件和现实基础 / 153
第二节　岭南影视传媒创意产业基地落户何处 / 155
第三节　产业经营建议与对策 / 158

第九章　岭南功夫影视名人资源开发的多重向度 …… 162
　　第一节　探讨领域及研究依据／165
　　第二节　开发的定位和策略／166
　　第三节　深度模式／171
　　第四节　研究方法／173
　　第五节　区域文化和国际传播意义／174
　　第六节　推广价值／175

附录 …………………………………………………………… 179
　　附录一　论香港功夫电影的大众文化特征／179
　　附录二　1949—2013年中国香港、美国、中国广东产黄飞鸿、叶问、
　　　　　　李小龙电影资料图片／188
　　附录三　香港与内地制作的108部黄飞鸿功夫影视一览／203
　　附录四　香港制作的98部黄飞鸿功夫电影英文一览／207
　　附录五　内地、香港、台湾制作的18部黄飞鸿功夫电视剧一览／215
　　附录六　姚朝文功夫影视论著成果一览／216
　　附录七　姚朝文著作、论文、研究课题、获奖、文艺创作一览／219

参考文献 ……………………………………………………… 224

后　记 ………………………………………………………… 227

第一章 历史人物黄飞鸿的生平

岭南近代武林的一代大侠黄飞鸿,真实的生平可谓几起几落,既能呼风唤雨,声名远播台湾、香港,也曾英雄末路、晚景凄凉,乃至于身后无资财入土。

但是,且不管1933年以后的香港七八家报纸如何连载甚至戏说黄飞鸿的生平,就是比较严肃的著作、文章、网站,对这位近代岭南民间"以威盛,不以名传"的大侠,依然歧见纷纭,甚至连其出生时间都抵牾有加、悬殊甚大。

比如,"广州社科网"历史名人栏目采用的标题是《黄飞鸿:还原一代奇侠的真实履痕》。介绍其生平的文字,兹录如下:

> 黄飞鸿(1856—1925),广东佛山人。1868年随父在佛山、广州、顺德一带卖武,得"少年英雄"之名,1869年在佛山豆豉巷卖武时遇铁桥三高徒林福成,在佛山随林福成学艺近两年,学成"铁线拳"和"飞铊"等绝技。1882年受聘广州水师武术教练。1886年,黄飞鸿辞去军中技击教练职务,在广州仁安街设跌打医馆"宝芝林"。1888年,黑旗军首领刘永福赏识黄飞鸿武艺高强、医术精通,聘为军医官和福字军技击总教练,并赠"医艺精通"木匾。1894年刘永福率领军队赴台湾抗击日本侵略军,黄飞鸿随刘率九营福字军抵台,驻守台南。1925年农历三月廿五日病逝于广州西关方便医院。

黄飞鸿:像雨像雾又像风

"北有霍元甲,南有黄飞鸿",广东近代历史上名人辈出,但像黄飞鸿这样名声能传播上至文人墨客、下到贩夫走卒,甚至闻名海外的却没有几个。

作为一个武师,黄飞鸿已经成为中国功夫乃至中国人的代表,现在全世界有30多个国家和地区开设了以黄飞鸿命名的武术训练馆,有几十万从没见过黄飞鸿真面目的人仰仗黄飞鸿的武术和医术谋生。甚至连中国足球甲A联赛沈阳金德队的外援阿尤在非洲加纳的时候就已经听过黄飞鸿的大名。

黄飞鸿名声最响亮的地区还是香港。在香港，黄飞鸿的形象被搬上银幕不下一百次，创造了吉尼斯世界纪录。在香港，人们褒扬立法会主席范徐丽泰敢作敢为、伸张正义的时候，送给她的是"政坛黄飞鸿"的雅号。

不过奇怪的是，几乎每个人都知道黄飞鸿，但几乎每个人又都不知道黄飞鸿。每个人都能够对黄飞鸿的事迹如数家珍，每个人却又连黄飞鸿在真实生活里最基本的高矮胖瘦也一无所知。

黄飞鸿就像一场雨、一阵雾、一股风，你说他真实存在吧，但传说中他的经历如同神话般匪夷所思，他的品德无可挑剔，人世间真的有如此完美的人吗？一度有不少历史学家认定黄飞鸿只是一个虚构人物，一个老百姓在那动荡年代里因为社会不公而幻想出来的形象；但你如果赞同这些历史学家的观点，就会无法解释很多可以证明黄飞鸿存在的证据，比如他在这个世界上的唯一一张照片，比如他的徒弟林世荣公开出版的黄飞鸿洪拳拳谱，比如在正史上记载的黄飞鸿在黑旗军将领刘永福手下任武术教练和军医官的事实，等等。更何况当我们阅读关于黄飞鸿的书籍、欣赏关于黄飞鸿的影视的时候，那种栩栩如生的感觉，是连金庸、古龙这些武侠小说大家笔下都不能给予我们的真实而丰满的记忆。最合理的解释是有两个黄飞鸿，一个真实但有缺陷的黄飞鸿，一个完美但是艺术化了的黄飞鸿。

黄飞鸿之名声不同于康有为与孙中山，后二人虽才华横溢，虽功震中外，虽彪炳史册，但都曾有迷惘之时，曾有选择之错。而黄飞鸿的名声无论事过境迁多少年，依然无法在人们的眼中揉进一粒沙子，与人为善、谦逊好学、行侠仗义、扶危济困……他的真实一面、他的缺点似乎被所有的人故意忽视。我想这或许应验了一个真理：美丽是需要距离的。像雨像雾又像风的黄飞鸿才是人们真正所需要的黄飞鸿，他的灵魂已经不仅仅属于自己，还属于所有热爱美好和正义的人们。

……

因为篇幅的关系，不能再照录不误。这段介绍里已经将历史人物表述得有几分云雾缭绕的传奇底色，对黄飞鸿的族群文化凝聚力的理想化揭示也颇有意义。但是，对于这位民间大侠的出生年月、地址和确切生平就不得不作出考辨了。

第一节　黄飞鸿生卒年月与出生地的考辨

其实，黄飞鸿的出生地是南海县。清末的南海县县府在广州，佛山镇是其署衙。1925年佛山设立为市，1927年撤销市的建制，1982年设立佛山地级市代管南海县级市，2002年佛山大市合并后，原南海市并为大佛山市的一个区。黄飞鸿准确的出生地址在哪里呢？是在南海县西樵山西侧的禄舟村。许多网站、文章，甚至梁达编著的《黄飞鸿嫡传工字伏虎拳》里的"黄飞鸿传略"也将"禄舟村"写成了"陆洲乡"①。

关于黄飞鸿的出生年月与生辰八字，这里先引用笔者主持完成的教育部人文社会科学规划项目成果《黄飞鸿叙事的民俗电影诗学研究》里的考证结果来加以说明："历史人物黄飞鸿的出生日期很明确，是农历七月初九，即阳历8月9日。但是，民间传说中关于他的出生年份则分歧较大，有1846年、1850年、1856年等五种说法。这里采信生于1856年农历七月初九南海县西樵镇禄舟村之说。"②此说有韩春萌的《武林奇侠黄飞鸿正传》第一章和附录一"黄飞鸿大事年表"为证。③《黄飞鸿嫡传工字伏虎拳》的"黄飞鸿传略"里，则认为他出生于1850年。佛山本地内部文献资料《佛山武术文化》中有"佛山黄飞鸿"一节，也认为是1850年出生④，随后又指出："他于1925年农历三月二十五日去世，终年77岁。"⑤如果按照后一种说法来逆推，黄飞鸿就是1847年出生的了。香港的黄飞鸿三传、四传弟子中，出于门派情感认同，愿意相信师祖为1846年或1847年出生者的人数更多。

位于佛山祖庙内北侧的黄飞鸿纪念馆是2001年建成开张的。该馆介绍黄飞鸿的生平如下：黄飞鸿于公元1847年农历七月九日（清朝道光二十七年）生于佛山镇，随其父黄麒英在佛山、广州街头卖艺。是故黄飞鸿自五岁开始习武，早得父亲传授，习得虎拳、鹤拳。又拜铁桥三传人林福成为师，学得铁线拳；又从宋辉镗处学得无影脚。

上述各种说法，究竟哪一种才是历史事实呢？笔者提供若干武林当事

---

① 梁达编著：《黄飞鸿嫡传工字伏虎拳》，岭南美术出版社1996年版，第1页。
② 姚朝文著：《黄飞鸿叙事的民俗电影诗学研究》，暨南大学出版社2014年版，第25页。
③ 韩春萌著：《武林奇侠黄飞鸿正传》，湖北人民出版社2005年版，第3、234页。
④ 马梓能主编：《佛山武术文化》（内部交流），禅印准字2001年第0006号，第152页。
⑤ 马梓能主编：《佛山武术文化》（内部交流），禅印准字2001年第0006号，第155页。

人的线索来推导。据当代国际咏春拳联盟总会长梁挺在《咏春传正统》第四集《叶问宗师》"姑妄言之，姑妄录之"篇里所讲："（一九）七六年间，梁挺师傅为友人所办的《真功夫》武术杂志专访黄飞鸿之妾莫桂兰；除获一手资料外，更由莫师太处获得黄飞鸿唯一珍贵遗照。惜当时未赶及落版付印而一直由梁师傅所珍藏，至今才首次公开。"①（见附录二）

可喜的是，在佛山市建成黄飞鸿纪念馆的时候，梁挺来到佛山，将这张照片赠给了祖庙博物馆历史文物保护处。笔者在2007年5月，博士学位论文答辩前一个月，就岭南功夫名人，尤其是黄飞鸿的生平与遗物的第一手资料问题，拜访当时担任佛山市博物馆历史研究部主任的朱培建副研究馆员，朱先生不仅为笔者翻拍了上海清末出版的石印版《点石斋画报》中关于佛山燃爆竹的画面，还从特制密封柜中取出一个档案袋，内中就有梁挺提供的黄飞鸿遗照的原件，而且另一个袋子里，又有国家安全部提供的该照片骨相与黄飞鸿之子、之孙的头像照片做对比的鉴定，说明他们的骨相相似而非同一个人。

我们知道，坊间甚至有人猜疑，黄飞鸿是否只是历史上的一个传说。其理由是，有关广州、南海、佛山的明清地方志里，均无此人的记载。他如果真的像传说和电影中那么厉害，怎么正史里没有记载呢？

这种猜测本身就站不住脚。大家需要知道的是，中国古代和近代的地方志，对入史的人物是有标准的，要么是担任县官以上级别的官员，要么高中进士或举人，否则就要有特别的壮举并且为当世所高度推崇，如抗敌英雄、缙绅、烈女、孝妇。中国自古文武两分，而把持写史特权的文士（知识分子）们向来轻视舞刀弄枪的武夫。黄飞鸿既没有考取武举，也没有做过地方官，更何况他跟随刘永福的黑旗军赴台湾抗击日本侵略者是得不到清政府保护的。当时，清政府一边因甲午海战失败而被迫割让台湾给日本，一边又密令驻扎广州的刘永福总兵赴台湾驻守。黄飞鸿担任刘部殿前大将军兼卫队长，因冷兵器不敌日本先进火器，最终护卫刘永福借道福建逃回广州。日本向李鸿章提出交涉，要求引渡"乱匪"，以证明清政府与抵抗部队没有瓜葛。李鸿章为了应付日本的逼迫，下令福建沿海封锁道路，并督令自己的儿子亲自执行。在这种情形之下，刘永福、黄飞鸿逃回广州后，能隐姓埋名、安度晚年已属不易，怎么可能重出江湖，担任军队总教习或者如徐克导演、李连杰主演的电影那样组织民团呢？等到清朝覆灭，广州国民革命政府启用年届八十的刘永福出任民团总司令，黄飞鸿又被聘请为总教习。但是，各个"山头"的首领表面上接受这位老英雄的领

---

① 梁挺：《咏春传正统》，香港良仕出版社2000年版，第93页。

导，私下里却各行其是、散沙一片。老迈的英雄没有气力震慑心怀鬼胎的部下，一年后就气愤地辞职。黄飞鸿又失去了依靠。屋漏偏逢连夜雨，得其倾囊相授武功的次子黄汉森，在广西护镖的船上被对头灌醉酒后开枪射杀。痛失爱子的黄飞鸿感到自己一身武功却上不能维护国家社稷，下不能保护身家性命，终日郁郁寡欢。不久，广州的商团发动了叛乱，兵燹祸及兵营附近的宝芝林，所有家当被付诸一炬。黄飞鸿再也经受不住如此残酷的打击，一病不起，于1925年4月17日（农历三月二十五日）病逝于广州城西的方便医院。[①] 城西方便医院是间很简陋的医院，主要收治低收入的下层百姓，而这还是黄飞鸿晚年传授武功的女弟子邓秀琼出资的结果。如果不是有这么一位资本家的女儿来安葬师傅，黄飞鸿就连一片破草席裹身入土都不可得。

其实，不得不补记一笔的是，黄飞鸿的卒年也并非毫无争议。韩春萌的《武林奇侠黄飞鸿正传》里有如下一段记述是值得我们回味的：

> 按此文的说法，黄飞鸿应该是在道光二十七年所生，也即1847年诞生的。另外梁达编著的《黄飞鸿嫡传工字伏虎拳》一书中的《黄飞鸿传略》，又称他是1850年出生的。但佛山黄飞鸿纪念馆列出的"黄飞鸿大事年表"和《南方周末》的报道，都称黄飞鸿"1856年农历七月初九生于佛山"。查阅有关资料及比照与黄飞鸿相关的人的生平事迹，黄飞鸿出生于1856年的说法较为准确。关于他的去世时间，大部分资料都认为是1925年，也有少数认为在1920年或1924年的。[②]

另外，香港武林、香港电影界、报业故事连载中曾有"武状元黄飞鸿"一说，则完全是民间的杜撰。其实，最流行的传说是"武状元苏乞儿"，不仅有完整的传说故事，而且也拍成了不止一部的电影。苏乞儿的确是岭南近代武林"广东十虎"之一。关于"广东十虎"是哪十位，各家说法也不一致。马志斌《岭海武林》是记述岭南武术界资料比较全面也比较权威的著作，其说为"铁桥三、苏黑虎、黄澄可、黎仁超、苏乞儿、铁指陈、谭济筠、邹泰、黄麒英和王隐林等"[③]。另有一说，增加了黄飞鸿，甚至连黄飞鸿的衣钵传人林世荣也被列入其中。江湖上还有"广东后十虎"之说。依靠写《黄飞鸿别传》而成为香港报业专栏作家宠儿的朱愚

[①] 参见韩春萌著《武林奇侠黄飞鸿正传》附录一"黄飞鸿大事年表"，湖北人民出版社2005年版，第235页。

[②] 韩春萌著：《武林奇侠黄飞鸿正传》"楔子"，湖北人民出版社2005年版，第3页。

[③] 马志斌著：《岭海武林》，广东人民出版社2000年版，第19页。

斋，也因为宣扬师祖而名重一时。《黄飞鸿嫡传工字伏虎拳》里，不仅说黄飞鸿享年83岁，也认为他是"广东十虎"之一。①

自隋朝肇始的科举制度有1300多年的历史，总共出了777位状元。广东出过九个文状元，佛山九居其五；广东出了五位武状元，佛山五居其二。五位文状元分别是五代十国时期南汉乾亨四年（920）的南海人简文会，南宋咸淳七年（1271）的南海人张镇孙，明朝弘治十二年（1499）的南海澜石人伦文叙，明朝万历三十五年（1607）的顺德人黄仕俊，清朝同治十年（1871）的顺德人梁耀枢②；两位武状元分别是明代的顺德龙江人朱可贞，清朝雍正年间的南海人姚大宁。此外，广东考取文进士786人、文举人3000多人，考取武进士98人。因此，黄飞鸿、苏乞儿是武状元的传说，完全是小说家的虚构，不符合历史。

上述历史考证至少可以说明，黄飞鸿是确有其人的近代武林大家，但民间对他有许多不实的传说，也需要我们以对历史负责的态度加以指出，避免以讹传讹、混淆视听。

正是因为生卒年代均有不同的说法，才使得黄飞鸿更像一个传说；正是因为各种传说像云雾一样笼罩着黄飞鸿，他的传奇故事才更加吸引人，成为近百年来中国电影界不断制造的话题、不断生产的原材料，成为不断创造票房纪录并传播全世界的电影、电视的经典产业资源。

第二节　黄飞鸿生平主要行状

本书不是黄飞鸿传记，不准备详细介绍其生平，为了给后面讨论其武功文化传播提供一个大致的轮廓，兹概述其主要行状。

从已有的传说来看，黄飞鸿的祖父黄泰为南海西樵山禄舟村人，洪拳技艺尚不是十分了得，但他儿子黄麒英确是武功卓著、医术出色，被誉为"广东十虎"之一。黄麒英虽然武功高强，但中年丧偶、家道贫寒，与儿子黄飞鸿在佛山沿街练武摆地摊，兜售自制的"大力丸"、"刀伤散"糊口。他一来无钱租地开武馆，二来深知江湖险恶、冤家宜解不宜结，所以不肯开设武馆为生。

---

① 参见梁达著《黄飞鸿嫡传工字伏虎拳》，岭南美术出版社1996年版，第1～2页。
② 参见佛山市档案局、佛山市地方志办著《佛山历史人物论丛》，广东人民出版社2012年版，第1～2页。

黄飞鸿从6岁开始从父习武，12岁起随父在佛山、南海西樵山一带四处卖武售药度日。16岁时，在现在的佛山市汾江河南岸南堤市场一带的街头摆摊。曾以家传五郎八卦棍法击败了以"左手棍法"声誉鹊起的郑大雄。一战成名后，成了当地的孩子王，门徒越来越多，"少年教头"、"少年英雄"的美名从此传扬四方。

因父亲接任军队教头一职，17岁起，黄飞鸿随父定居广州第七甫，并设立武馆为铜铁行工人授武，从此开始了设武馆又兼职军队教习的生涯。弟子们无论长幼，对这位少年教头都非常佩服。之后，黄飞鸿受聘为三栏行（果、菜、鱼栏）工人武术教练，1868年起，在西关回澜桥附近设跌打医馆。从此携徒在佛山及广州一些场馆如佛山政桥卢九叔的蟋蟀较斗场担任"睇场"（粤语，即护院、保镖）。1886年，担任军队总教习的黄麒英染疾去世后，黄飞鸿在广州仁安里设宝芝林医馆，然后考取了靖汛大旗手，再任记名提督吴全美的军队总教习。吴病故后，黄即离开军队。

曾为太平军余部的刘永福率军在广西与越南边境抗法获胜，声名鹊起。张之洞上书朝廷招安刘永福，并任命其为广州总兵。刘在演习中摔伤了腿，多方延医，甚至慈禧太后派御医南下广州来为其治疗，均无效。因缘际会，当刘永福打听到黄飞鸿有祖传"刀伤散"，又开设宝芝林医馆，治疗跌打伤科特别有效，就延请他来治疗。黄飞鸿对症下药，效果显著，几个疗程后药到病除。刘总兵请两广总督张之洞手书"医艺精通"横匾，亲手赠给黄教头以示盛情感谢。黄飞鸿将横匾高悬于宝芝林大门上方，于是，近代珠江三角洲地区四大名医铺之一的"宝芝林"从此盛名天下。同时，刘总兵聘请黄飞鸿出任部队总医官和总教习，从此两人结下终生友谊。

《马关条约》签订后，福建布政使唐景崧为台湾巡抚，刘永福为台湾提督。黄飞鸿随从刘永福赴台，任殿前大将军。本来想依照清廷训示草草回大陆的唐巡抚，被台湾抗日民众丘逢甲等拥堵在抚台无法脱身，又被士绅、义民的抗日意志所感动，对外发布文告，宣布成立"台湾民主国"，"义不服倭，永戴圣清"，抵抗日本军队进攻达三月之久。兵败后，唐景崧割发而去，黄飞鸿掩护刘永福逃回广州。此后，两人均隐姓埋名，黄飞鸿则以宝芝林药铺谋生。

1912年，清朝覆灭，民国成立，政局动荡不安。黄飞鸿家小甚多，不得不小规模地教武授徒，率众徒担任各种娱乐场所的保镖。1919年，广州精武体育会成立，黄获邀请表演。1923年，次子黄汉森往广西梧州渡任"护勇"时，被"鬼眼梁"暗算惨死，黄飞鸿于是不再传授其余诸子武术。1924年8月，广州商团发生叛乱，广州国民政府镇压商团时，乱兵纵火烧毁西关一带，宝芝林也被波及。黄飞鸿深受打击，郁闷成疾，于1925年农历三月二十五日在广州方便医院去世。黄飞鸿身后家贫如洗，甚至无钱买棺，多亏邓秀琼（中国近现代最早公开到武馆习武的女武术家之一）等人出资，才将其埋葬于广州白云山东麓。其后，莫桂兰与黄的两名儿子及徒弟林世荣、邓秀琼移居香港，开馆授徒。

笔者得知，近十年来，广州有关部门曾依据传说到白云山东麓发掘，未曾寻找到这位大侠的坟墓或遗骸。

黄飞鸿大洪拳师承有两条线路，一条是至善禅师—洪熙官—陆阿采—黄泰—黄麒英—黄飞鸿，另一条是觉因和尚—铁桥三—林福成—黄飞鸿。黄飞鸿生平绝技有：双飞铊、子母双刀、五郎八卦棍、罗汉袍、无影脚、铁线拳、单双虎爪、工字伏虎拳、虎鹤双形拳、五形拳、五行拳、罗汉金钱镖、四象标龙棍、采高青等。此外，黄飞鸿亦善于舞狮，有广州狮王之称。

黄飞鸿早期最得意的弟子梁宽舞狮子就十分了得，曾接替黄飞鸿出任三栏行工人教头并组织训练舞狮队出游、竞技，表演采青，曾是当年热门的武林青年才俊。

黄飞鸿的传人里，林世荣和卖鱼灿都是先师从林福成，后拜黄飞鸿为师的。他们的年龄并不比黄飞鸿小多少，按武林规矩，本来算是师兄弟。可见，如果不是因为黄飞鸿的确有超绝而博大精深的武功，林世荣也不会从师于他20年之久。

黄飞鸿虽然晚景凄凉，但他的徒孙之中有不少人成为影视界中人。获得香港电影终身成就奖的著名武术指导刘家良，其父刘湛便是林世荣的高徒。20世纪50年代至60年代，香港便已拍摄了接近80部以黄飞鸿为题材的电影。当中黄飞鸿一角，除了两部由白玉堂饰演之外，其余都由佛拳喇嘛派弟子、粤剧名伶关德兴扮演，故港人常称关德兴为"黄师傅"；与他演对手戏的反派角色几乎全部由石坚来担当。70年代后期登上电影屏幕的成龙、刘家辉、钱嘉乐等，亦扮演过少年时期的黄飞鸿。

1991年，徐克拍摄的李连杰版《黄飞鸿》电影非常成功；之后，徐克与李连杰继续合作，拍摄《黄飞鸿之二男儿当自强》、《黄飞鸿之三狮王争霸》、《黄飞鸿之西域雄狮》；1993年，徐克与赵文卓合作，拍摄《黄飞鸿之四王者之风》，1994年拍摄《黄飞鸿之五龙城歼霸》；1993年，李连杰与王晶导演合作拍摄《黄飞鸿铁鸡斗蜈蚣》；另外，徐克还监制了《少年黄飞鸿之铁猴子》。以黄飞鸿为主题拍摄的电影，到2014年11月的《黄飞鸿之英雄有梦》为止，已有108部，成为世界电影史上的奇迹，该项吉尼斯纪录保持至今。

"黄飞鸿"的名声和品牌之所以在华人世界如雷贯耳、妇孺皆知，主要还是因为关德兴、成龙、李连杰主演的这些影视剧。但是除了1949—1950年关德兴主演的前四部黄飞鸿电影基本上有原型人物的真实故事做依托外，其余剧情多为虚构，甚至是完全虚构，仅仅电影中的武功是由具有真功夫的演员来表现的（钱嘉乐本身不会武功，却在《黄飞鸿笑传》里饰演黄飞鸿，这是个例外）。

第三节　大洪拳的起源

大洪拳是怎么肇始并盛行于世的呢？

民间比较流行的说法是，清顺治年间，郑成功部将蔡德宗等五人潜至福建南少林寺，与达宗等在高溪庙创立洪门会（天地会），洪门会流行的拳术称为洪拳，含有纪念朱洪武、反清复明之意。至清中叶，广东洪拳与刘、蔡、李、莫并称为五大名拳。

有学者专门查阅了清朝历年的少林寺档案，均无清廷火烧少林寺的记载，因此，洪振快推论这种传说的主要依据是清朝雍正、乾隆年间的一部民间小说手抄本《盛世永戴万年青》里的"火烧少林寺"故事，因此是误传。① 对此，岭南武林前辈马志斌指出："南拳的流传，多见于武侠小说，如《乾隆皇下江南》、《万年青》及'我佛山人'、'我是山人'等据此所著的《洪熙官》、《方世玉》等。武侠小说除亦可能有所依据外，必多虚构创作。但舍此以外，一者由于历代武人不文、文人轻武和明清等代禁武，故武史见于正传、史志者极少，而凡武家均喜欢神乎其技，便多神传仙授或名人所创之说。如少林假托达摩、武当假托传自张三丰等便是。故南拳各家源流亦离不开上述情况，而只能据各门派假托或传闻而记述流传，实难像文史等类之可充分证据了的。"② 笔者以为，正史里没有记载，并不能排除历史上就没有出现过这些人物；清政府如果真的火烧少林寺，也可能会烧掉当时的档案。所以，不能用民间传说否定清朝的档案；反之，也不能因为清朝正史或档案里没有记载，就妄断民间盛传的故事必为虚构。

可见于文字记载的清初岭南武术名家是蔡九仪及其弟子麦氏和莫氏。《少林拳术秘诀》中载："粤之少林拳传自蔡九仪，蔡为一贯高足，本粤之

---

① 参见洪振快著《讲武论剑》，新星出版社2006年版，第193页。
② 马志斌著：《岭海武林》，广东人民出版社2000年版，第11～12页。

高要人。崇祯时，以武科起家，为洪经略承畴之军令承宣官。洪降满，蔡遁迹于少林中，受技于一贯禅师，最长为拳术，且精腿法，能飞跃寻杖以外，疾如鹰隼，人不易防。及其门弟子，以麦氏、莫氏各专心致志于师法，遂为粤东技击泰斗。"①这里需要略加说明，清代设立十八个行省，"南粤"指岭南的广南东道与广南西道，即今日之广东和广西。因此，清代文献中的"粤东"即指今日广东省全境，而不是当今所指的广州以东的广东省东部地区。除此之外，《少林绝技秘本珍本汇编》第一章"少林绝技概论"第三节"明季少林之变派"中又有如下描述：

> 少林五拳，蔡练习极精，至七十余岁时，犹日夕演练不稍辍。麦氏性淳厚，而体魄甚活泼，故蔡以五拳之秘诀授之。自是麦之拳法，遂为两粤冠。莫则身材短小而精悍，独得蔡之腿击与超越术。后蔡殁十数年，麦莫两氏各专心致志于师法，几有青出于蓝之势。唯两家虽师承于蔡，久之乃各自出其心裁，以达专精独造之域。后麦氏移家肇庆，莫则往来于三水番禺之地，声誉日腾，徒众益广，而麦莫两家，遂为粤东技击术之泰斗。直至百余年后，谈拳术者，犹啧啧称赞麦莫两家，亦可想见其盛也。②

除了上述说法，还有一说认为，大洪拳是由南少林至善禅师所创。大洪拳是南少林拳的一大显支，由第一代俗家弟子洪熙官传出少林寺。至善禅师后逃到广东红船唱戏的伶人中，在东莞见义勇为露了行藏后，索性授徒传艺，形成了洪熙官—陆阿采—黄泰—黄麒英—黄飞鸿—林世荣这样一个传承世系。据林世荣（1861—1943）所著《图解虎鹤双形拳》之"虎鹤双形拳史"，为我们揭示洪熙官的来历甚有助益：

> 在吾粤拳术界中，无不知有"虎鹤双形"拳，更靡有不知虎鹤双形拳为用之妙。盖虎鹤双形拳，虽由黄飞鸿而传于林世荣，再由林世荣广泛传徒，发扬光大之，然考虎鹤双形拳之来历，殊非黄飞鸿所独创者也。拳之由来，实有一段武侠史在。虎鹤双形拳之传于百粤，实由洪家鼻祖洪熙官所传。虎鹤双形拳之妙处，由八虎形、八鹤形配合而成。其出手也，有虎之凶猛，有鹤之灵活，相辅为用，故能称誉武林。而洪熙官本为至善之徒，平生最擅于硬桥硬马，观于鹤形手法，殊不类于本家功夫，盖虎鹤双形亦非洪熙官所自创，传之者另有其人

---

① 马志斌著：《岭海武林》，广东人民出版社2000年版，第10页。
② 《少林绝技秘本珍本汇编》，吉林科学技术出版社1985年版，第17～18页。

也。洪熙官既为百粤名武师，蜚声遐迩，而熙官仍不以其所学为满，终日孜孜，苟见有异于己而佳于己者，必百计以习，虽师事之亦不恤，其求技之心，殊不可多得也。

某次，熙官因事赴福建，道经永春县，以长途觉倦，欲觅地稍休。迨至一山腰，见殿宇巍峨，庄严伟丽，心知必为寺院也，乃趣而视之，见为一兰若，院门敞辟，寂静无人，熙官乃站门前候之，欲得一人为之问讯，讵料久而未得。熙官以为一荒寺也，乃步入佛堂，则见佛像庄严，琉璃照耀，香案神龛，不染纤尘，似非久无人居者。熙官自念，既有人居，何以庵门大敞？岂庵中丘姨婆，均习静禅房，以做其日中功课乎？欲穷究竟，随步所之，则佛堂之后，为一后园，夹道浓荫，花香鸟语，另是一种境界，令人飘飘然有出尘之想。庵园既尽，则为一广场，碧草如茵，四周范一短墙；熙官方举目浏览，忽见广场一角，有一女尼，方舒腿拧拳，兔起鹘落，练习技击，拳风虎虎，演出极佳。熙官观久之，不禁大声喝彩，盖以女尼所演之拳，其严密迅捷为己所未睹者，乃忘己偷窥人之演技，实为一不速之客也。女尼闻声，突然敛手，愕然顾视，见熙官熊腰虎背，气概不凡，知熙官亦习武者也。女尼乃曰："衲不知施主光顾，不自藏拙，实有污施主之目也。"熙官乃趋步而前，抱拳谓女尼曰："大师何太自谦，大师神技实为某生平所未睹，喜极高呼，殊有碍大师之习技也，幸祈原宥。"女尼曰："衲功课之暇，聊以自遣耳，施主请至庵中座谈。"言毕，乃引熙官至禅房。坐既定，熙官爱于女尼所演之拳，念念难忘，乃曰："大师恕余唐突，余性好武，且曾稍习技击，惟倾见大师所练之拳，未之前见，请问大师果为何名？"女尼曰："拳为余所自创，尚未定有何名，只以拳中所表现者均为虎鹤两形，乃以虎鹤双形拳呼之，殊有见笑于施主也。"熙官闻言乃曰："名固甚佳，然不知大师此拳习于何家何派？"女尼曰："倾不语施主呼？此拳并无师承，实为余所悟创者。"熙官闻言，益感兴趣，乃曰："其故可得闻乎？"女尼曰："施主欲之，吾可为施主一述也。"熙官曰："愿闻其详。"女尼曰："余平日居庵中，除日常功课外，暇则习武，盖藉此以锻炼身心，并在此荒山穷谷之中，稍资自卫也，故余对于拳击之术，颇谙一二。一日，余方于庵门之外晒芝麻，忽见一白鹤，高大逾人，翩然立止，飞集于所晒芝麻之上，往来践踏，粪尿满地，芝麻亦为所染。余恶之，乃持竿驱之，讵料鹤见余持竿至，竟不畏，余以竿击之，白鹤或展翅掠避，或举爪还击，余虽极力击之，均未及其身，余心大诧，自忖鹤殊矫健，竟能应付余之袭击，惟只心异之，尚未悟其中之玄妙也。但自是以后，鹤乃每日必来，余亦每日驱之，鹤均不畏，且与余搏击如故。久之，余渐悟，以白鹤趋避还击之势，实与拳术无异。乃仿其形状姿态，运用于拳术之中，经数月之苦练，乃成此拳，而鹤亦不至矣。然余自创此拳后，只日夕习之，用以防身，实不知其能否致用也。"熙官聆毕，殊感兴趣，乃曰："大师此拳，不愧自成一家，然能否不以某为不才，举以相授乎？"女尼笑曰："衲班门弄斧，殊觉惭愧，施主武功精湛，何用下顾衲之拙技。此技衲只以防身耳，奚敢授人？"熙官曰："不然，某嗜技如命，苟有善者，某必欲习之，尚望大师赐予指教也。"女尼观熙官之意诚，沉思良久，乃曰："施主欲得此拳，衲亦非敝帚自珍，然施主能允余所求，余即以之授施主也。"熙官闻言狂喜，急扣以何所求？女尼曰："余俗姓方，名永春，余兄生前，以小事与名拳师邬大力有隙，余兄乃愤而与搏，讵料力不敌，乃横死于邬大力拳下。余兄濒死时，尚殷殷以为彼报仇为嘱。自兄死后，余欲竟其志，乃痛下苦功，习武不辍，于无意中自创此拳，拳既成，方欲迹邬大力以报兄仇，第以余身入空门，不能妄开杀戒，致心怀此志，数年余兹，尚未手刃兄仇。汝苟能允得习此拳后，代为报复兄仇，余即举以相授也。"熙官亟欲习此神技，乃允之。于是日夕随永春习技，历时数月始成。熙官技既成，乃履行诺言，随永春所指示，按址寻之，月余，始得邬大力之所在。熙官造访之。既见大力，大力惊问何来？熙官曰："余奉师命来寻汝也。"大力叩问何故？熙官具告之曰："余本与君无冤无仇，然以既答允吾师，不能不千里相寻，以了此一重案。"大力知不能克，乃与搏。大力亦非弱者，搏久之，未能胜。熙官乃用虎鹤双形之鹤形手向之进击，大力不及避，为所中，双目乃被挖去。熙官乃持归永春覆命。此仇遂解。而虎鹤双形拳乃能流传于百粤。①

可是，《广东武术史》的编写者查阅了《广东中式历科进士》和《蔡氏族谱》，并没有查到蔡九仪的记载；进一步查阅了《少林寺寺谱》、《花县县志》、《洪氏族谱》、《高要府志》，均未能查到蔡九仪、至善禅师、洪熙官、方世玉等人物的生平。林世荣著作中的此番描述，与马志斌《岭海武林》中白鹤拳、咏春派、大洪拳的创立传说中的五枚师太，有了相互勾连的文献依据，笔者对这几家的衣钵传承中的相似点有了比较确切的了解。

---

① 林世荣著：《图解虎鹤双形拳》，（台湾）大坤书局有限公司 2009 年版，第 14～16 页。

第四节　黄飞鸿发扬光大大洪拳的高超功夫

黄飞鸿是南少林大洪拳经六七代传人（一说五代传人，这要看从哪个源头讲起），并将其发扬光大的一代集大成者。他的祖父黄泰就是洪拳拳师，父亲黄麒英更是南派武功史上赫赫有名的"广东十虎"之一。他从父亲那里学到了虎鹤双形拳、五郎八卦棍，又师从"广东十虎"之首铁桥三的高徒林福成学得铁线拳和飞铊绝技。后来，他与武师宋辉镗十分投缘，遂以五郎八卦棍和宋辉镗之妻所传的"无影脚"绝技互换互学，自己又练成罗汉袍无影脚、月影鬼脚、采高青。再加上子母刀、罗汉金钱镖、七星连环扣、四象标龙棍、瑶家大耙、单双虎爪和工字伏虎拳、虎鹤双形拳、铁线拳等，终于成为一代洪拳大宗师。

其实，大洪拳传到黄飞鸿的祖父黄泰时，已经走向低谷了。黄麒英一生为免于挨饿而奔走，鳏夫带幼子已很辛劳，几乎无暇发扬光大师门。甚至黄麒英主观上也不愿意以开设武馆谋生，他认定开武馆容易制造竞争对手、四面树敌，"自古文无第一，武无第二"，"同行是冤家"，而开设医馆可以救治他人、积善积德，还可以养家糊口。大洪拳出现中兴之势，也是在黄飞鸿在广州开设武馆和宝芝林医馆，同时兼任黑旗军总教习，各位高徒也成为武馆教头的时期。

一、铁线拳

铁线拳是一套养生拳，以运动肢干、畅通血脉为主，具有壮魄健体、反弱为强的功能。其大纲分外膀手与内膀手二式：外膀手属外功，即手、眼、身、腰、马；内膀手属内功，即心、神、意、气、力。它以刚、柔、逼、直、分、定、串、提、留、运、制、订十二支桥手为经纬，阴阳并用，以气透劲，又以二字钳羊马势保固腰肾。练此拳法要求动中有静、静中有动，放而不放、留而不留，疾而不乱、徐而不弛，无论男女老少皆能习之，恒久练习有祛病延年之效。

铁线拳能够流传至今，端赖在黄飞鸿身后迅速成长为新的武林宗师之林世荣的传播。他在黄飞鸿去世5年后的1930年，亲身表演每一个招式，让能文会画的徒弟朱愚斋依招式逐个画出，再配上拳诀和解释要领的文字，刊行于世。打破了中国武艺密不外传的行规，掀开了工字伏虎拳、五郎八卦棍、铁线拳等威震武林的绝世神功的神秘外衣，为中华武术大范围普及、跨地域传播、跨时代发展创造了条件。当今流传下来的洪拳绝技，是在香港推广出去的，主要是陆阿采—黄麒英—黄飞鸿—林世荣一系。洪拳在香港电影界的影响最为广泛而持久。除了黄飞鸿题材电影、林世荣题材电影之外，还有周星驰功夫戏中的洪拳大师（《功夫》、《功夫之王》）。赵教与其两子赵威、赵志凌则是林世荣的弟子和再传弟子。

二、工字伏虎拳

工字伏虎拳是洪拳的基本拳法，以步进退呈工字形，故名工字伏虎拳，相传起源于福建南少林寺。据传，南少林毁于兵火后，至善禅师避难到广州海幢寺，因恐少林绝技失传，便于寺内授徒传艺，陆阿采为其首徒，得工字伏虎拳秘传，后传于黄泰，再传黄麒英，再传黄飞鸿，又由黄飞鸿将其发扬，传于梁宽、林世荣、陆正刚、陈殿标等。工字伏虎拳腰马稳健，桥手刚劲，法门紧密，进退有规。恒久练习，不必站马而腰马自坚，不必打桩而桥手自劲，是学习其他拳术、器械的基础。因此，凡入黄飞鸿门下者，必先习此拳以稳健腰马、坚劲桥手、正确步法。

笔者珍藏着1998年从南海市信和超市的旧货书店购得的梁达编著《铁桥山真传之铁线拳》和《黄飞鸿嫡传之工字伏虎拳》。本来当时还发现一本《虎鹤双形拳》，可惜遗漏了，直到2011年初，到香港大埔的书市里，购得一本台南信宏出版社于2009年出版的《图解虎鹤双形》。这样一来，林世荣公开的大洪拳拳谱，笔者总算补齐了。

三、虎鹤双形拳和飞铊

黄飞鸿的功夫主要来自两个部分，根据"洪家拳虎鹤派传承表"，一个部分是陆阿采—黄泰—黄麒英—黄飞鸿，另一部分是铁桥三—林福成—黄飞鸿。而据有关资料显示，黄飞鸿平生绝技众多，其中最擅长的应该是虎鹤双形和飞铊。

在黄飞鸿盛年，虎形、鹤形是两套功架，分别授徒，实战时也会糅合在一起使用。但是，演化为固定的"虎鹤双形拳"，则是由黄飞鸿的衣钵传人林世荣集各家之精华融会贯通而定型的。套路中既取虎的"劲"（如虎之猛）和"形"（如虎爪），又取鹤的"象"（如鹤嘴啄食）和"意"（如鹤的灵秀飘逸），故称虎鹤双形拳。虎形练气与力，动作沉雄，声威叱咤，有龙腾虎跃之势；鹤形练精与神，身手敏捷、动作迅速，有气静神闲之妙。虎鹤双形拳手形有拳、掌、指、爪、钩,手法有抛、挂、撞、插等,步法有弓步、马步、虚步、独立步和麒麟步等,步法讲究落地生根,身形注重挺拔端庄。整套动作既吸取佛家拳的凌厉攻势,又吸取洪家拳的严密守势,拳势威武,刚柔并用,长短兼施,比较好地凸显了大洪拳的主要特征。

现在需要考辨一番"飞铊"绝技在中国武林中的地位及其历史沉浮。依据《武当绝技秘本珍本汇编》第三篇暗器之一"绳镖"的权威记载,"飞铊"在长江和黄河流域被称为"绳镖"。与其相似者有脱手镖,比脱手镖更隐蔽、轻巧的则是袖箭。"考绳镖一物,由来甚久。盖在有脱手飞镖之前,脱胎于绵套索。闵小志云:'武艺十八,终于白打',而白打之次,及绵绳套索。此套长9尺,两端有圆球为坠,翻腾飞舞,利用其缠绕之力而制敌。后有智者,仿其制而创为绳镖,列入杂技,为防身暗器。虽发明者为何人?发明于何时?皆无从考其详。当在宋代或以前,李唐之世。盖其时,武术界人才辈出,剑侠之有载籍者,斑斑可考。当此武术兴盛之世,人才既多,期间智者,自能依其平日之所学,变化而阐发之。或自成一家拳法,或自创一种武器,别开生面,独立门户。今所谓某刀某家枪者,亦此也。盖脱于飞镖,实自宋代余氏。绳镖既发明于脱手镖之前,故推定其当在宋代以前。在发明之初,此绳镖亦未始非一种利器,既能及远,又可收回,便利异常。然自脱手镖等暗器发明以后,则又相形见绌。流传至今,虽未完全失传,然硕果仅存,人且视为至拙之器,学者亦渐少,恒见江湖卖解者流,用此物为打围圈之具。然其间亦未始无绝精其技者。特百十中或可得其一二。曾有一董姓(即八卦掌宗师董海川——引用者注),北人,绳镖之绝技,非常精譬。应手中的,百不失一,诚足惊人也。"[①]

行文至此,笔者将提供一些亲身所见来加以印证。那是1974年盛夏的一天下午,在内蒙古巴彦淖尔市杭锦后旗陕坝镇新华书店和农具机械厂展览馆之间的空场地,有一位来自南方的古铜脸色武师在摆场子演武售药,表演的恰恰是飞铊。那时,正是笔者小学时期的暑假,观看那飞铊表演看得出神。那武师多次使出恰到好处的功力,让铁镖飞到我身旁八九岁的男童和女孩面门前约两寸的距离。武师申明先尝试两次,摸准了力道大小与对方的距离之后,第三次发镖前对观众宣布,他可以让铁镖飞到小女孩的面门前两三寸远的距离,让飞镖折九十度角向下垂直沉落。结果果如其

---

① 李天骥主编:《武当绝技:秘本珍本汇编(续集)》,吉林科学技术出版社1989年版,第347页。

言。他又宣布，还可以让铁镖在同样远的距离向上九十度飞起，却绝对不会碰到小女孩的脸面，结果又如其所言。然后，他又表演了用飞铊击穿小男孩头顶的汽水玻璃瓶瓶肚，瓶颈和底座却完好无损。赢得观众鼓掌后，我提出，用飞铊击打青砖如何？那武师很自信地让我们找来三五块青砖，在木台上垒好。他调动内力，瞄准青砖，猛一发力，飞镖飞出两丈远，准确击中青砖，青砖被击穿两块，飞镖的头几乎钻透第三块青砖，已嵌入砖内了。观众掌声如雷，这才相信飞铊并非仅仅是供观赏用的杂技，而是真功夫。

那武师一连表演十天，我不仅天天去看，还招呼去了十多位玩伴。我们不停地问这功夫的名称、来历、还有什么绝招等等。

武师告诉我："这是飞铊，属于大洪拳。当年的创始人反清复明，要让汉人重整山河，就用朱元璋朱洪武的名称来命名，叫大洪拳。这拳法主要流行在南方。"

四、五郎八卦棍

相传五郎八卦棍法由宋代杨家将之一的杨五郎始创。五郎随父征契丹，陈家谷血战中死里逃生，在五台山落发为僧，去枪尖改为单头棍。棍法由太极生两仪、两仪生四象、四象生八卦，演变为六十四点棍法，符合八卦八八六十四之数，故名五郎八卦棍。

五郎八卦棍法是由黄泰、黄麒英传授给黄飞鸿的，黄飞鸿将其融入南派武学功法，并由林世荣发扬光大。此棍法长短兼施，双单并用，法门多而密，以圈、点、抢、割、抽、挑、拨、弹、掣、标、扫、压、敲、击十四字为诀。风格朴实无华，结构严谨，威猛沉雄，利于实战，为南派上乘棍法之一。笔者从南海地方民俗文化书系中查得一条线索，证明五郎八卦棍法并不仅仅传给黄飞鸿这一支系。在南海区里水镇，有村民谢蛇擅长五郎八卦棍法，曾与黄飞鸿高徒梁宽相遇。当时梁宽已经出师，给当地水脚铺码头工人的武馆做教头，两人发现彼此棍法惊人一致，互相盘问师承由来。据谢蛇所说，他的棍法是祖上传承下来的，传自山西太行山的杨五郎，与黄飞鸿这一脉是同源异流的。

五郎八卦棍完全由杨家枪法演变而来。所谓八卦，以太极生两仪、两仪生四象、四象生八卦，故有六十四点。先击四正，后击四隅，四隅即四方之角，也就是击八方，每方八点，即八八六十四点。

黄飞鸿是把大洪拳发扬光大的巨匠，但是，以书面文字加配图解的方式公之于世而广为传播的，则是林世荣等人整理的铁线拳、工字伏虎拳、虎鹤双形拳。因为林世荣身形比较肥大，单独演练大洪拳五大形拳（龙、虎、鹤、蛇、豹）中的虎形与鹤形，都不够灵活自如，于是他结合自己家学中的蔡李佛拳和黄飞鸿的大洪拳，形成了被武林称为"洪头佛尾"或"洪头蔡尾"的虎鹤双形拳。这样的变法，结构新颖、动作轻快，革除了以往南派拳法沉滞狭隘、动作重复之弊病。虎鹤双形刚柔并用，长短兼施，偏正配合，进退中规，成为黄飞鸿一脉之代表拳法，为武术界独树一帜。一时风行全省，并远传至港澳、东南亚甚至北美等地，历久不衰。在新中国成立后，被列为中国高等体育院校教材内容之一。

五、舞狮

舞龙舞狮是历史悠久、具有鲜明中华民族特色的传统体育运动，一直深受各族人民的喜爱，代代相传，经久不衰，并由此形成了丰富多彩的民族传统文化——龙狮文化。佛山南海是南狮的发祥地。南狮泛指流传于南方的舞狮，分为文狮、武狮和少狮三大类，以广东等地的舞狮最具代表性。南狮动作大而威猛，造型夸张浪漫，讲究神韵，两脚着地，狮头和狮尾分开，各由一名演员摆弄，配以大锣、大鼓、大钹等，鼓乐雄壮，闻之令人振奋。传统的南狮技艺有"出洞"、"上山"、"巡山会狮"、"采青"、"入洞"等。采青难度较高，有采高青、地青、水青、蟹青、凳青和桥青等。其中，采高青又名"企膊"（站在肩膀上），最为高难，后来发展到在2米多高的梅花桩上跳跃、舞耍，直至将挂在桩上的"青"采下来。

狮艺是一种融武术和技巧于一体的技艺。黄飞鸿狮艺表演项目有传统鼓点表演（七星鼓或三星鼓）、现代醒狮表演（狮上高桩采蛇青、飞鸿八星阵等）、传统的地面狮表演或群狮表演（龙门表、竹梯青等）、舞龙功夫表演，以狮子出洞、狮子上楼台等著称，以飞铊采青为绝技，在当时的广东独树一帜。黄飞鸿将民间传统醒狮艺术进行挖掘、整理并刻苦训练，在原有的南派醒狮技艺的基础上，吸收融入武术舞狮的技艺，由高桩醒狮、民间武术梅花桩与南派民间醒狮套路相融合，并汇入当地民间风格特色，技艺高难，编排巧妙，融舞蹈、武术、杂技、力度、美学于一体，形成新一派醒狮，电影《黄飞鸿之三狮王争霸》据说就是由此而来。黄飞鸿更有开创女子舞狮先河之举，莫桂兰以及黄飞鸿的另一名女弟子邓秀琼的狮艺据说尽得黄飞鸿之真传。

1911年，已经55岁的黄飞鸿仍然热衷于舞狮表演。在一次表演中，他不小心将布鞋舞掉，正好击中了在台下观看的19岁的莫桂兰。黄飞鸿事后专门登门道歉。却没想到这次舞狮成就了黄飞鸿与莫桂兰的老少姻缘。

梁挺著作里的采访记录提到，莫师太明确说，因为年龄相差太大，两人婚后感情一般，黄飞鸿总在忙他的武功、药铺，去护场、做保镖，莫桂兰照料家务，晚上才有机会一起切磋武功。但是，患难时代的这段姻缘和老夫少妻缘，却启发了后世的电影导演徐克。在徐克20世纪90年代拍摄的黄飞鸿电影里，除了《黄飞鸿92之龙行天下》外，每一部影片里都有一个美丽动人的女配角，以衬托"英雄＋美女"的功夫叙事母题，视觉形象和票房收益产生了叠加放大的效应。笔者在拙著《黄飞鸿叙事的民俗电影诗学研究》第五章第一节"比武结缘：英雄＋才女"里对此有详细的讨论，此不赘述。

六、宝芝林中医驳骨术

黄飞鸿不仅武功超群，医术亦相当精湛，光绪年间即在广州仁安里设"宝芝林"医馆，其中医驳骨疗伤之技时称一绝。

黄飞鸿有一个叫伍铨萃的弟子，是文人出身，1892年中了进士，他曾经送给黄飞鸿两句诗"宝剑腾霄汉，芝花遍上林"，黄飞鸿在创办跌打医馆时就依此取"宝芝林"作为医馆的名称。有证据表明，宝芝林药铺是当时广州最著名的四大中医中药铺之一。其实，黄泰、黄麒英曾开设过专门卖生草药的"泰康堂"①，黄飞鸿却不准备沿袭先人遗留的店号，一则是"泰康堂"没有办出什么名堂，二是觉得灵芝乃长生不老药，能给人带来永葆青春的活力。

宝芝林的"武夫大力丸"与当时著名的梁财信跌打药膏、李广海跌打丸、何竹林跌打风湿膏享有粤港澳跌打骨伤科"四大名药"的美誉。

宝芝林声名在外和黄飞鸿的医德有很大关系，他不但不藏私，还向社会公开跌打酒的浸泡方法和防暑凉茶验方，贴在宝芝林的大门上，让往来的百姓都可以依照该配方去抓药，药方一直流传至今。其伤科跌打酒的配方如下：牛大力1两，千斤拔1两，半风荷1两，宽根藤1两，田七5钱，金耳环5钱，以上诸药浸酒1斤5两，15天后可用。据说这是由陆阿采所传，而黄飞鸿也先后研制出大力丸、通脉丹等跌打药。1888年，黄飞鸿就是用这个配方治愈了刘永福的伤病。因此，刘永福请两广总督张之洞书写了"医艺精通"的牌匾送给黄飞鸿，又聘请其出任自己部队的军医官和技击总教练。黄飞鸿后随刘永福到台湾英勇抗日，至今台湾还有黄飞鸿弟子戚冠军留传下来的武馆。这也是岭南武功向外传播的一个收获。

---

① 参见韩春萌著《武林奇侠黄飞鸿正传》，湖北人民出版社2005年版，第146页。

这里有必要为地方特色的文博机构做一些介绍。黄飞鸿纪念馆在广东省佛山市禅城区佛山祖庙三门的北侧，是一座两层青砖镬耳墙建筑，占地5000平方米。该馆是在当时市政府的努力下，于2000年建成、2001年春开馆的，设有陈列馆、飞鸿影院。陈列馆内，有一幅目前国内仅存的黄飞鸿照片，很多游客到了这里总要和大师的照片合影留念；莫桂兰的照片也陈列在馆内。馆内有一个"宝芝林"的复制品，与电影里的场景很相似，颇令游人兴奋。纪念馆的东场有个很大的演武厅，每天都有一场武术表演，黄飞鸿的门人们将精湛的武艺呈现给游客。飞鸿影院曾经常年不停地播放黄飞鸿的电影录像，不绝于耳的拳脚声与武术表演相得益彰，仿佛又见到黄飞鸿当年矫健的身影。

据黄飞鸿纪念馆馆长梁国澄先生介绍，香港电影史专家余慕云捐赠了拍摄黄飞鸿电影、李小龙电影的遗物，以及祖庙的工作人员向海内外征集到的1000多件黄飞鸿的文物、近百部黄飞鸿电影和黄飞鸿功夫的真人演绎，才形成了这座凝聚全世界38万黄飞鸿门人寻根拜祖的纪念馆。《中华奇人大辞典》里介绍到黄飞鸿时只有一句话，但是"黄飞鸿"这个名字、题材、品牌却成为国际社会最熟悉的佛山第一响亮的品牌资源。黄飞鸿被香港影视界充分利用，在多半个世纪里，成为香港电影走向国际市场的优势品牌和强势产品。

七、黄飞鸿的徒弟

黄飞鸿的弟子有林世荣、凌云阶、梁宽、卖鱼灿、陈殿标、帅老郁、帅老彦、陆正刚、陈镜洲、莫桂兰等。弟子中，据说陆正刚是年龄最大的。黄飞鸿于16岁在佛山南堤市场一带授武卖药、击败郑大雄的时候，被已是成年人的陆正刚看到，当即拜黄飞鸿为师，每日为其沿街挑担做助手。少年黄飞鸿经受不住他的诚意，答应教他武功，但知道自己太年轻了，不能做主，要回家征得父亲黄麒英同意才可以正式收徒。黄麒英很高兴儿子扬名立万，就愉快地答应他收徒弟的要求。因此，陆正刚是黄飞鸿第一位正式的徒弟。依照旧时代武林的规矩，如果师傅没有特别指定"首徒"（即衣钵传人），一般而言，最早跟随师傅学艺也是武术最好的自然就是首徒。

陆正刚年岁较大，错过了练武的最佳年龄。不久后，黄飞鸿随父亲移居广州，陆正刚没有跟随去广州。但是，他又是黄飞鸿第一位赴香港开设武馆的高徒。

梁宽是黄飞鸿在广州收的早期弟子里天赋最高的，也是比较早地被码头工人拥立为教头的黄门高手。据说，他因为年轻，抵抗不住诱惑，近女色，又好赌，早亡于印度尼西亚。林世荣、卖鱼灿是黄飞鸿中晚年收的高足，其中，林世荣追随黄飞鸿 20 年。有可靠证据证明，广东精武体育会在 1919 年 9 月 9 日下午成立于广州海珠戏院。成立大会上，退出江湖的黄飞鸿以前辈武术名家的身份表演了飞铊绝技，而林世荣以当时广州著名武馆馆主的身份表演了九节双软鞭。①

八、当代洪拳高人

　　1975 年，全国武术大赛在内蒙古临河县的体育馆举行，我随同父母一起去观看，场面很壮观。开幕式后，有一位福建老拳师表演龙形拳，他双目圆睁如闪电，浑身赤色发烫，气贯周身，很是吓人。更有一位广东江门的江铁牛师傅，貌如李逵，使一条很粗壮的长棍，舞得如车轮一样，纵劈落地，将比赛场地的地毯敲裂，赛场水泥地板碎裂，水泥渣溅起很远的距离。正当他在场地上忘我地叱咤风云之时，意外情况发生了，那条跟随他练武几十年的长棍在他向天空划一圈、侧身旋转后，竟然经受不住他远超常人的力道而折断了。他愣了愣神，才意识到长棍不配他的神力，于是向全场大叫："谁有好棍？越结实的越好！我就不相信，当今中国的高手都在这里，就没有一件配得上我江铁牛的长棍吗？可惜啊，可惜了我一身功夫没法显露了。笑煞我也！笑煞我也！"

　　全场倏然安静得连掉一根针都能听得见了。不知道是被他的神力感动，还是被他气吞山河的话语将了一军。场外工作人员送上来十多条木棍，都被江师傅舞动两下就断了。

　　"好棍在哪里？有没有配得上我的好棍？"他在向全场叫阵，声如洪钟。

　　沉静片刻后，只见主席台上的一位在武术界很有声望的李姓名师，扔下来一条长棍，粗壮而光滑溜圆，一望便知，那是一条经历了十年以上练功考验的好棍。观众齐声叫好。台上李师傅对着江师傅大喊："江师傅好汉，这是我镇馆之宝，家传三代的藤木过漆油浸棍，让你开心，使出你浑身解数来！让我们过瘾！"当播音员将李师傅的话用扩音器向全场播发后，场面更加火爆了。

　　"好！好！好！"欢声雷动，全场兴奋莫名。

　　"太好了，有你这样拔刀相助的大侠，我三生有幸。就让我使出全部

---

① 参见马梓能主编《佛山武术文化》（内部交流），禅印准字 2001 年第 0006 号，第 241 页。

的本领，报答你的相助。大丈夫立世，一生无憾了！"

话刚一结束，江铁牛拾起长棍，上下左右试了试，大叫"好棍"。然后，他运足了力气舞起棍来。那长棍舞动的速度太快了，观众们只看见棍影环绕在江师傅的周身，远远看去，就像是飞快旋转的陀螺。突然，江师傅神奇地停下来，如钉子钉入大地，竟然一点都不晕眩。只听他大喝一声"落"，长棍劈入水泥地板，"咣当"一声响，那跟随李师傅多年的长棍也断为两截了。只听主席台上的李师傅失声大叫："我的棍吆，唉——那可是我几代的传家宝啊！"

江铁牛师傅一听这话，才从忘我的演武中回过神来，收了功，对全场大喊："当今中国，没有配得上我江铁牛的兵器了。我这一身功夫怎么才能全部使出来呢？罢，罢，我从此退出江湖，不再露面了。"说完话，江师傅一脚将木棍踢到一边，竟扬长而去，再不回头。播音员再次向观众介绍道："刚才退场的表演者，是著名的大洪拳拳师江铁牛，广东省江门人。"

当时，笔者绝对没有想到，20 年以后，自己竟然来到广东佛山，在大学里执教，更不可能意识到，自己会以研究岭南功夫文化和功夫电影电视作为后半生的主攻方向。

现在，笔者再征引培养出数十位全国武术冠军的前广东省武术队总教练马志斌在《岭海武林》里关于这一次全国武术大赛的相关描述，来作为佐证：

> 当代洪拳高手，值得一记的还有江门地区的江铁牛，亦可算洪拳民间异人了。他身材高大，虎背熊腰，真的如话本小说所描写的李逵、张飞、牛皋那样，生得面如锅底，眼似铜铃，头发更如非洲人那样自然卷曲，而且也确实是声如洪钟、力大如牛。他表演的洪家"五形拳"、"十形拳"腰马稳固，力猛气沉，势如奔马，发力发声，声彻全场。他特长的器械项目是洪家单头棍。所谓单头棍，是南派——尤其是洪家特具风格的器械，棍长一丈二尺（旧唐尺，约合三至四米），一头粗一头细，着重以棍细的一头施展技法，故名单头棍。按照洪家棍法，重实战而不重花巧。但由于棍长而粗重，故甚重劲力。那江铁牛耍起单头棍来活像张飞耍起丈八蛇矛一般，真是虎虎有声，棍棍着力。尤其是那名为煞棍的棍招。所谓煞棍，是从上而下快速猛劈而下，至中路（假设击中点）突然煞住，其劲力直达棍尖，使棍尖上下跳弹不止。一次表演，由于他劲力太猛，竟然把原来收藏多年的龙须棍从棍中央煞断了。所谓龙须棍，即是百年老榕树的榕树须（气根，百年老榕树才能长出粗如杯口的气根），砍下用特殊方法炮制后即为

龙须棍。本来是十分坚韧的好棍，1958年竟被他在省比赛时煞断了。后来，到著名武术家李尧山家里再借一条白蜡杆。这白蜡杆产于北方，也是十分硬而韧的木料，专作武术器械中的棍或枪杆、大刀杆等用。一般只长到一人高或一人加一臂长便砍下用，长到丈多高是很少的，也很难得的。李尧山师傅收藏了两条，视如珍宝，因见江铁牛确有功夫，而单头棍折断，使其好功夫未能全盘施展，出于义气，亦割爱借出。哪知，又被江铁牛于表演中煞断。不但使李尧山痛失宝杆，也震惊了岭海武林，使万千观众叹为观止，惊叹亲见当代洪家真功夫！

江铁牛自1958年参加过广东省武术（套路）表演赛获一等奖并参加全国武术表演赛获二等奖后，便不再见他在省里露面而隐于家乡授徒了。①

上述记述和笔者所见的场景十分相似，唯有年代的差异。笔者亲眼所见是全国武林比赛，时间是1975年，而马志斌先生所记述的是广东省武林比赛，时间是1958年。两次比赛中的江师傅是否为同一人呢？因为1975年上场者的年龄如报幕员所介绍的那样，有50岁了。即便1975年参加全国武术表演者是另外一个人，那也可以推论出，应该是出自1958年的江师傅同门的晚辈。

第五节　黄飞鸿：从历史走上银幕

由于黄飞鸿所处的年代照相还不普及，而生活一直称不上富裕的他也没有留下什么肖像画，所以今天人们心目中的黄飞鸿的模样基本上是影视剧中的版本，而影视剧中的主角、正面人物的相貌一定要俊，即使不俊也要酷得有型、英姿飒爽。所以演过79部黄飞鸿电影的关德兴、被时人认为演黄飞鸿演得最好的李连杰，乃至后来接替李连杰演黄飞鸿的赵文卓等人的相貌就构成了黄飞鸿的轮廓。

其实，1982年才去世的莫桂兰曾经向香港的《真功夫》杂志具体描述过黄飞鸿的相貌："生性怪异，寿星公头，有一副罗汉眉，眉长至垂下，瓜子口面，耳大而长，身材肥壮高大，要穿三尺六寸长衫，行起路来表情淡定，两手总摆在后面。"而从黄飞鸿唯一的照片来看，黄飞鸿是一个大

---

① 马志斌著：《岭海武林》，广东人民出版社2000年版，第29～30页。

胖子无疑。至于电影里饰演黄飞鸿的关德兴等人要比黄飞鸿显得瘦削精干，饰演青少年时代黄飞鸿的成龙、钱嘉乐等人的身材略胖一些，但就个头来看，关德兴、赵文卓与真实的黄飞鸿更相仿。

2014年夏，佛山民营企业组团去武汉招聘人才，给出50万元年薪的优惠条件。但是，武汉的研究生们提到佛山，只知道黄飞鸿和佛山无影脚，此外就没什么印象了。这除了说明当今佛山在外界形象品牌营造方面需要加强以外，也说明重点大学的学子们对佛山不太了解。当今佛山的形象大使依然是电影界联袂打造的荧幕形象黄飞鸿，这多多少少令当代佛山人感到苦涩与酸楚。

功夫电影中，每当黄飞鸿遭遇强敌的时候，"佛山无影脚"往往成了最后的必杀绝技和定海神针，于是在普通民众心目中，无影脚就是黄飞鸿的招牌功夫。但根据原黄飞鸿纪念馆研究员肖海明的分析，无影脚虚构的可能性最大。综观所有严肃的有关黄飞鸿的文字记载，均没有"无影脚"，即使在朱愚斋所著的《黄飞鸿别传》（最早描写黄飞鸿的著作）中，也没有提到"无影脚"这门功夫！

历史上真实的无影脚到底是怎样的呢？遍查少林、武当、太极拳谱，也不见其踪影，而且在功夫电影中也不见其他门派有这门功法。再缩小追寻范围，发现即便是大洪拳传承脉络里，也不见洪熙官、至善禅师等使用了无影脚，说明无影脚只是电影中的"黄飞鸿绝技"。笔者推测，无影脚不是一整套的拳法或脚法，只是某一个绝招。这种推测是否符合事实呢？笔者查找到了证据，依据莫桂兰对《真功夫》杂志记者的叙述，真正的无影脚并没有固定的套路，往往是出快拳攻打对手的上三路，迫使对方不得不全力以赴抵挡，中下路露出空挡时，出脚攻打其致命或有效部位，成为屡试不爽的招数。严格地说，无影脚是弓马娴熟的武术大家综合运用各种制胜手段的高明组合方式，并非苦练某个单一的招数就必定可以达到这种效果。

黄飞鸿的功夫到底有多高？这一直是令人疑惑的问题。黄飞鸿6岁习武，尽得父亲武功之精华。黄飞鸿父子仗义搭救表演飞铊时意外失手伤人的林福成，林福成为了报恩，将洪拳中最难上手的铁线拳和飞铊绝技倾囊教授给15岁的黄飞鸿。黄飞鸿16岁就开始设馆授徒，是当时南派武林中最年轻的武术教练。他还先后被提督吴全美、黑旗军首领刘永福聘为技击总教习及广东民团总教练，并随刘永福至台湾抗击日寇。从这些经历来看，说黄飞鸿是个一流的武术家应该错不了。

不过现实中的黄飞鸿并非电影中那样无往不胜。朱愚斋的《黄飞鸿别传》是目前被认为最具纪实性的小说，曾提到黄飞鸿有一次在香港打抱不平，被三十多名地痞流氓围攻，结果寡不敌众。

　　黄飞鸿受到的中医、中药训练，肯定是不系统、不全面的。无论家传还是师承，他的医学才能主要在跌打伤科。黄飞鸿也没有道理具备很系统全面的医术，毕竟他是一个武人，从小家境不是很好，甚少读书，文化水平有限，没有条件接受系统的中医训练。因此，和武术相比，黄飞鸿在医术上的成就应该是次要的。黄麒英多次劝他结束武馆而开医馆，主要是为了避免招惹武林中的恶性竞争。但在后世，受到电影形象塑造的影响，黄飞鸿的医生身份几乎超过了武师身份。电影里的黄飞鸿不仅喜欢排解武林纠纷，好出头争胜、力压群敌，而且仁心仁术、救死扶伤、宅心仁厚、急人所难，他好像成了无病不治的神医。实际上，宝芝林只是一家跌打医馆，准确言之，是治疗跌打伤科的专科门诊兼草药店铺，绝对不是综合性的医院。

　　这样评价黄飞鸿的医术并不意味着他的医术平庸无奇，黄飞鸿用医治跌打损伤的本领治好了刘永福就是一个铁证。

　　黄飞鸿总共有四任夫人（也有说六任的），在莫桂兰之前，他的三任妻子都是在结婚后不久就病故了，时间最短的才三个月。

　　曾经有人将莫桂兰当作十三姨。可实际上，黄飞鸿只是和莫桂兰的伯伯是好友。迎娶莫桂兰时，黄飞鸿50多岁，而莫桂兰才19岁，二人既是夫妻关系，又是师徒关系。

　　根据原黄飞鸿纪念馆研究员肖海明的观点，十三姨的原型很可能是黄飞鸿一次打抱不平中相识的女子。当时黄飞鸿被围攻，逃到一个巷子，各家各户都紧闭门户，唯独一面窗户大开，黄乃躲进，发现竟然是女子闺房。而该名女子可能是看到他打抱不平的那一幕，竟不顾男女之嫌，帮助黄飞鸿摆脱了危险。黄氏后人和佛山人都不曾料想到，这些江湖传说，没有启发第一位拍摄黄飞鸿电影的胡鹏导演，却在半个世纪后提醒了徐克。在徐克版的黄飞鸿电影里，塑造出一个貌美如花的西洋留学归来的十三姨，而且她总是一根筋地喜欢年龄相仿而辈分上是她外甥的黄飞鸿。

　　黄飞鸿一生虽然有诸多成就，然而命运坎坷，这已如前述。依据朱愚斋《黄飞鸿别传》记载，黄飞鸿去世后被葬在白云山东麓，后人根据这个记载却没有找到他的埋骨之处。但是，黄飞鸿身后声名远播海内外，尤其是在中国香港、东南亚，"黄飞鸿"成了佛山、中国岭南武林英雄的标志。这主要应当归功于香港电影界从1949年开始对功夫题材的发掘。20世纪20年代，上海电影界就开始拍摄《火烧红莲寺》系列功夫电影。抗日战争胜利后，亚洲电影制作中心的地位由上海转移到香港，香港电影界将洪熙官、方世玉题材各翻拍了一遍。正在发愁下一步拍什么题材才可以赢得观众的时候，朱愚斋受《火烧红莲寺》的启发，在报纸上连载黄飞鸿传奇故事，又出版了单行本《黄飞鸿别传》。该故事立刻给电影导演和编剧们带来了新的武林传奇，于是，持续半个多世纪的、创造了"吉尼斯世界大电影"之"世界同题电影之最"的黄飞鸿电影系列一发而不可收了。

20世纪90年代，徐克导演、李连杰主演的黄飞鸿电影的主题歌《男儿当自强》成为当时中国电影界和歌坛唱响中华情怀的主题歌之一：

> 傲气傲笑万重浪，热血热胜红日光。
> 胆似铁打，骨似精钢，
> 胸襟百千丈，眼光万里长。
> 誓奋发自强，做好汉。
> 做个好汉子，每天要自强。
> 热血男子，热胜红日光。
> 让海天为我聚能量，去开天辟地。
> 为我理想去闯，看碧波高壮。
> 又看碧空广阔浩气扬，既是男儿当自强。
> 昂步挺胸大家做栋梁，做好汉。
> 用我百点热，耀出千分光。
> 做个好汉子，热血热肠热，热胜红日光！

这首歌对于唤醒民族认同、中华情怀与岭南族群认同的感召意义是不言而喻的，直到现在依然能够产生强烈的感染力，具有穿透时空的感召力。须知，粤语有九个声调，粤剧、粤曲中，表现铿锵有力、黄钟大吕的强音并不多。这首歌采用粤剧里少有的强劲旋律，再配以黄霑等著名粤曲词作者的壮词，产生了历久弥新的音乐感染力，有力地配合了岭南功夫电影向全世界的广泛传播。

第六节 武功与武侠

笔者曾经遍查广州市志、佛山地方志，包括民国的《南海县志》、《佛山忠义乡志》，以及新中国成立后至80年代近百辑的内部印行本《文史知识》，都见不到有关黄飞鸿这位草根阶层武功大侠的记载。只有南海《育苗报》主编冯植编写的《南海旧事》里，收录了20世纪40年代流传于广州西关的民间诗歌：

（一）

虎痴平生多轶事，虽无正史稀人知。
惟是民间广有说，粤者口碑多振词。

（二）

金钱镖出震四众，饶人不痴是英雄。
黄门一家有三杰，西樵山下出虎龙。

（三）

前清十虎说太公，麒英衣钵传飞鸿。
西樵山下显三杰，禄舟一村现虎龙。

人们对黄飞鸿的了解，最初主要来自佛山、广州一带关于他武功如何了得的民间传说。随着他的高徒林世荣（绰号猪肉荣）60岁时在香港设武馆授徒为业，他的事迹和武功技艺才开始在香港流传。

率先写黄飞鸿小说的朱愚斋是黄飞鸿的再传弟子，也是林世荣的爱徒。朱愚斋是个文武双全的才子，除了武功之外，他以兼善绘画与写小说饮誉当年，被称为武林"广东后十虎"之一。朱愚斋于1933年在香港写出了第一部黄飞鸿纪实小说《黄飞鸿别传》，连载于香港《工商晚报早刊》，这部富有传奇色彩的小说成为后世各种版本的黄飞鸿小说、电影所依托的母本。1950年，他又发表了《岭南奇侠传》，推动了黄飞鸿题材的再度热销。他遂以师祖、师父为题材，写出了许多小说。

除此之外，尚有忠义乡人、我是山人、禅山人等，出版了多部描写黄飞鸿的小说。举其要者："少林事迹武术写实名著"《珠海群雄传》（朱愚斋著，达强出版社），"武术散报"《岭南奇侠传》（朱愚斋著），《黄飞鸿》（朱愚斋著），《粤派拳师黄飞鸿》（林世荣及朱愚斋著），《黄飞鸿少林拳》（我是山人著），《黄飞鸿正传》（我是山人著，南风出版社出版，三愚图书社代理），"黄飞鸿传奇故事"《花地歼恶霸》、《大闹丁家庄》（马云著，武林出版社），《武状元黄飞鸿传奇》（欧阳欢著，满庭芳出版社），《粤派拳师陆阿采别传》（何棣著），《黄飞鸿大闹花灯》，等等。笔者目前已查证的20世纪出版的黄飞鸿小说有20余部。其中，篇幅最长者系忠义乡人著《黄飞鸿再战江湖》，从1947年5月1日起在香港《成报》连载，达1300多集，历时4年多。再如，笔名为"念佛山人"的许凯如，抗日战争前夕移居香港，著有武侠小说《广东十虎传》、《三德和尚》（20世纪70年代被洪金宝拍成电影《三德和尚与舂米六》）、《花枪白头保》等，《广东十虎传》里就有相当篇幅描写黄飞鸿父子的传奇事迹。生前"仅以威盛，不大以名传"的武侠大家黄飞鸿，本是经历由少年成功到壮年激烈，再到避世归隐，直至晚景凄苦的草根英雄，摇身一变，转化成了小说中英雄的代言人、电影中豪杰的化身、电视剧中家喻户晓的公众话语资源。因此，以他为题材的小说，最热闹的时候可以同时在香港的七家报纸上连载发行。

后来，出现了多出黄飞鸿题材的粤剧，直到1949年10月8日，流传于民间的黄飞鸿传奇故事开始拍成电影《黄飞鸿传上集之鞭风灭烛》（胡鹏执导）。此后，香港电影界在半个多世纪的时间里，连续拍出108部以黄飞鸿为主题的电影，如此规模的同题电影，在世界电影史上至今无出其右，创造了吉尼斯世界纪录。截至2014年11月底，共拍出108部黄飞鸿同题电影、18部至少344集有关黄飞鸿的电视连续剧。这是影视剧和武功影视领域的奇迹！

晚年的黄飞鸿与莫桂兰白天开药铺，晚上研习武艺。莫桂兰把莫家拳传给了黄飞鸿，黄飞鸿也将自己的平生绝学传给了她。加上黄飞鸿从林福成、宋辉镗等人处学来的武功，也足以说明，黄飞鸿兼收并蓄多门派功法，赢得武林广泛的认可，"以威盛，不以名传"绝非虚言。因为香港电影界曾经拍摄过搞笑版的《黄飞鸿笑传》、《真假黄飞鸿》，有不少观众误以为真实的黄飞鸿的武功并不特别强，而是依靠他的一帮弟子撑门面，还引用黄飞鸿晚年自谦为"豆腐教头"的事例来证明。在笔者看来，黄飞鸿如果真是"豆腐教头"，在那个必须随时迎接踢馆挑战的时代，他是支撑不下去的。另外，林世荣、卖鱼灿等人本来是林福成的徒弟，如果不是黄飞鸿有过人且多样的本领，也没理由从师于他20年之久。所以，黄飞鸿终成一代大侠，绝非浪得浮名。

黄飞鸿的武侠风范还体现在他赴台湾抗日的行动中。甲午海战后，清廷提升刘永福为提督，调派黑旗军到台湾，发起反抗日本侵占台湾的斗争。黄飞鸿明知赴台作战凶多吉少，还是毅然答应了刘永福的邀请。临危见义士，患难识忠奸！黄飞鸿随黑旗军在台湾与日军殊死搏斗，终因实力悬殊，抗日失利。就在这段时间里，他传授大洪拳与戚继宽。台湾抗日失利后，戚继宽并没有随师傅回岭南，而是选择留在台湾传授当地人武功。当今台湾还有著名的戚冠军武馆（也称戚冠军国术院），岭南武术在海峡对岸的传播真可谓源远流长。

黄飞鸿护卫刘永福逃回广州后，结束武馆，退出江湖，低调行事，只打理宝芝林，并以医治跌打伤科谋生。他十分难得地将祖传跌打医方公之于众，让看不起病的穷苦人自己按方配药，自助自救。他声言"武艺功夫难以传授，千斤不传求师莫问"[①]。黄飞鸿的悲剧命运不仅仅在于冷兵器不

---

① 梁达编：《黄飞鸿嫡传工字伏虎拳》，岭南美术出版社1996年版，第2页。

敌热兵器，更折射出了国运式微的痛心现实。

第七节　黄飞鸿银幕形象和现实生活中的差别

通过比较银幕上的黄飞鸿和现实生活中的黄飞鸿，可以纠正读者对黄飞鸿认知上的错误，还原一个真正的黄飞鸿，以此来表达对历史人物的尊重。

一、两者形象大有差异

一代宗师黄飞鸿的形象经常会出现在电影、电视剧中，很多人也因为拍摄以黄飞鸿为主题的电影而走红，如著名导演徐克在20世纪90年代就一口气制作了7部《黄飞鸿》系列电影从而扬名国内，也掀起了拍摄黄飞鸿的热潮。但是，黄飞鸿形象在银幕上的泛滥导致了国人对黄飞鸿的误解，认为银幕上的黄飞鸿就是真正的黄飞鸿。

真实的黄飞鸿长相很一般，甚至还有大肚腩。黄飞鸿留存于世的只有一张照片，更有力的证据来自黄飞鸿的遗孀莫桂兰。她在接受香港《真功夫》杂志采访时说："黄飞鸿生性怪异，寿星公头，有一副罗汉眉，眉长至垂下，瓜子口面，耳大而长，身材肥壮高大，要穿三尺六寸长衫，行起路来表情淡定，两手总摆在后面。"这就形象地说明了，历史原型与电影观众们所熟悉的银幕形象不同。

在黄飞鸿系列电影当中，我们经常看到黄飞鸿打抱不平，只要街头出现横行霸道之徒，必将遭到他的惩戒；在百姓眼里，他是正义的化身，是除暴安良的代名词。黄飞鸿那无人能敌的功夫，经常引得人们啧啧称奇，由此也让人们形成了一种印象：黄飞鸿是无敌的，其绝技就是"佛山无影脚"。但根据肖海明的分析，无影脚虚构的可能性最大。莫桂兰认为，真正的无影脚是一种偷袭手段，对敌时，先以手使出快招让敌人眼花缭乱，待其注意力全部被吸引，忽然起脚击其下部。莫桂兰的说法可能让很多崇拜黄飞鸿的人不能接受。不过从黄飞鸿的师门传承来看，洪拳十分强调马步等下盘功夫，所以黄飞鸿的脚法应该不错，而后人为了突出这一点，作了适当的夸张和虚构。

但当代影迷们武断地得出"无影脚在现实生活中并不存在"的结论也是缺乏有说服力之依据的。现实生活中的黄飞鸿的绝技有双飞铊、铁线拳、虎鹤双形拳、罗汉金钱镖、四象标龙棍、工字伏虎拳等。在所有武功之中，最为主要的有两个来源，其一是他的父亲黄麒英的传授，其二是林福成的传授，其他都属于黄飞鸿糅合两者的自创功夫。

真实的黄飞鸿，武功是好，但并不像银幕中那样天下无敌。

二、医术

我们可以推论，黄飞鸿精通的医术仅仅是一些皮外伤，尤其是跌打损伤。中华武术与中医一脉相承，所以黄飞鸿会简单的医术；但中医博大精深，黄飞鸿又不喜欢读书，他不可能接受很全面的中医训练。有一件小事可以看出黄飞鸿的文化水平。他想开一个医馆，但苦于没有一个好名字，这时他的徒弟考中了进士，送给他两句诗："宝剑腾霄汉，芝花遍上林"，黄飞鸿就把两句诗的第一个字以及最后一个字合在一起，用作医馆的名字。

在银幕上，黄飞鸿的医术与医德受到世人的绝口称赞；他开设宝芝林，以"武夫大力丸"施治跌打损伤，救助于人；他一生行侠仗义，锄强扶弱，济世为怀，深受人们的敬重，当时许多名医解决不了的疑难杂症黄飞鸿都可以治愈。真实的黄飞鸿不是华佗再世，不可能包治百病。实事求是地讲，黄飞鸿治疗骨伤科、枪伤是很拿手的，否则刘永福也不可能对他那么器重，但再好的医术也不会像电影里那么神奇。

三、莫桂兰与十三姨

有资料记载，黄飞鸿好几次打抱不平时，都因寡不敌众而被迫逃跑了。有一种说法，黄飞鸿有一次逃到一个巷子，各家各户都紧闭门户，唯独一面窗户大开。黄飞鸿躲进去，但发现竟然是女子闺房。而该名女子可能是看到他打抱不平的那一幕，竟不顾男女之嫌，帮助黄飞鸿脱离危险。莫非这就是莫桂兰？但是，黄飞鸿与莫桂兰的姻缘缘自一次武术表演。黄飞鸿不慎飞落布鞋，恰好落在莫桂兰头上。莫桂兰抓住布鞋走上舞台并打了黄飞鸿一巴掌。众弟子要教训这大胆的女子，被师傅喝止。黄飞鸿佩服此女子的忠告："你算什么名拳师，表演如此不谨慎，将鞋打到别人头上。如果是手中的武器脱手，岂不要伤及人命？"此后，黄飞鸿多次拜访，竟成就了姻缘。如果前一种传说可信，那后一种说法又该如何解释呢？

在银幕上，十三姨总是和黄飞鸿如影随形。例如由李元科导演，陈慧珊、刘家辉主演的电视剧《黄飞鸿与十三姨》给我们讲了这样一个故事：黄飞鸿率领宝芝林众人，在十三姨的协助下广开医馆，义务为百姓看病，在缉毒运动中查封烟馆、铲除黑势力、智擒走私外商，开创武馆广招门徒，发扬中华武术，与日本恶霸校场比武，打消异邦气焰，得以拯救一方百姓。在官场上，民间英雄黄飞鸿与扎方布结下怨仇，两个人一边厢作为情敌争夺十三姨，一边厢为了家事国事一致对外，共同驱逐异邦恶霸，尽显男儿胸怀天下的气概。多才多艺、秀外慧中的十三姨也是巾帼英雄，她不仅化解了两人的怨恨，也与黄飞鸿有情人终成眷属。因为电影和电视剧的影响，人们都很自然地认为十三姨是黄飞鸿的红颜知己。

莫桂兰直言不讳，说黄飞鸿对她的感情一般，她嫁给黄飞鸿的时候才19岁，但黄飞鸿却已经50多岁了，老夫少妻，没有什么浪漫，有的仅仅是陪伴。

十三姨是银幕上虚构出来的人物，现实生活中的黄飞鸿确实没有这样一位红颜知己。

四、命运

现在的佛山人提起黄飞鸿总是一脸自豪。而在一百多年前，黄飞鸿只不过是佛山街头一个默默无闻的卖艺人，在酒肆茶馆或者寻常小巷，你或许会遇到他，但绝不会想到一百年后，他会成为一个世界文化名人。生前寂寞，死后荣光，这就是真实的黄飞鸿。

在银幕上，尤其是关德兴塑造的黄飞鸿给人们的印象是武侠高手、民族英雄，所以人们觉得黄飞鸿是那么的风光。而成龙塑造的少年黄飞鸿，则多了一些少年人的轻狂、轻浮甚至市井气息。到了徐克导演手中，由李连杰、赵文卓主演的黄飞鸿，不但武艺惊人，武德更是令人肃然起敬。但是，总兵刘永福和武侠英雄在面对侵略者的洋枪洋炮和列强在争夺中国劳工、财富及收买内奸的争斗时，也显示了主人公的迷茫、无奈与痛苦。在东西方文明对抗中，英雄也处于官民对立、华洋对立中力不从心地挣扎。山东武师严振东（任世官饰）为了在佛山站住脚，不得不与广州黑帮沙河帮头目联手对付黄飞鸿。当他中枪倒地的一刹那，面对忘我地营救自己的对手，感动地说："黄师傅，你我功夫再好，也敌不过洋枪洋炮！"这是对苦难中国和弱势国运最形象的说明。

其实，现实生活中的黄飞鸿，命运远比电影中的坎坷。早年家境贫寒，又多次遭受丧妻之痛。待到晚年，精通武术的次子黄汉森被暗算惨死。而1924年的广州商团暴动更是将他一生的心血——宝芝林付诸一炬，黄飞鸿因此抑郁而终。家人竟无钱为他料理后事，多亏女徒弟邓秀琼资助，他才得以入土为安。

总之，历史上的黄飞鸿一生坎坷多艰。他是绝对不会预料到，自己辞世数十年后，竟然因"影视黄飞鸿"而且成为香港电影赢得世界赞誉的第一品牌，进而成为中国电影工业征服世界的文化艺术产业前锋。

第二章 叶问功夫电影对咏春拳发展的影响

叶问是咏春拳的一代宗师,与咏春拳有着不解的渊源,并被选入世界纪录协会世界咏春拳第一人。在对叶问生平的追寻中,我们了解到他从学习咏春拳到改良咏春拳再到一步步发扬咏春拳,乃至于把咏春拳推广到全香港发挥了关键作用。但是,就其本身的意愿而言,叶问并不希望中华武术传播到海外。他是一位比较纯粹的民族主义者,认为如果教会了洋番鬼(粤语,指外国人、西洋人),有朝一日他们会回来打中国人。

民国初期,广东佛山仍是中国的武术之乡,拥有众多大大小小的武术流派,还有众多的练武之人,想要在这高手云集的佛山打出名堂并不是一件容易的事情。而叶问依仗原是女儿家防身用的咏春拳打出了声威,更让咏春拳得以在世界各地传播,并有影视作品描述叶问与咏春拳的故事。

本章先介绍咏春拳与叶问的历史事实,再讨论真实的咏春功夫与影视作品中所宣扬的叶问究竟有怎样的同构与错位、促进与弊害。

第一节 叶问学习咏春拳的经历

"言武术必谈少林,说咏春必称佛山。"咏春拳的种子虽不是源于佛山,然而,佛山尚武的土壤使得咏春拳在此生根发芽,历史上著名的咏春拳大师都集中在佛山,其中包括梁赞、陈华顺、吴仲素,"咏春三雄"之阮奇山、姚才、叶问,等等,咏春自此与佛山联系在一起。

叶问(1893年10月1日—1972年12月1日),本名叶继问,祖籍佛山南海罗村联星潭头村。他的父亲为了躲避咸丰三年(1853)陈开在佛山大帽岗发动的"红巾军"暴动,移居至佛山桑园居住。叶问父子两代居住的"桑园",在现今佛山市禅城区莲花市场北侧,占地面积很广,大屋连绵达数条街,产业很大,生活优裕。"桑园叶姓"在佛山可说是无人不知的大户。叶问在家族中排行第二,从小就受到严谨的儒家教育,有深厚的传统文化素养。

叶问幼年体弱多病，见到租用叶家宗祠前广场开设露天武馆的陈华顺，就迷上了咏春拳。旧时代开设武馆，暂且不提功夫水平有多高，首先需要有财力购买或租到大屋、广场，才可以有练武的场地。师祖梁赞有自己的赞生堂药店，并不需要开武馆收学费谋生。但是，咏春拳的衣钵传到师父陈华顺手上的时候，因为陈华顺是贫苦出身，以挑担为人们找零钱为业，被市井草民起了个绰号叫"找钱华"。陈华顺有过人的武功本领，足可以开武馆而不必担心别人来踢馆。但是，他缺少资财，只能借大户家的场地开设露天武馆。

叶问是7岁时拜入陈华顺门下的。当时，叶问非常喜欢观看陈华顺师徒们练武，逐渐对功夫产生了浓厚的兴趣。有一天大早，小叶问早早来到练武场地，向陈师傅递上六两纹银。这是陈师傅招收徒弟的学费，叶问早就向那些徒弟们问清楚了。陈师傅担心小孩子偷偷拿走家中的银钱，于是径直走入叶府，向叶问母亲送还银两并说明情况。当叶母问明孩子的心愿后，非常支持叶问学武功，亲手封好了银两呈送给陈师傅，并要求举行正式的拜师礼。

陈华顺与叶问的年龄相差了40多岁，在收了东家之子为徒后，因为生活有了保障，便不再接受他人拜师学艺。因此叶问成为陈华顺的关门弟子。

叶问学武的过程中，也得到了其他师兄的照顾。陈华顺临终前遗命大弟子吴仲素代师传授武功于叶问，叶问遂转师吴仲素学艺。叶问在16岁时离开佛山，赴港求学，有缘与咏春拳大师梁赞之子梁璧相识，便拜其为师，继续学习咏春拳。而叶问的咏春拳也就是在梁璧的指点之下，才得到了大幅提升。

说起叶问在香港拜梁璧为师学咏春拳的来由，也是颇具传奇色彩的。

叶问赴港求学时，寄居在姑妈家，姑妈送他入读圣士提反书院学习。有一次在足球场上，一位外国人说中国人是"中国猪"，叶问出于爱国之心而出面反驳，于是两人就通过比武证明自己。叶问在一分钟之内便将对手打败，他所打出的咏春拳也开始被人熟知。此后不久，一位老人自称是药店管家，要求与他比武。叶问每出一招都被他破解掉。遇到劲敌，叶问感到很难堪，也很吃惊，转身就走。后来，那位老人找到他，问明了他的咏春拳学自何人后，明确表示要教他功夫、收他为徒。原来这位老人是梁赞的长子梁璧，这真是"踏破铁鞋无觅处，得来全不费功夫"。于是，梁璧将自己的毕生所学全部传授给了叶问。

梁璧教给叶问的是改良过的咏春拳，以"短桥"和"高腿"为主，善用远拳、近肘、贴身摔,长短兼备,摔法以反关节为主,不用拉住对手,而陈华顺教给叶问的则以"长桥"和"低腿"为主。缘于此,叶问学到的是长短远近并存而且更加完善的咏春拳。

但据叶问长子叶准的回忆,是一位冯姓同学带叶问去见梁璧的。他一见面就与梁璧黐手相试,被梁师以"漏手琵琶"摔跌一跤。叶问感到自己学了这么多年的本领竟抵不住这一招功夫,甚感难堪,转身就走。几天后,梁璧约叶问来拜师,他称仅来港读书,没有学武的盘缠。没想到,认准了叶问的梁璧打破了咏春拳的门规,告诉他:"我教你,并不收费。"①

从 1909 年至 1913 年,叶问师从梁璧学艺四年,功夫达到上乘水准。这是博希的著作《一代宗师》里的说法。而在佛山,叶问如何向梁璧学功夫,却流行着另一种说法。一天,叶问见歹徒侮辱一商女,路见不平,出拳救难,反被群氓围攻,幸遇梁璧出手相助,遂拜梁璧为师。

无论哪一种说法,叶问师从梁璧而功夫大为提高则是确定无疑的。叶问的拳路转益多师,深得精髓,颇有其师祖风范。他返回佛山后,因为不断地与各门派高手比试功夫而名声大振,与师从郭宝全和冯少青的阮奇山(绰号"阮老楂")、师从阮济云(阮奇山之兄)的姚才并称"咏春三雄"。

1919 年,叶问学成回到佛山,一回到大师兄吴仲素的武馆,便与久未见面的师兄师弟们切磋武功。吴仲素见到叶问使出的是"变形"的咏春拳,与师傅陈华顺所传授的拳法相比,马步抬高,踢脚也高很多,身段、步伐更为灵活了。他非常生气,认为叶问学到的并不是正宗的咏春拳,这样谬种流传,有辱师门。详细审问后,得知叶问这些拳法是从梁璧处学来的,他更加生气了,因为当初梁璧就是不听教化,才会被师祖梁赞逐出师门的。于是,吴仲素令叶问长跪在师父灵位前反省。

面对大师兄的严厉训斥,叶问并不放弃自己的想法,他认为破旧立新才能够使咏春拳得到更大的发展空间。叶问沉稳文静、散淡从容的性格,使他没有和师兄弟及大师兄门下数百弟子搞僵了关系。他不急不躁、低调行事,在同门黐手训练中,逐步用行动证明了自己破旧立新的有效性,最终也得到大家的认同。叶问能够成为咏春拳的一代宗师,并不是简单地因为学武而学武,而是他对武学精髓的无限热爱与努力、兼学众长又虚怀若谷。

日军攻占佛山后,叶问因过人的功夫而早被日本宪兵队闻悉。在邀请叶问担任宪兵队的中国武术指导的要求被拒之后,日军对"不领情"的叶问大为愤怒,指派武术高手与叶问比武,言明若叶问被打败则需听从日军

---

① 博希著:《一代宗师》,(香港)生活书房出版社 2010 年版,第 43 页。

差遣。叶问无法拒绝,只好接受比武。面对拳重马健的日本武士,叶问摆出咏春桩手,二字钳羊马,目视对方,却一言不发,诱敌出手,兵来将挡,反手进攻,攻守同期,尽显咏春拳的精髓。对方抢先出手,以箭标马进迫,叶问即变前锋的桩手为耕手,耕去对方箭,并同时转身跪马,拿正对方前腿之后膝位,迫使对方突然失去重心。对方虽未中招,却是败象毕露。叶问也及时收马,一声"承让",跳出比武划定的圈子。真是高手过招,点到为止。这场比武由于时间极短,被人戏称为"不到一分钟"。

比武后的叶问因担心激怒日军,暂时离开了佛山。他44岁到贵州接受国民党情报部门的训练后,返回佛山,担任警察侦缉队长。但为人谦逊低调,遍访名师切磋武艺。

抗日战争胜利后,叶问虽有一身武功,却放弃设馆授徒,而在县府刑事单位任职。叶问由于屡次破获盗匪、黑帮案件,历任佛山警察局刑警队队长,升督察长、副局长。1948年晋升为佛山警察局代理局长。他曾亲手侦破佛山沙坊劫案,并在升平路升平戏院内亲擒劫匪,更得上级赏识,最后于1949年出任国民党政府广州市卫戍司令部南区巡逻队上校队长。

叶问于是1949年留下妻子及四名儿女,只身移居香港,直到改革开放后才由好友李民在报章上披露出身。

日本军队占领佛山后,叶家的桑园大宅被征用为官邸,叶问失去了优裕从容的生活基础,被迫流落街头。他不肯给日军做教头,与日军高手的比武又时间短暂。真实的历史并不像电影《叶问》里那样一波三折。

第二节　授徒香港　现代宗师

1949年11月,广州、佛山解放前夕,叶问的好友兼警察局的副手李民(电影中林队长的原型)辞职赴香港。叶问自认为在抗日战争期间坚守民族气节、努力抗战,而且代表旧警察局将公章、公文、档案、钥匙都移交给了人民政府。但是对未来的不确定,以及好友的劝说,使他还是决定离开内地。

叶问离开佛山到广州黄沙的十三洋行处,留恋徘徊多时,请人托口信给长子叶准到十三洋行会面。父子针对时局商谈良久,叶问才下定决心赴港。他先买了当天去澳门的船票,直到船开动离岸,才舍得让目送自己的长子回佛山。

叶问先到澳门,衣着用度均无着落,再到香港谋生,却处处碰壁,三次饿得昏死过去。李民救醒叶问后，多次开导他："除了功夫，你在这陌生之地，还有什么本钱？不想饿死就开武馆授徒度日，不要死抱着师祖遗训不放。"叶问不得不破除门规，以授武为生。

叶问先后在港九饭店职工总工会、九龙汝州街、李郑屋村、大埔道、通菜街广开武馆。1955—1962年间，甚至因苦闷失意而沾染上毒瘾。

李小龙从美国回香港拍电影期间，曾许以一座楼一辆房车，求师傅叶问传授木人桩功夫并将其所有功夫拍成录像，以便带回美国学练，但被拒绝。笔者查阅从香港带回来的一本书，发现了准确的线索：《叶问·咏春》第十一篇"辛勤率直得良师——李志刚专访"中有一片段"小龙交谊"，记述了李小龙约师傅叶问吃饭并谈及继续修炼武艺的内情。依据陪同叶问出席晚宴的见证人李志刚的记述，事情经过是这样的：

> 算起来，李师傅（指李志刚——引者注）与李小龙也有一面之缘。李小龙回港后曾请问公给他深造咏春拳术，"当晚在旺角的旋转餐厅见面，旋转餐厅当时很闻名，我陪师傅一起去"。李师傅还清楚记得李小龙给问公开出的条件："他建议买一幢值三十万港元的楼房，师傅就在那里教他功夫，另外又买一辆洋房车接送师傅，到李小龙学成后，楼房与房车都归师傅所有……"面对一般人看来已是极为可观的报酬，问公却没有接受，他给李小龙回应道："我年事已高，要学咏春，还是找师兄们学吧！"
>
> 其后，李师傅去了美国，他居于纽约，而李小龙则在西雅图，两人各处一方，那次在旋转餐厅一见后便再也没有会面了。①

1966年，叶问在香港弥敦道成立了"咏春体育会"，这从叶问撰写的《咏春源流》里可以证实。然而在当时的香港，咏春拳举办训练、比赛等活动都被一位吕姓高级督察控制。据说这位吕督察豪爽又充满霸气，是黑白通吃的人物，别人都得让他三分。他也拜叶问为师，后来操控了咏春拳和香港武林中的许多活动。叶问不愿意被他操控，不再到他们经营的武馆教授徒弟，于是在自己的住处和两个儿子、后期招收的学员成立了"叶问咏春拳馆"。叶问的早期大弟子们也不愿意加入吕氏武馆联盟，各自开设自己的武馆。直到吕督察担心自己东窗事发而逃亡到台湾为止。

叶问毫无疑问是咏春拳从佛山传播到香港并向海外衍射的主要元勋，授徒甚众，成就显著者有南海的郭富、伦佳，香港的梁相、骆耀、徐尚

---

① 叶准、卢德安、彭耀钧著：《叶问·咏春》，（香港）汇智出版社2010年版，第159页。

田、黄淳樑、张卓庆、新正就、吕淮、李小龙、郭强、梁挺，等等。1972年12月，叶问以79岁高龄病逝于通菜街家中。他的中期徒弟李小龙成就最大，对世界武术界和功夫电影的影响最为深远。而传播咏春拳最得力的则是梁挺，仅他组织的"咏春拳国际联盟"，就在世界上60多个国家开设了200多家武馆，学员有200多万人。

叶问在佛山时曾经说过："如果我不在人世了，人们要想学咏春拳，就到南海平洲去找郭富去学。"叶问到香港后，传授的第一位徒弟是梁相。当时，由好友李民推介，叶问认识了饭店职工工会理事长梁相。梁相也是武术爱好者，曾习龙形摩桥，得知叶问为咏春拳陈华顺门人，即拜师学艺，并请叶问在九龙深水埗大街的饭店工会公开传授。当时除李民、梁相外，尚有骆耀及其外甥卢文锦等，不到10人，而李民与叶问可说是亦师亦友。以后有叶步青、徐尚田等人相继加入。当时投入学艺的，以九龙巴士公司的同人为最。由于学艺者日渐增加，为了有更大的空间和场地，叶问再三迁换场地于九龙利达街、李郑屋村、九龙兴业大厦，并分出晚间若干时段，到香港荷李活道执教，将咏春拳推广到九龙、港岛的每个角落。

江湖上关于叶问授徒，有几种说法，但大致的框架都是相同的：叶问在佛山拜师学习咏春，后到香港传授咏春并一举成名，把咏春发扬光大。无论是平淡无奇的表述还是富有传奇色彩的描绘，我们都不难看出，叶问的生平前期，也就是在佛山生活时比较颠簸，但经历丰富，主要是个人的生活。但是到了后期，即在香港生活时期，叶问几经搬迁、流离动荡，终于过上了比较安稳的生活。他在香港的主要活动就是教授与传播咏春拳。

第三节　叶问对咏春拳的发扬光大

叶问从来不曾梦想过，要把咏春拳传播到全世界。他在香港遍试百业无一条路可通，到了濒死的边缘才不得不改变师门训条，授武谋生。至于他的晚年，弟子纷纷学成绝学而远赴美国、加拿大、澳大利亚、南美、欧洲、东南亚开武馆创业，也是他早年绝对不曾料想得到的。

叶问是一个谦虚低调的武者，他不以武压人，不欺强凌弱，不盛气凌人，而是与人友善，醇厚处世，宽以待人，在民族危机面前见义勇为、嫉恶如仇，维护了民族的尊严，有着强烈的民族自强意识。叶问身处军阀混战、外敌入侵的时代，当时日本宪兵队知道叶问的咏春拳很厉害，便想让他为日本效力，但被叶问坚决地回绝了，这招致了日本宪兵队的嫉恨。之后，日本宪兵队便用比武的名义欲加害于他，即使叶问知道其中缘由也毅然决然应战，就为了替中国人出一口恶气。这表明他有着不畏强敌的英雄气概和民族自信心。在比武过程中，叶问点到为止，体现了"以武止戈"的中华传统武德与武术的风范。

这场比武，叶问让中国人长了脸，也让自己的名声更加响亮了，越来越多的人在叶问的精神感召下纷纷前来学习咏春拳。叶问为了让人们有更好的学武环境，于1941年在佛山设立了武馆，招收了第一批学徒。叶问不喜欢自己的徒弟叫他"师父"，徒弟们都称他为"问叔"。他教弟子们拳术时采用的是因材施教的方法，因为他知道每个人的资质不同，对武学的领悟也有所不同。叶问十分重视人才，他经常说："徒弟选择好师傅，固然难，但师傅选择一个好徒弟，更加困难。"当年，他的徒弟之一郭富在联华绵纱厂对面的糖面铺打工，一心想学咏春拳，叶问不允。考察了郭富半年后，发现他人品很好，很善良真诚而且真心想学武，又有悟性，叶问才破例免费传艺于他。半年后，郭富打工的糖面铺受战争的影响被迫关闭，他不得不回到平洲乡下。因为当时叶问不在佛山，所以他只能不告而别。当叶问发现爱徒回乡下去了，便毅然每天步行三十里路到南海平洲郭富的茅棚去授艺，手把手教他拳法，让他抄录下自己带去的所有跌打医药配方。在长达两年的时间里，叶问就这样不分寒暑地步行几十里路继续教郭富咏春拳。正是叶问身上数不尽的优良品质，使得他的名声越来越响亮，越来越多的人对他的崇拜也使得咏春拳的名声越来越响亮，这正是他实现自己梦想的坚实基础。

第四节　影视作品中的叶问

如今甚热的叶问题材影视作品，将叶问塑造成了一位民族英雄。作为一部影视作品，电影《叶问》中毫无疑问有许多文学创作的虚构成分。按照《叶问》剧组主创人员以及叶问长子叶准的说法，电影中70%的故事是根据真实事件改编的，反映的是叶问在20世纪30年代到50年代的经历。

在电影《叶问》中，武功了得的北方武师金山找（樊少皇饰演）率众来武术之都佛山踢馆，各大武馆馆主皆成他手下败将之后，他找上了习得一身武艺却为人低调、未设馆授徒的叶问（甄子丹饰演）。在巡警李钊、好友武痴林等乡邻的请求及妻子张永成的鼓励下，叶问用咏春拳以柔克刚地将金山找制服，确立了在佛山的大师傅地位，李钊更私下将他视作师父。之前叶问挚友周清泉（任达华饰演）有心拉叶问合伙开纺织厂，但不想与爱妻及爱子分开的叶问只在资金上支持了周清泉。几年之后，侵华日军攻占佛山并征用叶家大院作官邸，叶问同幸存下来的乡邻们一样，被迫携妻儿移居废屋。生计面前，叶问混在人群中争抢去煤矿做苦力的机会，李钊则成为日军翻译官。

日军将领三浦是名武痴，他以一袋白米作奖赏，派李钊四处搜寻能打斗的国人去打斗场与日军切磋，多名昔日武馆馆主及武痴林因此惨死。叶问为好友之死怒发冲冠，奔往打斗场，在荷枪实弹的日本宪兵枪口下，以一敌十，痛下杀招。

周清泉被沦为山贼的金山找勒索。周清泉为养活一众工人，没有弃厂撤离，令叶问明白每个人都有其使命，遂留在棉纺厂教众工人以咏春拳自卫。金山找再次来袭，一众工友在叶问的带领下，齐心协力地以咏春拳反击流寇，金山找被打致耳聋。

佐藤大佐带兵至棉纺厂捉拿叶问，要叶问向日军传授中国武术。叶问拒绝，只愿与三浦将军比武。佐藤为保三浦将军胜出竟暗设埋伏。叶问虽已知身陷危机，仍以咏春拳力战三浦的空手道，二人在擂台上展开激烈决战。最后叶问打败了三浦，却中了佐藤从侧后方射出的枪弹，幸而只是伤了肩膀。人群涌上去，叶问在周清泉的帮助下逃离佛山，去了香港。

到了香港之后，叶问在好友的帮助下开了一间武馆。在当地武馆联盟的阻挠下，叶问的武馆开办得并不顺利，因此他找到了武馆联盟的洪门主（洪金宝饰演）。两人不打不相识，在一场打斗之后惺惺相惜。不久，在一场武术比赛中，洪门主为了维护中国武术的声誉而和英国拳王打斗，因年事已高而被打死。叶问因此深受震动，毅然挑战英国拳王"龙卷风"，历经艰辛，终于战胜对手，为中国人挣回了尊严。

之后叶问继续开办武馆，收徒授艺，还收了李小龙为徒。

历史实况是，蔡李佛拳在香港的势力最大。在20世纪初，蔡李佛拳的徒众以西江流域尤其是五邑一代（江门地区）的人为多，而东江一带盛行龙形拳。两地区的人在香港争码头、抢地盘，两门派的门徒也被牵扯进去，最后引发了多场惨烈的大械斗。当时，林世荣在香港开设武馆的时间并不算长，大洪拳在香港的传播人数也很可观。但在20世纪五六十年代，蔡李佛拳成了香港最为人多势众的拳派。

在影视作品当中，我们可以看出，叶问是一个热血的中国民族英雄的形象，面对外敌无所畏惧的精神颇令人振奋。在观看影视作品时，常常可以被其中的形象震撼鼓舞，同时也被咏春拳的博大精深深深折服。有关《叶问》系列电影艺术塑造的分析，请参见笔者发表于《城市文化评论》

2012 年 5 月期的专篇论文《岭南武功题材电影的新界碑——〈叶问 2〉对〈叶问〉的继承与超越》。

迄今为止，中国表现咏春拳的电影有《赞先生与找钱华》、《咏春大战飞天猩猩》、《叶问 1》、《叶问 2》、《叶问前传》、《一代宗师》以及《叶问·终极一战》。介绍咏春拳的著作有梁挺的《咏春拳》，佛山韩广玖编著的《咏春拳》，黎兆海编著的《佛山咏春拳黎叶篪》，叶准、卢德安、彭耀钧合著的《叶问·咏春》、《叶问·咏春》（增订版）等。

第五节　影视与历史中的叶问形象比较

影视作品中的叶问与现实生活中的叶问既有相似的桥段，更有回避历史人物复杂性和历史敏感问题的部分。

因影视作品较多参照真实历史的某一种说法，因此这里先概括说明相似的桥段，另外对影视作品与历史传说之间加以比较。

其一，影视作品沿袭了真实历史中的叶问生平轨迹。影视作品沿用了叶问在佛山学艺、在香港开班收徒的轨迹，并没有多加修改。但影视作品较多地参考了叶问生平的第二种说法，在佛山出名，成为大师，后因得罪日本人不得不逃离佛山，到香港开班收徒，把咏春发扬光大，并走向世界。

其二，影视作品突出了叶问的民族自强精神和人道情怀。在叶问的真实生平中，因为拒绝担任日本人的武术指导，而被迫与日本人比武。在这件事情中，叶问带有反抗外敌和不畏强暴的武侠气节，但是单凭这件事还不能把叶问描述成民族英雄。在影视作品当中，叶问因日本人残害同胞而奋起与日本人比武，夸大了叶问的事迹，提升了其民族主义英雄的形象。整部作品主要是发扬叶问的爱国精神，通过夸张的手法使其形象更加丰满，更能够动人心魄。

其三，影视作品把武术放在第一位。在真实历史中，叶问曾任佛山警察局刑警队队长，升督察长、代理局长，但在影视作品中则完全避开这些事实，把叶问发扬咏春拳放在第一位，侧重展示了岭南武术的魅力。民间功夫高手的家国情怀取代了历史上的政治冲突，实现了历史性向艺术性转化的"乾坤大挪移"。

然后，我们再简略提示一些作为历史人物的叶问在电影中回避了的复杂敏感的另一面。

咏春拳传承到陈华顺之后，因为学费特别昂贵，逐渐演变成富家子弟才学得起的富人拳了。叶问在抗日战争期间屡受开办联华纱厂的老板周清泉的接济，出于报恩，也为了使纱厂职工免受强盗欺负而破除门规，传艺于伦佳、老板之子周光耀等人。

叶问与日本军官比武获胜后，虽然手下留情，但还是因担心遭受报复而逃到贵州，加入了国民党的特务训练组织。返回佛山后，在国民党军警界任职，直到担任了警察局代理局长。叶问在广州解放的时候，很配合新生政权和解放军，顺利地移交了警察局的公章、档案、人员名单，然后就回家赋闲。直至听从老朋友的劝告，才出走广州，半年后再到香港谋生。改革开放后，欢迎海外华侨回乡投资创业。政府对叶问的定调是：只宣传其功夫事业和民族气节，不涉及政治历史问题，这才为后来的叶问题材电影在内地的火爆提供了现实的可能性。

因为政治原因，叶问在香港仅仅以授拳谋生，从不涉及政治，低调再低调，反而成了后世电影界选择他来表现武林人士爱家爱国情怀的好题材。真实历史中的叶问，孜孜不倦地向世人传播咏春拳，把咏春拳带出了中国，走向了世界。影视作品中的叶问，向我们展示了一个民族英雄的形象，用具体可感的人物形象展示了爱国情怀，使观者震撼，同时也将咏春拳这种中国武术展现在世人面前，让世人感受到中国武术的魅力。

笔者相信，叶问有生之年，恐怕和前辈大洪拳宗师黄飞鸿一样，绝对料想不到，沉入民间草根的他们，后世竟然通过电影，成为全球华人观众心中的民族英雄！两位宗师若能生而有知，又当作何感想？

第六节 从《叶问·终极一战》看咏春功夫理念与处世哲学

"处世树为模，本固任从枝叶动；立身钱作样，内方还要外边圆。"

这是电影《叶问·终极一战》中叶问说的一句话，而这句话也广为流传，被世人所熟知、所称道，经久不衰。回看今天，咏春拳作为一门据传起源于清中期的拳术流派，传承两百多年，在今天仍随处可见其身影，小学、中学、大学都有咏春社团，甚至开设专门的咏春拳教学课。可想而知，这不仅因为咏春拳术本身的精到，更是因为咏春功夫理念所蕴含的积极健康的处世之道。

《叶问·终极一战》（以下称《终极一战》）开播后红遍大江南北。电影走红的原因，不单单是强大的演员阵容，也不单单是演员出色的演技，更多的是在影片里，通过叶问的言行举止传播出充满正能量的咏春拳派的功夫理念。

这部影片主要讲述的是叶问后半生在香港的一段历程。在香港收徒弟，因弟子们招惹的各种祸端而出面调解；妻子病故，与珍妮小姐的邂逅；最后在九龙寨制服地头龙；等等。电影中除了展现出叶问超强的咏春功夫，更多的是通过叶问的一言一行来透射出咏春所蕴含的处世之道。而这也是咏春功夫理念得以广泛传播的主要原因。

在这部电影中，咏春功夫理念的传播方向主要分为两部分，一是对内传播，二是对外传播，两者相互补充，相得益彰。

一、灵活变通，不墨守成规

在电影里面，有小部分叶问教学的片段，就是体现咏春拳灵活变通这一特点的很好例证。

中国武功本身就与中国传统哲学紧密联系。《周易》讲"太极生两仪，两仪生四象，四象生八卦，八八六十四卦"，这种思想体现在武术方面，就出现了太极拳、四象步、八卦掌等等。具体到武功实际训练和招法上，"两仪"就是扎马步转身180度，但叶问把它改为180度转马。

中国传统武术师傅通晓中医、传统哲学，但是不通西方传入的现代科学知识。叶问进入香港西式校园接受西洋现代文明教育，产生的意外好处就是，可以用现代数学知识或物理规律来揭示传统武术中的许多奥妙。许多用阴阳、八卦、太极来解释的东西现代中国人不好理解，外国徒弟更不好理解，叶问采用数学定理来解释就通俗易懂、简单明了。例如，许多门派武功讲究"人走弓，我走弦"，蔡李佛拳就主张侧路进攻，曲线环绕破敌正路，而咏春拳则采用"日字冲拳"。为什么要这样呢？以往的师傅未必说得清楚背后的道理，叶问的表述则很明确——"两点之间直线距离最短"。传统的讲解是左转身、右转身，而叶问则说"前左转180度，右反转90度"。又如，采用三角形内角和等于180°、勾股定理、速度与力量成正比，以及因地制宜、因敌制胜、后发先至、攻守同期这些科学定理和中国智慧，来教授木人桩法、寻桥、小念头、标指，对现代人学习咏春拳并大面积地传播很有益处，提高了学习效率，增强了普及的基础，也加强了中华传统武功与现代科学对接的可能性。学员们不断地被中华武术中凝聚的高度的中国智慧并暗合西方科学定理所折服。

这种变通，不仅能在教学时让徒弟们更好地学习咏春拳法，也能让徒弟们明白，能变则变，不能墨守成规，这是对内传播。此外，经过叶问这样的变通，此类拳术术语流传到国外时，翻译也能更清楚明白，能够更好地促进咏春拳在世界范围的传播。叶问的这种教学方法上不自觉的变革，不仅对中国武术、中医药的现代化有重要的启示，对当今中国正在如火如荼地倡导的教育创新、医疗改革、体制创新，不是同样具有借鉴意义吗？

咏春拳的灵活变通还体现在它本身。咏春拳是一种集内家拳法和近打于一身的拳术，它立足于实战，具有招式多变、灵活运用、见招拆招等特点，这在《终极一战》中有很多体现。在叶问从澳门到香港时，遇到欲见识咏春为何物的梁相，于是，叶问站在一张报纸内，数十招内制服有武功基础的梁相，整个过程叶问没有离开过报纸，见招拆招，根据对方出招而制定相应的拆招方式并进攻。在后来叶问与白鹤拳吴忠闭门切磋时也是如此。

二、"以力服人者霸，以德服人者仁"

这也是《终极一战》中，叶问所说的一句话。当时，叶问的弟子汪东、吴赞到处惹是生非，与其他门派"讲手"，数次闯祸。叶问教育二人说，学功夫不是为了打压别人，而是为了强身健体。用武功使别人服从，是欺凌，用道德使别人服从，是仁德，让二人认识到思想上的错误。这对汪东之后开办武馆的教学理念产生了深刻的影响。虽然汪东的武馆开在叶问的武馆对面还题匾"咏春正宗"的行为略显不孝，但也没有影响他对"求仁不求霸的"咏春理念的坚持。此外，这里也引出了"练武是为了强身健体"的理念。直至今日，全国范围内以强身健体为目的的练武之人比比皆是，上有老人家消磨时间，保持健康，下有年轻人习武以防身，增强体质；对于全世界来说更是如此，练武越发成为各国人民一种强身健体的方式。叶问对此理念的传播起到了不可或缺的作用。

三、抱打不平，且宽宏大量，追求非功利的功夫

这不仅仅是咏春拳独特的功夫理念，在其他一些武学流派也有提及。但是叶问作为咏春一代宗师，对于这一理念的恪守和以身作则，对这一理念的传播起到了巨大的促进作用。叶问与珍妮邂逅当晚，当珍妮被酒客出言调戏的时候，叶问挺身而出，解救了孤立无援的珍妮，教训了那几个不知好歹的酒客。这段电影情节也是依据一段真实的故事改编的。叶问于1956年在李郑屋村授徒期间，一天夜晚，在桥上发现一位男子欺辱一位女

子，路见不平拔刀相助。被救女子向叶问倾诉了悲苦，叶问提供了力所能及的衣物、钱财帮助。① 后来，这位女子感动于叶问的仗义，与叶问相好。叶问的早期徒弟们都反对师傅与这位女子交往，因为她吸毒，大家担心师傅受到她的坏影响。这是后话。

电影里的舞狮大会中，当叶问知道吴忠被魏霸天用袖里针的劣招所伤，义不容辞，无惧魏霸天的劣招，站出来跟魏霸天对打，拯救了吴忠。电影最后，在知道汪东到城寨打黑拳，被地头龙下毒，差点被魏霸天打死后，叶问不顾每况愈下的身体状况，带上一众徒弟到城寨救人。这些都体现了叶问对于路见不平、拔刀相助的武侠道义的坚守。此外，当汪东在叶问对面开办武馆并要求叶问题匾时，叶问并没有耿耿于怀，反而大方地答应汪东的要求，还封红包给汪东，让他不想教学徒时要想好拒绝的理由。在《终极一战》最后，叶问接受弟子李小龙的邀请到饭店吃饭，却发现饭桌上只剩下残羹剩饭时，并没有当众发怒，只是在李小龙要求给师傅点烟的时候轻轻地说了一句："不用，自己来。"在饭店门口，李小龙问叶问还认不认他做徒弟，叶问没有否认。这都能体现出叶问宽宏大量的品质。后来，李小龙要求用金钱、楼房等物质来换取叶问的一段打桩录像，也只是被叶问淡淡地拒绝。

叶问拒绝李小龙，有分析认为，一方面，李小龙当时正春风得意、日进斗金，未免傲气过盛，想以财富勉强淡泊名利的师傅；另一方面，叶问是在战乱年代出生入死的人，见到太多的中国人被外国人欺辱，不愿意将中国国术的所有精华都传给西洋人。

叶问一生即使生活多艰，都未曾正式开咏春武馆教徒，就是不想把传授武功当成生意。这些都能够凸显出叶问始终把"可教、可信、可发扬光大"作为选择徒弟的标准，能够抵挡得住红尘利禄的诱惑。这种追求非功利的功夫的大师风范，使他的弟子能够一代代地把这种优良品质传承下去；同时，一代代人的耳濡目染，也使此种优良品质让世人所熟知，知道练武之人要路见不平拔刀相助，还要宰相肚里能撑船，更要不追求功名利禄，不贪慕虚荣。

四、坚持武功要发扬光大，但发扬的同时也要求发展

跟有些功夫流派的传男不传女、传内不传外的传授理念有很大出入，叶问坚持武功要发扬光大，只要是想学咏春拳、有一定天赋的，他都会传

---

① 参见叶准、卢德安、彭耀钧著《叶问·咏春》，（香港）汇智出版社2010年版，第9页。

授，无论男女，也不论认识与否。这是一种公平，也是一种一视同仁，为咏春拳传播到全世界奠定了基础。

在《终极一战》的最后，叶问知道李小龙让他拍录像的目的是为了把咏春拳发扬到全世界的时候，电影中设计的场景和人物对白与历史上的实际情况不完全一致。电影中是叶问不假思索地回答："发扬？好啊。"这凸显出编剧的理想，希望中华武学能够发扬光大，而不是圈地自困。

在之后的对话中，叶问说道：咏春不是不可以变，如果永远都不变，怎么会有进步呢？这也体现出叶问对于咏春拳求变的理念，只有改变，才有发展，才有进步。拳法如此，为人处世亦如此。据一些资料记载，李小龙在拜师一段时间后便到美国继续拍戏，而且还自创截拳道，叶问对此是持肯定态度的，这与一些流派的理念也是大相径庭。因为叶问保持着高度开放的姿态，咏春拳也能在历史长河里经久不衰、充满活力，并能够更好地向全世界传播。

五、咏春拳得以广泛传播，除了咏春理念之外，传播的媒介也是推动其传播的一大原因

以前的传播媒介主要是口头媒介，通过一代又一代人的耳濡目染，在小范围里口头传播咏春的理念和拳术，传播对象只限于一些熟人。后来，纸质媒介产生，关于咏春的纸质书册不断印刷，使咏春理念在较大范围内进行传播，并开始向世界传播。到现代，电子媒介的流行，通过电脑、电视、互联网等形式，把咏春理念的传播推向高峰，使更多的人能够更为容易地接纳和学习到咏春的拳法和理念精髓，并不断地发扬和发展，使咏春得以不断保持生机与活力。时至今日，传播媒介仍在不断地更新换代，而咏春理念的传播还在继续。

笔者认为，通过电影这种媒介，叶问对于咏春拳术的理念能够再进一步地对外传播，被更多的世人更为深入地了解。同时，让咏春理念中的为人处世之道能影响一代又一代的人，让每一个感受到咏春理念熏陶的人们真正地做到叶问晚年所说的："处世树为模，本固任从枝叶动；立身钱作样，内方还要外边圆。"

我们可以进一步推论，不仅仅是梁赞、叶问代表的咏春拳，黄飞鸿、林世荣代表的大洪拳，陈盛代表的蔡李佛拳，李小龙代表的截拳道……所有的岭南功夫，乃至于所有的中国武术，得以广泛传播的有利因素，除了广播、报纸、杂志、书籍、电影、电视剧、互联网等传播媒介的不断更新之外，其本身所蕴含的积极健康的处世之道更是根本原因。

第七节　咏春拳在世界的传播

1949年,叶问来到香港,经好友李民的推介,认识饭店工会理事长梁相。梁相也是武术爱好者,在领教了叶问功夫的厉害之后,才心悦诚服地请叶问在九龙深水埗大街的饭店工会公开授武。这是叶问在香港打开局面的关键起点。随着时间的推移,求学者日益增多。慢慢地,叶问又在九龙汝州街等地点设馆授徒,咏春拳便推广到了香港的每个角落。

在叶问到香港传授拳法之前,咏春拳基本上采取家庭式的教学方式,各咏春高手只是将拳艺传授给自己的子女甚至族人,不但传人很少,而且流传范围也比较小。咏春拳除了在佛山以及广东部分地区流传外,在其他地区并不为人所知。像叶问这样开设拳馆大规模授艺的,在咏春拳两百多年的历史上尚属首次。后来的20多年间,叶问一直致力于推广咏春拳,使咏春拳得以在中国香港、台湾及世界各地发扬光大。之后,李小龙赴美国发展,创办"振藩国术馆"并逐步成名,通过电影又使得咏春拳声名大噪。20世纪六七十年代,叶问在众弟子的协助下,先后在香港创立了咏春体育会和叶问国术总会,奠定了咏春拳传播、发展的基础。他以一人之力,把咏春拳推广到世界各地,对咏春拳术的发展作出了杰出的贡献,被门人推崇为一代武林宗师。

客观地说,由于李小龙在电影界巨大的影响力,香港的许多影视明星才因为崇拜李小龙而开始学习咏春拳,其中就包括成龙、洪金宝、元彪等人。喜剧之王周星驰也曾经刻苦学习过一个月,后来因为实在交不起学费而中止,不过在他成名后的影片中,经常能看到李小龙和咏春拳的影子。王家卫、梁朝伟、狄龙等影视明星,都曾师从叶问之子学武。如今,咏春拳已经从佛山走向世界,咏春拳门人遍及美、英、法、德等30多个国家和地区,成为世界上流行最广的拳种之一,全球学习咏春拳者已达200多万人,这都是和叶问的大力推广分不开的。由于叶问对咏春拳有极深的造诣,对咏春拳的发展作出了杰出的贡献,是咏春拳得以走向世界的首位功臣;同时,叶问虽身怀绝技、武功精湛,但处事低调、与世无争,言行举止均表现出谦谦君子之风,武德、人品在武林中都堪称楷模。所以在叶问去世后,咏春拳派同仁一致推崇他为一代宗师。

作为咏春拳的一代宗师,叶问的名字在武术界尤其是广东以及港澳武术界可以说是如雷贯耳。然而长期以来,在中国广大内陆地区,尤其是对于众多普通民众来说，叶问还是一个陌生的名字。究其原因，除了叶问的事迹一直没有被搬上银幕荧屏外，更重要的原因就是叶问为人低调，是一名真正醉心武术、追求武学的"武痴"。他毕生潜心钻研武学，不恃武好胜，除了与人切磋武功外，并不与人争斗，这就使得他的一生缺少了剧烈的矛盾冲突和戏剧效果，少了一些轰轰烈烈的事迹和传奇色彩，少了许多可供人茶余饭后津津乐道的谈资，他的名字也因此鲜为人知。正如电影《叶问》所描述的，即使身处乱世，叶问也只专注于对武术的执着与热情，然而出于对民族的热爱和对武学精神的不断参悟，叶问不得不一步步走出武痴的局限，在一场场畅快淋漓的忘我比拼中，扛起振兴中华的大旗。

叶问在家中是个好丈夫、好父亲，生活恬淡闲适。有人说叶问可能是历史上最低调的武术大师，这样讲，从逻辑和科学性上来说存在漏洞。因为没有哪一个立论者能够将中国武林历史上所有的大家作出详尽的比较，而且认知比较的标准也难以确定，所以，我们反对在没有充分依据的情况下就动辄冠以最高级别的形容词。

但是，如果说叶问处事很低调，甚至极为低调，则是事实。由于他淡泊名利、与世无争，恰好得以远离江湖恩怨，才能以79岁的高龄寿终。他避免了如李小龙那样不得不一边在武馆与人生死决斗，一边拍电影以吸引世人眼球导致的体力透支。因此他能把更多的精力投入到钻研武功以及传授武术中去，不但武功得以精进，也进一步把咏春拳发扬光大。可以毫不夸张地说，如果不是因为叶问那些活跃于港澳影视圈的弟子及再传弟子，他的传奇故事也许要永远埋没在历史长河中了。在"好酒也怕巷子深"的现代社会，电影《叶问》的热映，不但使得叶问的名字及其事迹广为人知，对他毕生倡导传播的咏春拳也起到了极大的推广宣传作用。不少观众正是通过影片《叶问》才了解了咏春拳，并萌生了学习咏春拳的念头。

可以说，是佛山、岭南的武术文化历史积淀成就了叶问；反过来，叶问也在香港、海外弘扬了佛山、岭南乃至中华的武术文化。

在动荡的年代，叶问以其独特的魅力，让咏春散发出了不一样的魅力，让佛山展现出了不一样的风采。佛山是武术之乡，有着一大批世界闻名的武术宗师，叶问是其中之一，也为佛山武术名片上增添了色彩。电影的开拍，一方面是纪念叶问的成就，另一方面更是宣传了佛山。

咏春拳的兴起绝非偶然，叶问再低调也无法掩盖他所带来的改变。在注重文化传统的今天，叶问的咏春、佛山的叶问，看起来更像是不能分割的一部分，就好像黄飞鸿的绝招被称为佛山无影脚，在观众的心间留下了黄飞鸿与佛山不可磨灭的联系。作为岭南传奇名镇的风水宝地佛山，为各武术宗师增添了传奇色彩；而正是因为叶问等一批爱国武术宗师的存在，也令佛山有着不一样的历史优越感，有了更值得细述的传奇！

叶问门下出了许多杰出弟子，如香港的"讲手王"黄淳梁、澳大利亚的咏春拳大师张卓庆等，可谓桃李满天下。叶问的弟子中最出名的，还是让中国武术闻名世界的武打巨星李小龙。虽然后来李小龙独创截拳道而成为一代创派宗师，但截拳道的一些核心技术仍与咏春拳基本类似，如最基本的日字冲拳，明显取法咏春拳所长，只是李小龙在咏春拳的技术上又进行了升华与改革而已。李小龙后来在世界武坛取得的辉煌成就，也为咏春拳的世界性传播作出了极大的贡献。

除了叶问自己，他门下的弟子对咏春拳的传播也产生了很大的影响。例如"封门弟子"梁挺，叶问对他喜爱有加，把其精深的招式悉数相授，并把苦心经营多年的香港咏春体育会拳术班交给梁挺打理。梁挺也不负师托，通过公开表演、电视表演、接受媒体采访、著书立说等形式令咏春拳妇孺皆知，咏春体育会因而声誉日隆。1970 年，梁挺成立咏春梁挺拳术馆，以传扬咏春武术为己任，在世界上 64 个国家开了 4000 多家咏春武馆，徒子徒孙超过 200 万人。叶问晚年最大的心愿便是集合同门组织成立一个联会，发扬咏春拳，而这个愿望几经波折，最终还是在自己及弟子的共同努力下实现了。

作为咏春拳的一代宗师，叶问的"江湖地位"毫不逊于津门大侠霍元甲。长期以来没有一部以他为讲述对象的影视作品，致使除了粤港澳地区及海外的咏春拳练习者外，对于广大的普通民众而言，直到电影《叶问》热映后，才使得这一武术宗师走进人们的视野。

叶问宗师虽然已经仙逝，但是他给世人留下的影响是不可磨灭的。

鉴于咏春拳在当今国际上的传播程度，梁挺甚至有如下的预言：太极拳可能是全中国的功夫代表，咏春拳则有可能是全世界功夫的代表。

第三章　李小龙功夫电影的"中国形象"塑造

　　李小龙，被人们誉为"当代中国武术及电影史上的奇才"、"伟大的武道改革家及先驱者"，他的卓越武艺和精湛演技，在世界电影史和武术史上矗立起了一座无法逾越的丰碑。李小龙的一生是短暂而精彩的，如同一颗耀眼的彗星划过国际武坛的上空，对现代技击术和电影表演艺术的发展作出了巨大的贡献。他是武术技击家、武术哲学家、著名武打电影演员、世界武道改革先驱者，也是截拳道武道哲学的创立者。李小龙不仅在国内家喻户晓，在国外更被认作中国功夫的化身，他是20世纪的中国人在海外创业的奇迹。直到他去世多年后，美国多数民众形成一种思维定势：凡是华人，皆会武功。美国的抢劫犯一般不敢打劫华人，他们被李小龙功夫之神的威名及其在电影中叱咤宇宙、风云变色的表演所震慑。

　　李小龙，祖籍佛山顺德均安。他父亲在他出生前携家眷到美国旧金山巡演粤剧，而他就在旧金山的医院里出生。依据美国法律，不论种族、民族，只要在美国出生，即为美国公民。但是，从李小龙日后的事业发展来看，他是美国和香港双栖的一代巨星，当然，还是香港给他的发展空间更集中，美国给的空间更广大。但是从民族认同角度来看，无论是李小龙本人、李小龙的家属，还是当时的美国人，都认定李小龙为华人、中国人。

　　李小龙早年在佛山生活。他初拜叶问为师学咏春拳，但一个月后就中断了，直到在街头斗殴失利后，才重新学习咏春拳。他除了自幼学习父亲教授的功夫外，也拜父亲的好友邵汉生学习精武会系统的太极拳、查拳、弹腿、节拳等，尤其是节拳对他的影响比较明显。精武会是一代大侠霍元甲及同仁于1909年在上海闸北建立的第一个破除门派陈见、融合各派中华武学的武术组织，在全国各地开设了数十家分会，是中国历史上第一个全国性的体育和武术组织。精武会内设少林门、武当门等，兼容南北派。当他们南传至广东的时候，按照广东人的地理概念，凡是五岭以北的都称为北方。因此，精武会的武功系统在广东武林看来是以北方拳种为主的。李小龙在美国，将咏春拳、上述各类拳术、西洋拳、泰拳、空手道、柔道、跆拳道融合起来创立截拳道的时候，虽然更多采用了咏春拳的功法原理，但"截拳"与"节拳"相近,这绝非只是名字发音的相近,而是内在精髓上也有师承和吸收的关系。

其实,在20世纪上半叶,西方对中国人的认识集中在美国大众文化对傅满洲(Fu Manchu)和陈查理(Charlie Chen)这两个定型化华人形象的塑造上。罗默把傅满洲博士描绘成"黄祸"的化身,是一个"集整个东方民族的狡诈、残忍、智慧于一身"的魔鬼形象,他最终成为好莱坞刻画东方恶人的原型人物;而比格斯笔下的华人探长陈查理虽然被塑造成"模范少数族裔"的代表,知礼守法并颇具福尔摩斯式的智慧,但在美国人眼里仍然摆脱不了滑稽可笑的非我族类定型。这两个人物形象在性别特征上有一个共同特点:他们都经过美国东方主义"去性化"过滤,被剥夺了男性气概。[①] 直到20世纪70年代初李小龙的横空出世,才强烈地撼动了西方社会关于中国人的刻板的负面认识。

说到李小龙在世界上的知名度,我们可以用几个数据来说明:1999年,在美国《武艺在线》的"武术名人堂"十大武林名家评选中,李小龙名列第一位,而其弟子罗礼士亦得以入选,名列第七位。同年,美国《时代周刊》在评选20世纪最具影响力的100位名人活动中,李小龙作为唯一的武术家、华人和亚洲人,荣登"英雄与偶像"组别的20位名人榜。2001年2月,日本《综合格斗》杂志进行了一次"20世纪武术家最强的十人"评选活动,在这次按日本人的标准评选的20世纪十大武术家中,八位是日本武术家,仅两位外国武术家入选,首位就是李小龙。2006年11月,美国《时代》杂志的"亚洲英雄榜"中,李小龙也名列"运动家与探险家"项目中。

我们追溯李小龙的历史,不难发现,他的成功除了机遇的偶然,更多的是他自身努力的必然,而这种必然和中国武术的吸引力与活力是分不开的,与强烈的民族向心力也是分不开的。不少学者喜欢对李小龙这个形象进行区别研究,有些把他定义为一位武术大师来研究,有些把他定位于一个特殊的电影演员来研究,有些则干脆把李小龙符号化了。笔者认为,把这三者结合起来研究比较好。一个现象的形成和传播,是一个由点及面、由个体到群体的过程,中间免不了借助一定的媒介,少了任何一个阶段的作用,李小龙现象或许便不复存在,或者称不上大的现象了。接下来,我们就从李小龙个人这个"点"、武学这个"面",以及电影放映、武术活动、授课活动、著书立说等推广方式的"体",来综合性地阐释"李小龙"

---

① 参见姜智琴《傅满洲与陈查理——美国大众文化中的中国形象》,南京大学出版社2007年版。

现象的形成与传播路线。

第一节　李小龙生平简介

李小龙（Bruce Jun Fan Lee，1940 年 11 月 27 日—1973 年 7 月 20 日），原名李振藩，美籍华人，祖籍中国广东省佛山市顺德区均安镇，武术技击家、武术哲学家、双节棍之父，著名的华人武打电影演员、世界武道改革先驱者，截拳道武道哲学的创立人。

李小龙出生于美国加利福尼亚州旧金山市（San Francisco，旧称三藩市）唐人街区的积臣街医院（Jackson Street Hospital）。父为粤剧四大名丑之一的李海泉，母为何东爵士之弟何甘堂之女何爱瑜。何爱瑜是欧亚混血儿，因此李小龙身上有四分之一的欧洲血统。李小龙是李家的第四个孩子，上有大姐李秋源、二姐李秋凤和长兄李忠琛。2010 年香港出版的《李小龙——李振辉回忆录》的口述者李振辉，是李小龙之弟。

李小龙于 1955 年夏天拜在咏春宗师叶问门下习武，与武术结下一生缘分。1958 年 11 月，才 18 岁的李小龙因为在学校经常打架，甚至打伤一位爵士之子，学校受到高层的压力，开除了李小龙的学籍。为了避祸，也为了继续完成学业，李小龙被父亲送往美国读书。

1961 年秋，李小龙进入华盛顿州立大学，放弃了医科、法律、商科等热门专业，选择了哲学专业，这为他以后撰写武术思想著作奠定了基础。不久，李小龙开设了第一间"振藩国术馆"。1966 年 6 月参演福斯公司的电视剧《青蜂侠》，扮演助手加藤一角，一举成名。因为作为配角的武打格斗表演远比主角出色，从此，李小龙开始了私人教授好莱坞名人如史提夫、麦昆及罗曼·波兰斯基等人武术的生涯。此后，在洛杉矶唐人街，他开设了第四间"振藩国术馆"。1971 年回香港，为香港嘉禾电影公司主演《唐山大兄》，票房收入破香港纪录，达到 310 万港元；主演《精武门》，以及自编、自导、自演《猛龙过江》等，接连刷新香港票房纪录；11 月被国际武术权威杂志《黑带》列为"世界七大武术名家之一"。

1972 年 2 月，李小龙停拍《死亡游戏》，接拍嘉禾与华纳公司合资的《龙争虎斗》。1973 年 7 月 20 日晚，他在影星丁佩家中昏睡片刻并突发病症。他醒来后要求服用止痛药，在丁佩给他服用了当时流行的常用药阿司匹林后再次入睡。两个小时后，导演邹文怀打来电话，要求叫醒李小龙一起去约定的饭店吃饭。丁佩却发现李小龙再也叫不醒了，于是打急救电话，叫来救护车将李小龙送到医院。虽然经过紧急抢救，但李小龙于晚上10点钟身亡，享年32岁零8个月。

李小龙的祖籍地均安镇的均安公园已改建为李小龙纪念馆。其祖父李震彪为佛山一家镖局的著名镖师。父亲李海泉很小就随祖父定居佛山，住在佛山镇山紫村拱北里（现在的佛山市禅城区山紫市场一带），其旧居至今依然保存着。李海泉先在佛山禅城区公正路的笑尘寰大酒楼做"企堂"（即提茶倒水），后来结识了常来喝早茶的粤剧大佬白驹荣，拜师学艺十年，技艺大成，用粤剧行话来说，叫作"扎"了起来，即"扬名立万"了。

李小龙是在父亲赴美国巡演时出生的，取英文名 Bruce Lee，父亲对他期望甚高，取中文名振藩，意为将来声名震撼三藩市。后来，李小龙不仅声震三藩市，而且震撼了整个世界。但按照家谱传统，族名则是源鑫。这还不够，祖母担心孩子成长不顺，一定要起一个女孩名"细凤"，好保佑他平安。事实上，这孩子一点也不安分，常常到父亲拍电影的片场玩耍并有缘参演《细路祥》、《人海孤鸿》等20余部粤剧电影，电影中饰演的"小龙"竟然成了这位世界功夫电影界天才的定名。

李小龙6岁读九龙信德学校，7岁从父学太极拳，因好勇斗狠打群架而转学喇沙书院。15岁在同学张卓庆引荐下，投师叶问学习咏春拳。他起初轻视咏春拳，因为咏春拳看上去不是那么虎虎生威；后与师父"讲手"，才知道什么叫厉害，于是努力学习不辍。叶问亲手教了李小龙一些基本功架后，就令同期学员里的大哥黄淳樑代师传功授艺。据叶问回忆："小龙一天练习咏春拳的时间至少五六个小时，一般人一星期、一个月的练习时间加起来，也比不上小龙一天最少的练习时间。"李小龙属于凡是好功夫都要学会的"转益多师是汝师"的人。

李小龙后来再拜精武会名师邵汉生学习精武套路"功力拳"、"截拳（亦名节拳）"，八卦门的"八卦刀"与"五虎枪"，螳螂门的"蹦步拳"，又学习了少林拳、白鹤拳、洪拳、西洋拳等等。获得香港中学校际拳击冠军的成就，成为他以武术为事业的巨大动力。

1959年赴美国后，李小龙先进入西雅图爱迪生职业学校学习，勤工俭学、文武并进，英文与专业课都陆陆续续跟了上来。三年后，他考入名校华盛顿州立大学哲学系，一边研究抽象的哲学思想，一边实践东方哲学中"道"的武学境界，由练武到表演，到接受挑战，再到成立武术队。大学毕业后，李小龙开设武馆"振藩国术院"。有一天黄昏，见一少女被四个流氓戏弄，李小龙施展扫堂腿、空手夺白刃等绝技，打败顽凶，赢得市民拥戴，被奉为英雄。随着报纸、电视的报道，他和武馆威名远扬，常常上电视表演功夫，各国拳师纷纷慕名前来拜访、求教、挑战，甚至华人武术界也组织人马来踢馆，誓言"惩戒他招收洋人弟子，破坏了中国武馆的行规"。

李小龙不是天生的练武奇才，是受到其父的影响才与功夫结缘的。同样，他又是受到父亲的推动而走上了电影之路。李小龙对电影作出了巨大的贡献，他开创了功夫电影，是首位打入好莱坞的华人，他将中国电影带向了世界。

年少的李小龙已经非常英俊，加之他父亲与演艺界的关系，他成了一位比较知名的童星。他出演的第一部香港电影是《富贵浮云》，时年6岁，在读小学。李小龙参加电影拍摄多安排在假期，有时也要在课余参加拍摄。为了不耽误他的学业，导演尽可能把他的戏安排在夜间进行。李小龙在电影事业上表现出极强的敬业精神。据家人回忆，若要拍电影，李小龙吃完晚饭就会上床休息，到了该去摄影棚的时候，母亲一唤就醒，手脚利落地穿戴好行装，精神抖擞地随父亲出门，从不迟到。但是作为学生的他，却是个顽劣少年，上课不听讲，课下不读书，经过多次退学转校后，才勉强读完初中。

李小龙首次以男主角身份演出的电影是1950年公映的《细路祥》，在片中饰演一个从好变坏又从坏变好的孤儿，获得一致好评，并奠定了他的童星地位，当时广告上称他为"李龙"。翌年，李小龙参演的《人之初》再次获得好评，他在剧中饰演一名误入歧途的不良少年，影评人向宸曾在《文汇报》撰文，指李小龙"配称粤语片'天才童星'，粤片工作者应该好好重视他"。

早期的李小龙并未演过功夫电影，倒是演了很多正片。1953—1955年期间，李小龙先后参演中联电影公司的七部电影，分别是《苦海明灯》（1953年）、《慈母泪》（1953年）、《父之过》（1953年）、《千万人家》（1953年）、《危楼春晓》（1953年）、《爱》（1955年）及《孤星血泪》（1955年），大部分角色为"乖仔"。先后参演《守得云开见月明》（1955年）、《孤儿行》（又名《苦命女》，1955年）、《儿女债》（1955年）、《诈癫纳福》（1955年）、《早知当初我唔嫁》（1956年）等粤语片。1957年公演的《雷雨》是李小龙参演的唯一一部"文艺片"，片中他饰演善良的二少爷，首次有恋爱的戏份；在同年公映的《甜姐儿》中，客串演出的他只与女主角文兰跳了一场恰恰舞，却受到观众的注目。

1960年上映的《人海孤鸿》是李小龙赴美求学前的最后一部粤语片。

李小龙在1965年接演第一部好莱坞影片《青蜂侠》，虽然不是第一男主演，但也算是进入了好莱坞，成为第一位打入好莱坞的华人影星。可惜李小龙在美国一直都是二流演员，因为是黄种人的关系，始终无法坐到第一男主角的位置，这种半红不紫的状态促使他回到香港继续发展他的演艺事业。

如果李小龙一直待在好莱坞半红不紫，那么也就不会有他后来的传奇。李小龙回港的第一部作品就是《唐山大兄》，全剧在泰国拍摄完成，唯一的看点就是李小龙的功夫。如果说李小龙在这之前只是一个明星，那么在《唐山大兄》之后，他旋即成为无与伦比的天王巨星，并且影响力从来就没有间断过。在《唐山大兄》之后，《精武门》、《猛龙过江》一次次刷新港片的票房纪录，也在一次次冲击着邵氏电影。当时整个邵氏公司都感到了威胁，因为没有人可以和李小龙正面抗衡。1973年2月，李小龙停下了《死亡游戏》的工作接拍《龙争虎斗》，不仅实现了当年愿望，成功打入好莱坞出演大片主角，更成为与华纳公司平起平坐的合伙人。试问，有哪一位香港演员可以在20世纪70年代红极一时，就连美国少年的卧室里都贴着他的海报？只有李小龙，只有他才是真正的华语电影功夫之王。

李小龙读大学期间就开设了武馆"振藩国术馆"，并认识了来学武术的医学院女学生琳达。其实在与琳达交往之前，李小龙原本交往了一个日裔女孩艾美，两人的恋情在大学中备受瞩目。琳达是"振藩国术馆"的第二期学员，两个拥有同样爱好的年轻人经过一年多的交往，增进了对彼此的了解，互相帮助与鼓励，渐渐产生了感情。

琳达有着西方人特有的爽朗，与性格外向、不拘一格的李小龙一拍即合，两人在世界观与人生观上产生了强烈的共鸣。只有拥有同样价值观与信念的两个人才能在往后的日子里相知相爱，就这样，他们的灵魂渐渐在时间的洗礼下偎依在了一起。1964年8月，他俩结婚。婚后，夫妇双双辍学，合力经营武术馆。

琳达为了家庭而放弃学业，始终追随着李小龙，她并没有奢求李小龙日后成为一名国际巨星，只是祝愿李小龙能够成就自己的理想，李小龙的快乐与成功就是她人生最大的幸福。这是一个深深爱着李小龙的女人，她一直承受着白人社会的压力，尤其是父母的反对，但她就是认定了李小龙是她一生的寄托。

琳达·艾米莉其实算不得那种标准的西方美人，她有着瑞典和英国血统。她17岁遇见李小龙，27岁时，李小龙永远地离开了她。

李小龙战胜了无数次挑战，也感受到了疲惫。在迁居十七次都找不回来安宁的情况下，他干脆反其道而行，到人才最集中、竞争最激烈的纽约开武馆，彻底以开设武馆授徒为生。他艺高人胆大，租下600平方米的场地练功，收费标准是：先练站桩，每小时100美元，有了基础后学习套路则每小时275美元,创造了世界武术训练收费最昂贵的纪录。这么贵的学费,本来以为会吓跑功夫迷,不曾想登门拜师者络绎不绝!连世界拳王阿里也登门求教,各类拳击冠军、好莱坞名人都来拜师。

李小龙曾自信地在一张便笺上写道:"我的明确目标是,成为全美国最高薪酬的超级东方巨星。从1970年开始,我将会赢得世界性的声誉。到1980年,我将会拥有1000万美元的财富,那时候我和我的家人将过上愉快、和谐、幸福的生活。"他的自信,成为他人生道路上无所畏惧的强大力量,为自己张满胜利的风帆。能屈能伸的自信毅勇,面对竞争对手时的从容镇定,用心征服浩瀚宇宙的磅礴大气,写在了李小龙18岁就独自漂洋过海的身躯里。他孤身一人在美国打拼,在黄皮肤、黑眼睛的华人备受歧视的年代,他骄傲地抬起自己的头,公然宣告:我要做全美冠军。

李小龙成名后,曾经在回香港拍片的间隙请师傅叶问吃晚饭,提出用一幢楼房加一辆轿车做报酬,请师傅住进去单独教他,教会以后,再请师傅把所有功夫演示一遍,录下来后好让他带到美国早晚学练,然后楼房和轿车就归师傅。这个要求被叶问委婉地拒绝后,李小龙就去找叶问在香港的首徒梁相求学。梁相见李小龙很有诚意,出手又大方,就教给了他寻桥和标指两套拳术,而不再传授木人桩、八斩刀、六点半棍法和医术。李小龙回美国后,心情低落,决心采用组合方式延续截拳道事业。截拳道的名称更多采用邵汉生传授的节拳,而不采用咏春拳,可能与此有关。这一原委,在《咏春·叶问》和李小龙的大弟子伊诺山度的回忆录中都有记述,可以互参互证。

李小龙的拳法以"勾漏手"、"沉拳"、"李三脚"闻名天下,器械里独创的"二节棍"更使无数英雄竞折腰,他主演的一系列创造了极高票房纪录的功夫电影,赢得了世界级的声誉。他在演武表演中可以连环三脚快如闪电,比黄飞鸿的无影脚还要出神入化,被誉为"李三脚"。加拿大拳击王协会请他现场表演,通过拳力测量器测量他打西洋"沉拳"的威力。他体重为145磅,竟然打出350磅的力量,创造了体重与力量比的世界纪录!他又应美国纽约拳击协会之邀,展示腿功,竟然平地一跃而起,踢碎距离地面8米多高的大厦吊灯,着地后又能倏然飞身弹出数米之外,成功避免玻璃碎片划伤身体。

李小龙不仅是全世界公认的"功夫之王"、"武之圣者"、"世界拳坛的超级巨星",美国、日本、欧洲、中国香港的杂志还称他为"发扬中国功夫最成功的人"。他又以主演功夫电影甚至独资创办电影公司的形式开创了中国功夫电影的先河,成为"中国当代武术家及电影史上的奇才"。

这位天王巨星却在星光璀璨夺目之际突然暴卒,留给后世七部未及整理出版的武学研究笔记和六部已经公开发行的武学经典著作。迄今为止，就像军事学家尊崇一代兵圣孙武的《孙子兵法》那样，全世界的习武练拳者都将《截拳道》、《截拳道研究》、《功夫纪录》、《二节棍法》等奉为经典，与中国武学界公认的自然门宗师万籁声所著《武术汇宗》相表里。

李小龙出殡之日，香港数万人送行。所有武林人士都着武术服装、束白腰带，将其电影遗作《死亡游戏》公映日定为"李小龙纪念日"。他被美国《时代周刊》评为"二十世纪世界名人"偶像组20位名家之列，许多西方人在评价20世纪中国最有影响力的人时说："第一是毛泽东，第二是李小龙。"

1979年，美国洛杉矶市政府将《死亡游戏》的公映日7月8日定为"李小龙日"；1980年，李小龙被日本《朝日新闻》选为"七十年代代表人物"；1986年，李小龙被德国汉堡大学选为"最被欧洲人认识的亚洲人"；1993年，美国发行李小龙逝世20周年纪念钞票，好莱坞名人大道铺上李小龙纪念星徽，同年李小龙获香港电影金像奖大会颁发"终身成就奖"；1998年11月，李小龙获中国武术协会颁发"武术电影巨星奖"；1999年，《时代周刊》列出20世纪英雄与偶像人物名单，李小龙与英国已故王妃黛安娜、美国总统肯尼迪等一同上榜；同年由香港七家电子传媒联合举办的"世纪娱乐风云人物选举"，李小龙荣登"娱乐风云人物榜"首位；2000年，美国政府宣布发行一套李小龙诞辰60周年纪念邮票，这是继玛丽莲·梦露和007之后第三位获此殊荣的艺人，也是华人中的第一人；2003年，美国《黑带》杂志推出李小龙逝世30周年纪念专辑"李小龙对美国武术界的恒久影响"；2008年11月，全球最大的李小龙纪念馆在其祖居地籍佛山市顺德区均安镇揭幕，总用地面积3.7万平方米。

第二节　创立截拳道

一、截拳道简介

截拳道是李小龙所创立的融合世界各种武术精华的全方位自由搏击术。"截拳道"的意思就是阻击对手来拳之法，或截击对手来拳之道。截拳道倡导搏击的高度自由和本能性，抛弃传统形式，忠实地表达自我，其特点是直接、快捷、实用、有效。"以无法为有法，以无限为有限"是截拳道的纲领和要义，它将东西方哲学理念运用于武术，是一种搏击指导和方法论。李小龙有一套自己的格斗体系，人们称之为"李小龙截拳道"或者"原始截拳道",它是截拳道的重要部分,但不是全部。

截拳道的最大优势是以最短的出拳距离和最快的时间进行防守反击、直接反击、防御和攻击,以咏春拳为基础。另外,截拳道也可以用来作为"反拳法"使用,可以找出、破解并互补其他各种拳法、技艺和武术的弱点和缺陷。

二、截拳道创立的背景

(一)受中国传统武术文化的影响

出生在美国的李小龙,童年和少年时代都是在香港度过的,直到1959年才重返美国。在中国和美国的生活经历,使他受到了东方文化和西方文化的影响,这对于他开创中国武术的新风貌有着极其深远的影响。李小龙自幼习武,跟随戏班里的师傅学会了打"半边月",6岁时跟随父亲学习太极拳。父亲虽是李小龙的启蒙老师,但他真正在武术上学有所成,则要归功于叶问和邵汉生。1955年,李小龙拜师叶问学习咏春拳,这是李小龙学习的最有系统、研究最深,而且影响一生的拳术。另外,他还学习了中国传统南派和北派的十多种武术。

(二)受门派观念的刺激

自古以来,中国传统武术分门别派,各立门户,唯我正宗,相对封闭,还有"传内不传外,传男不传女"的陋习。这使李小龙在武术的求学之路上遭遇了不少挫折,也历尽了种种艰辛。出生在美国的他,由于"洋人"的身份,很多传统的武术师傅都不愿意教他武艺,这使他感受到了严重的歧视。不过,他并没有气馁,而是通过与他人比武或互教互学的方法来学习各种武术。这种求知欲,使李小龙对中国自古以来的分门别派的做法感到深恶痛绝,也为他后来开武馆传授武术奠定了一定的基础。正是因为门派间的亲疏恩怨,引发被叶问逐出师门的郭心力从台湾返香港挑战李小龙,签订生死约,希望以打败声名鹊起、如日中天的李小龙来成就自己的威名,灭咏春拳的威风。李小龙被迫停拍电影,专心练功,在伊诺山度、黄淳樑等人的见证下与之徒手决斗。虽然战胜了对方,却也劳损过度,留下了内伤,为李小龙的英年暴毙埋下了病根。

(三)受到西方哲学思想的启发

到美国后,李小龙攻读了哲学专业,刻苦钻研东西方哲学。正是哲学的世界观和方法论帮助他完成了自己武功系统的构建,哲学的思维方式与表现形式深刻地体现在李小龙武功系统的各个组成部分中,并推动着它的发展和完善。在大学里,除了把时间花在哲学学习之中,李小龙把剩下的精力全部放在钻研武术上，经常进行体质训练。他以哲学指导自己选择中西武术的精华并予以整合，形成自己独特的拳法。

第三节　李小龙武术的传播路线

好莱坞不仅是全球时尚的发源地，也是全球音乐、电影产业的中心地带，拥有着世界顶级的娱乐产业和奢侈品牌，引领并代表着全球时尚的最高水平，一直是全球各地争相模仿的对象。李小龙是第一位打入好莱坞主流市场的传奇明星，他把武术这种中国传统文化的标准样式，与电影这种流行文化的典型代表相融合，开创了中国武侠电影史上继古装刀剑片之后以真实的武术技艺为基础的技击武侠动作电影，并颠覆一系列好莱坞刻画华人形象所使用的套路，极力塑造出富有民族气节、反抗精神、体格强健的中国人形象。李小龙是第一个把中国功夫推向世界的华人武术家，"功夫"是李小龙为好莱坞所接受的重要元素；反之，李小龙也令"功夫"成为好莱坞表现中国、想象中国最重要的元素。他主演的功夫片风行海外，中国功夫也随之闻名于世。许多外文字典和词典里都出现了一个新词——"功夫"（Kung fu）。在不少外国人心目中，功夫就是中国武术，李小龙也成了功夫的化身。当时很多外国人唯一能叫出名字的中国人就是 Bruce Lee（李小龙），李小龙至今在欧洲人心目中有着很高的地位，他的第一个纪念雕像也出现在欧洲。李小龙仅凭个人力量把中国武术推向全世界，开启了中国武术和中国电影国际化传播和发展的新局面，掀起了世界性的"中国功夫热"和"中国文化热"。

一、李小龙个人对武术形式的创造性研究

"李小龙现象"之所以形成，与李小龙的个人努力是分不开的。他可以风靡世界经久不衰，自然有支撑自己的一套独特"本事"。说到李小龙，我们不得不说起他生前创立的一类现代武术体系——截拳道。李小龙的截拳道"将东西方哲学理念运用于武术，是一种搏击指导和方法"，其最大特点是"注重于实用，抛弃了传统武术复杂的形式套路"。李小龙将武术的实用价值凸显出来，迎合了现代的口味，淡化了武术的观赏价值，为中国武术走向世界破除了一定的思想理论"障碍"。毕竟，中国武术的形式套路有很多与中国"玄而又玄"的哲学是分不开的，这就给武术的交流造

成了一定的障碍。李小龙要将武术推向国际，就不得不考虑这种理解性的障碍对武术传播的影响。

李小龙的武术具有很大的包容性，他本人也可以称得上是一个"杂家"。我们从李小龙学习中国武术的各个时段，便可以看出李小龙武术之"杂"了：李小龙7岁开始由父亲传授太极拳；在港期间，曾以教授名拳师邵汉生恰恰舞，来换取对方教他中国拳法；1955年，李小龙拜叶问为师，学习咏春拳，并在家中设一座木桩，每天对着木桩勤练不辍；此外，他还练过螳螂拳、洪拳、少林拳、戳脚、节拳、白鹤拳等拳种，为后来自创截拳道打下了坚实的基础。李小龙擅长拳术，但是他的拳术却博采众家之长，截拳道便集合了咏春、太极、泰拳、空手道、柔道、跆拳道、菲律宾武术以及法国拳术等26种世界武道精华。

李小龙现象的形成绝不是偶然，在世界文化的交流融合逐渐明显的现代，具有极大包容性的"振藩国术"顺应了潮流。李小龙现象的传播便呈现一种奇特的现象，它的路径并不是单向的，也非纯粹的双向，而是以中美两国的双向传递为主线，分出许多条线向世界各地辐射。

二、中外武学的交流与比武活动

为了招揽学员，李小龙时刻在找机会参加武术比赛。他以精湛的武艺表演逐步征服了美国武术界，并赢得了万千观众。1964年，在加利福尼亚州长堤的"国际空手道锦标赛"上，李小龙作为表演嘉宾表演了他独创的截拳道，震撼了武术界。

说到李小龙现象的传播路径，我们不得不还原李小龙的武学交流活动。李小龙有很多武术界的好友，如有"美国跆拳道之父"美称的李峻九，在美国武坛被称为"美国空手道之父"的艾得·帕克，号称"柔术之父"的肯尼·拉贝尔，美籍菲律宾棍术名家丹·伊诺山度，等等，这些亦师亦徒亦友的武坛人物，为李小龙树立了良好的口碑，也促进了李小龙武术事业的发展。除了建立友谊后的武艺切磋，李小龙还经常到各地参加武术比赛，借以提高自己和中国武术在人们心目中的地位。1964年初冬，加州长堤举办的世界空手道锦标赛上，李小龙应邀表演了截拳道，且获得了极大成功，这也是他功夫事业的一次飞跃。1970年8月，李小龙与一位泰国退役拳王进行了一次友谊性较量，战而胜之。随着李小龙的武术成就越来越突出，世界上许多武打明星如美国空手道冠军罗礼士等都争相拜他为师，好莱坞的著名影星如史提夫都是他的门徒，世界拳王阿里也曾登门拜访，与他交流经验。

在生活中，李小龙是一个"好斗尚武"的活跃分子。李小龙的这些"活动"，无疑让自己名气大增，也让中国武术为外国人所知。李小龙虽出生在旧金山，但成长于香港。20世纪50年代的香港，无异于一个中国武术的大熔炉，不少武术大师移居于此，这时的香港几乎囊括了各种中国武术。李小龙在这样肥沃的武术土壤里成长起来，但他也看出失去了地域根基的各派武术实际上固守着自己的所谓"绝学"，却都崭露不了头角，在香港一时间是无法让自己的武学独领风骚的。所以他被迫到美国读书后，却歪打正着、化害为利，在多元文化的激荡、融合下，最终创造了在中国故土难以创造出的不朽奇迹。

初到美国，李小龙便被日本空手道大行其道而中国国术馆却无人问津的现象所触动，便立志创立自己的国术馆以改变这种不利状况。李小龙在美国闯出一片天地后，才回到香港。在一定程度上说，李小龙现象始于美国，盛于美国，再盛于中国香港及内地，最后得以在世界范围广泛传播。

李小龙首先是一位武术家，然后才是一位演员。他是一位了不起的武术家，中华武术始终贯穿于其电影之中，其精神与思想凭借电影得到了充分的发扬，他所参演的电影得到了观众的高度认可，而且，中国功夫也透过电影这种媒介得到了传承。

三、武馆的作用

教育是发扬一样东西的最好方法，孔门弟子三千，弟子又有弟子，儒家由此发扬光大。李小龙自然也知道，想要让自己的武学受到公认，就必须拥有自己的门人弟子。在西雅图读大学期间，李小龙便租了校园的一个停车场角落作为武馆，挂起了"振藩国术馆"的牌子，辍学后先后在西雅图、奥克兰、洛杉矶等地开设武术分馆授徒。李小龙开设武馆的这一举动，让中国武术在文化"大杂烩"的美国有了一席之地，并逐渐和日本空手道有了同等的地位，甚至中国武术的风靡程度在一定时间内超过了空手道。李小龙改变了中国国术馆门可罗雀的状况，门徒日益增多。李小龙做到这一点是很不容易的，不仅靠他"打"出来的名气，也靠他执着的精神。李小龙的授学造成了多大的影响至今无法评估，但可以肯定的是，他的"真功夫"让外国人对中国功夫产生了浓厚的兴趣。美国作为一个移民国家，是面向国际的，许多外国人在美国逗留或者定居，在他们回国的时候，也把"李小龙"这个名字带到了各自的原住国。

20世纪60年代，李小龙主要是通过开武馆、招收学徒来传播武术。1962年4月，李小龙在华盛顿开了一间振藩国术馆，以武会友，招收外国人为学徒，并公开教授"振藩拳法"。这一做法在当时遭到了当地华人武术界的联合警告，在这些人看来，李小龙要将中国功夫教授给外国人，实在是"大逆不道"的做法。但李小龙不改初衷，就是要向中国武术的传统挑战，还要公开招收非华人为学徒，向世界传播他的武术思想。在一些朋友、学生的大力支持下，李小龙甚至立下了辍学授武、弘扬中国武术的雄心。1964年，李小龙在奥克兰设立了第二间"振藩国术馆"。

四、电影的推广效应

一种学术、一类文化，或者一种技艺的传播都少不了媒介的作用。我们无法撇开电影来谈李小龙，因为李小龙是一位以影视为主要职业的技击家。近百年来，在全球化的大背景下，借助大众传媒，文化的传播变得越来越简便快捷。武术作为中国传统文化的重要一环，很有推广的必要，但在李小龙之前却没有人尝试借助传媒这种开放式的推广方式。

传播自己的武术，弘扬中国的功夫，当然离不开电子媒介的传播。到了20世纪70年代，李小龙毅然放弃了日渐红火的武馆经营，转而投身于自己的"老本行"——电影事业，希望通过电影这种方式，来更为广泛地宣扬他的截拳道技术和武术理念。1971年，李小龙主演了《唐山大兄》，赢得了很高的评价。当时很多外籍人士大为赞赏，说这是"李小龙从影以来最好的一部动作片，也是人类出现在胶卷上最卓越的一次"。在香港拍摄的电影《唐山大兄》、《精武门》、《猛龙过江》和与好莱坞联合拍摄的电影《龙争虎斗》及其遗作《死亡游戏》等影片中，李小龙阳刚的躯体和凌厉的动作给观众留下了深刻的印象，他把中国武术的技击功能放大，融入侠义自强的思想，让自己上升为一个"偶像"。

电影的推广效应无疑是非常成功的，它仅仅靠视觉上的盛宴就造就了不少"武术迷"，也使得"李小龙"这个名字不仅仅代指他个人，而且成为一种不容忽视的社会文化现象。以电影为点，受众便是一个庞大的面，李小龙现象便由这一个点传播到了无数个面。这些功夫电影的经久不衰，使李小龙的截拳道技术和武术理念得到了更广泛的宣传和认可，并赢得了全国甚至是全世界人民的厚爱和推崇。

英年早逝的李小龙仅仅为我们留下了四部半的主演电影，可以说是知名演员当中产量最低的，但这些作品却都被奉为经典之作，这究竟是为什么呢？

首先，李小龙首创了功夫电影，这在电影史上具有开拓性的意义。过去的影坛从来没有功夫电影这一说，有的只是表现虚假的轻功、水上漂、神乎其技的武艺等的武侠电影。李小龙电影的出现，宣告了武侠电影的结束，并宣告了新武打电影的诞生。

其次，在每一部李小龙的电影里都可以看到，他不仅追求武术的打斗，还把中国优秀的文化呈现在世界人民面前，而且他十分注重电影的社会功用，借电影为世人灌输正确的价值观念和正确的武术观念。年轻时的李小龙，整天打架斗殴，直到学习咏春拳和太极拳之后，才渐渐形成了一个观念：武术不是用来争强好胜的，而是强身健体，从而保家卫国的。在电影《精武门》中，陈真在日本人的挑衅下，到虹口道场踢馆，结果反而害了一众同门师兄弟，精武门的大师哥这样教育陈真："武术不是用来争强好胜的，而是用来爱国强身的。"李小龙借电影中大师哥的这句话表达了自己的武术观念。

陈真踢碎"东亚病夫"这块牌匾的场景，成为中国功夫电影的经典镜头。无论《精武门》被翻拍了多少次，无论是李小龙版的，还是李连杰版抑或甄子丹版的，这个镜头总是不可或缺。这也说明了李小龙主演的《精武门》拥有不可撼动的地位。

踢碎"东亚病夫"招牌所形成的关于中国人的反抗话语成为构筑影片民族主义的重要部分。"东亚病夫"的说法与梁启超主编的《实务报》密切相关，因而也与近代中国的改革自强道路相联系。1896年10月17日，上海《字林西报》转载伦敦《学校岁报》的一则专论，随后《实务报》又将这一转载翻译为《中国实情》一文刊发。文中称"夫中国——东方之病夫也，其麻木不仁久矣"，由此，"东亚病夫"的说法在中国流传开来，中国人被想象为身体和精神的弱者，这极大地刺激着国人，同时，东西方列强的不断侵略又加重了这种愤怒。但是随着中国的发展，国家实力不断增强，国民对于"东亚病夫"的记忆以及耻辱感随之淡化，而这一点在电影中得到了充分认证。

观看完有关陈真的电影，我们可以发现，"东亚病夫"的匾额只有在李小龙版的《精武门》中得到了叙事上的完整展现，具体表现为日本人到精武门送匾，陈真赴虹口道场，以及最后踢匾这样一条完整的叙事线索。但是在之后的翻拍中，陈真踢匾的这一情节已经逐渐被淡化。在李小龙主演的《精武门》中，陈真踢馆后经过公园被拒之门外，此时"华人与狗不得入内"的警示牌以及日本人的羞辱激起了他的愤怒，进而凌空踢碎了警示牌，"使受欺压的华人情绪在刹那间得到了宣泄"[①]。

无论是陈真踢匾这个细节，还是因"华人与狗不得入内"的警示牌而

---

① 赵卫防：《香港电影史：1897—2006》，中国广播电视出版社2007年版，第240页。

引起的人们的民族愤怒,这些细节在之后的影视翻拍中都在不断地被淡化,我想这也和当时的社会背景密切相关。两个在中国人心目中极具耻辱意义的牌匾逐渐淡化的过程,正对应了民族主义由愤怒压抑到自信表达的变迁之路。改革开放的30年,以最鲜活的事实阐释了这一问题。在桂青山主编的《影视学科资料汇评(影视基础理论编)》中,马晓莉对李小龙电影的魅力有如下的综合评价:

  ……银幕上的李小龙则是全新的形象,没有刻意安排的血缘关系而带来的"家国负担"和深仇大恨,"像一个带有一定的顽皮和喜剧色彩的当代香港青年,独自去漂洋过海,闯荡天下,显示出了更为鲜明的个体特征",他尽管有时候也会出自道德精神做一些事情,捍卫民族尊严,"但他并非为侠而侠,它的侠义完全是一种在紧急时期的个体行为,而不具有中国侠义精神的符号性,而影片中的对民族精神的表现也并非为了刻意突出这一符号性的主题,只是为了赢得更多华人观众的一种商业手段"。

  吸引观众的,还有李小龙打斗中的个人风格和气质。李小龙电影中的武打动作,清脆而具有美感,徒手搏斗,硬刀硬马,看起来十分可信。他应战的时候采用的是西方拳击中的跳步,而非中国传统武术中的马步;截拳的运用是他的一大特色,他在打斗中特有的声嘶力竭的喊叫也是自身气势的张扬,更加凸显了打斗的激烈场面。影片的武术指导在充分体现中国武术精神的同时,也发挥了李小龙的个人魅力。镜头语言的运用,硬汉形象的塑造,有一定的"神话"性质,但都在大家可接受的范围内。香港影片中的"构成剪接"和"暴雨剪接"往往把各个镜头的动作通畅地连贯起来,这些动作可以是最生动的,也可以是比较次要的,都能够把观众带到一个封闭却包含视觉与心理冲击的环境中,全面感受影片的特色。停、打、停的特色不但能够突出影片的节奏感,而且能够将很细微的动作拍摄得清晰准确,还可以营造出画面构图之间震撼的互动关系,具有非常强的表现力。李小龙电影在前人基础上融合各种技法,丰富和完善了这些经典电影语言,使其具备了优秀电影的品质。尽管李小龙电影在制作上不是一流的,但他所带来的电影语言方面的变革却是别的电影难以企及的。不管是构成剪接成为香港武侠、功夫电影主流的剪接技巧,造就武侠、功夫电影的神话色彩,还是在打斗中运用纯熟的节奏停顿,让电影富于空间和时间的美感,抑或是香港电影中的动作奇观造就了世界动作电影唯香港马首是瞻的状况,李小龙电影都功不可没。

  李小龙成年以后在香港主演了4部电影和1部未完成的作品,他不但继承了中国武术的优点，发展了香港武侠电影中的武术特色，同时他也融和南北武术流派，综合中西武术之长，成为中国武术的集大成者。他的出现不单促使中国武术得到极大发展，也成为香港武侠电影问鼎国际市场的叩门砖，开拓了香港武侠电影国际化的道路。他的影片不但在当时风靡一时，在他逝世30多年以后仍然受到世界各地影迷的尊重和热爱，不能不说是李小龙的品牌价值和个人魅力使然。①

海外有人评论"李小龙的形象，即使在那些通常拍摄得非常粗陋的电影中，也是异常高大的"的说法，是十分令人深思的。

李小龙电影中表现出来的爱国情结，触动了我们的民族情感，因而能引起广大华人的共鸣与赞赏。例如，《精武门》中的陈真，面对日本人的挑衅和欺凌，他义愤填膺，独自跑到虹口道场踢馆，并撕下"东亚病夫"四字，让两个日本人兑现诺言。片中的另一个经典情节是，陈真来到外滩公园，却被拒之门外，因为公园挂着牌子——华人与狗不得入内，随后陈真一脚把牌子踢飞，并在空中把它踢碎。又如，《猛龙过江》中的唐龙，到了罗马，眼看经营餐厅的中国人老是被当地流氓欺负，最终挺身而出，把流氓赶走，保护了当地的中国同胞。这些场景都成为鼓舞民族精神的经典场景。李小龙身上充满着天涯孤侣独闯世界的个人英雄主义印迹。他超强地自信，认为仅仅依靠一己之力就可以打遍天下无敌手。所以，他主演的电影中，几乎都是独行侠去打抱不平、扶危救难、铲除邪恶；同时，为了票房考虑，又加入了中华情结、民族主义情绪。因此，李小龙电影中孤独的侠客与民族大义并行不悖，充满了正剧的力量。

比较李小龙版陈真和李连杰版陈真就会发现：李小龙版陈真更像是一个平民的"侠"士，兼有武学上的"王者"气象，成为香港中华文化卓然而立的身份代言；而李连杰版陈真更像是一个现代的"武者"，在文化上却成为一个隐蔽且矛盾的"他者"。观众常常因为后者背景华美、动作漂亮，都不吝赞美之辞，但《精武英雄》虽然票房不俗，却不能引发当年《精武门》一样的轰动效应。

由于李小龙电影的推广，中国功夫也随之闻名世界，许多外文字典里都出现了一个新词——"功夫"（Kung fu），李小龙也成了功夫的化身。李小龙的出现，一改"中国人"在外国人眼中"光头、长辫、旗服"的传统形象，使得西方人以为中国人个个都会功夫。此后很多电影都将中国人作为武术高手出现，也引发了外国人远来中国学武的热潮。

---

① 桂青山主编：《影视学科资料汇评（影视基础理论编）》，北京师范大学出版社2011年版，第484页。

五、李小龙的文字著作的流传

相对而言，李小龙的文字著作并不如他的电影作品那样受欢迎，但至今不少武术爱好者及专业研究者还在研究他的专著。他逝世前留下了七大本学武笔记和六本著作，至今仍不断再版，深受武术迷的欢迎。随着李小龙著作在世界各地的流传，李小龙现象并没有因为李小龙的去世而消失，反而由于人们对他的怀念而继续存在着、传播着。

20世纪60年代，李小龙在读大学期间，把中国武术与哲学和西方哲学结合起来，逐渐形成了自己的一套武学思想。1963年，在义父严镜海的支持和帮助下，他出版了第一本也是唯一一本完全由自己撰写和亲自演示的专著——《基本中国拳法》。在这本书中，李小龙较为系统地阐述了中国传统武术的基本原理以及技法，也为其截拳道的基本原理、技法做了理论上的铺垫。

表现李小龙与截拳道的电视剧有《李小龙传奇》、《截拳道》、《我的兄弟李小龙》，描写李小龙的书有张建广著《李小龙传奇》、何真等编著《李小龙》、关文明著《一代英杰李小龙》、博希著《一代宗师》、李秋勤和黄德超著《永恒的巨星李小龙》、魏峰著《李小龙全书》、廖锦华编著《写真李小龙》、张解民著《李小龙生平述略》等。

第四节 李小龙的功夫哲学

李小龙疾速的出拳、凌厉的叫声、睥睨的眼神，还有他创立的"凌空三弹腿"，不仅成为李小龙电影特有的美学标志，而且也成为世界技击舞台独有的武林绝技。特别是李小龙电影中蕴含着中华民族自强不息的民族精神和舍生取义的侠义情怀，使他成为令人崇仰的电影英才与传奇英雄，并被誉为脚踏武学和电影两座高峰的世纪巨人。

1967年，27岁的李小龙在美国创立了跨越门派限制的、世界性的现代中国功夫"科学的街头格斗技"——截拳道（Jeet Kune Do）。截拳道是李小龙以中国道家老庄哲学、佛家禅宗哲学及印度哲人克里希那穆提思想为指导，提炼、整合了中国传统武术咏春拳、西洋击剑和西洋拳击的理念及技艺精华，结合自身丰富的跨学科的交叉实践和理论总结而创立的。李小龙作为截拳道的创派宗师，不仅开创了截拳道武术体系，同时也开创了世界真功夫时代，破除门派观念的思想禁锢，促进中国武术重新正视实战和技术创新，带动中国武术走上国际化推广道路。李小龙是武术家中少数能文能武的人，每当练功之余，他就会埋头研究武术理论与训练方法。他留下了七大本学武笔记和六本著作手稿：《截拳道》、《截拳道研究》、《功夫记录》、《二节棍法》、《布鲁斯·李拳术图解》（英文版）和《布鲁斯·李武打技法》（英文版），供世界各国的武术爱好者研究、学习。1975年，根据李小龙武学和哲学遗稿《武道释义》编辑整理而成的《截拳道之道》一书由美国奥哈拉出版社正式出版，很快被译成9种文字畅销全球，被欧美武术界奉为"武道圣经"；截至1999年，该书已重印40余次。世界各国技击杂志仍在不断地研究、介绍李小龙的武功，世界各地的武术爱好者们依然崇拜和怀念着他。

要说到李小龙个人，我们不得不说到中国武术在实用价值到观赏价值之间的相互转换。中国武术是中国传统文化的很重要的一环，是几千年来民众用以锻炼身体和自卫的方法，可以称得上国粹。中国功夫不仅有实战价值，也有很大的观赏价值，武术讲究"套路"，练习套路时常显示出身体动作之优美。在冷兵器时代，武术的实用价值被发挥到了极致。但到了现代社会，在和平的环境里，人们更多的是喜欢作为一个旁观者来欣赏，当然这种欣赏会导致一种宣传效应，吸引着有兴趣的人来钻研武学。但是当时西方文化的"入侵"，各种外来的健身运动的兴起，也冲击着武术这项传统的"高难度"运动。而中国文化向来保守，重视继承多于致力创新，门派观念也导致了武术发展具有地域局限，这虽然保证了武术的独特性和多样性，但也不利于它的发扬。

在李小龙所处的时代，中国武术正处于瓶颈期，一个继承与发展的"瓶颈"。当时中国武术本土传播正面临着"偶像"缺失的现状，它强烈地呼唤一个传播意义上的"领袖"，重新引起国人对武术的重视，并把武术推向世界。而李小龙就在这个时候出现了。他很好地把中国武术的实用价值和观赏价值有机地结合起来，用自身的成功证明了武术的实用价值，又用矫健的身姿向世人展示了武术的观赏价值。如果要问，李小龙现象为什么会形成？笔者认为这与当时武术的艰难处境是分不开的，中国人民期待看到一个有国际声望的"国粹"大师，一旦看到了有希望的人选，便会自然而然地成为舆论的推波助澜者，于是"李小龙热"就在人们的强烈希望中掀起了。至于西方，对于中国这个东方古国本来就充满了好奇，对于华人形象的塑造一般是负面的，李小龙让他们重新认识了中国人，出于对中国文化的一种认识、探求，他们也掀起了"李小龙热"。

为什么不同职业、不同肤色、不同层次的人都崇拜李小龙？连名人都尊他为偶像？因为李小龙不是一个普通的武术家，他是一位武术哲学家、一位有思想的武术家。

"我之所以选读哲学，是因为哲学会告诉你为什么而活着。"1961年，李小龙考入华盛顿州立大学，主修哲学。几年后创立截拳道时，系统的哲学修养给了他不少帮助。李小龙把截拳道的纲领和要义概括为"以无法为有法，以无限为有限"，强调直觉和本能的运用，抛弃形式的束缚。

《猛龙过江》里有这样一场戏，唐龙与罗礼士饰演的空手道冠军在古罗马竞技场决战。起初唐龙因对手高大威猛而屈居下风，后来他即兴模仿西洋拳击的移动步法，使对手无法知晓他的虚实，从而反败为胜。在电影《龙争虎斗》片首，李小龙饰演的李和师父的一段对话，很好地诠释了截拳道的内涵。师父问："什么是武术的最高境界？"李答："把技巧隐于无形。"他接着说道："作为一个好的武术家，不应该拘泥于形式，而要把武术融化，收发自如。"在没有拍完的电影《死亡游戏》中，李小龙设想在一个神秘的死亡塔顶上，藏着盖世的武功秘籍，但死亡塔的每层都有一个武林高手把守；经过层层决斗，到达塔顶的李小龙发现了一个箱子。关于箱子内的东西，有两种说法：一种是只有一张写着"人生就是一个等待死亡的过程"的纸条，另一种是只有一面能够看到自己的镜子。李小龙关于人生和自我认知的哲学思考不言自明。

李小龙曾经说过："世界上最柔的东西莫过于水，然而它却能够穿透最为坚硬的东西，可以存在于任何空间，没有什么能够超越它，例如滴水穿石，这就是'柔德'所在，所以说弱能胜强，柔可克刚。"他是传奇中的传奇，人们将永远怀念他那颗热爱中华民族、振奋中华民族精神、渴望中华民族强盛的赤诚之心。李小龙曾经说过的："我绝不会说我是第一，可是我也绝不会承认我是第二。"

李小龙击败了当时世界所有武术名家之后，才开始在各种场合的演讲中系统讲述自己对中国武术的理解："功夫源于中国，是空手道和合气道的渊源。它是一个更完整的武术体系，它比其他武术更流畅，更具连贯性，而不仅是一招半式。就好像水，水是世界上最柔软的物质，但它有穿透顽石的能力，水没有一定的形态，你既不能够捉住它，也不能够用力打它。每一个学功夫的人都希望具有水一样的灵活性和柔韧性，可以根据对手情况作出变化。空手道的出拳，好像一根坚硬的铁棒，而中国功夫出拳，就犹如一条铁链连着一个铁球，刚柔并济。功夫可以单独或者两个人练习，单独练习的时候会模仿一些动物，比如说鹤、猴或者螳螂等动物……"在他身后，我们尚未发现还有谁能够表达出如此系统而生动的武术哲学理论和高超的悟性。

最值得一提的是李小龙赴美深造时自创截拳道。什么是截拳道？李小龙曾经对自创的这套武功作出精确的解说："截拳道与传统武术不同，截拳道并没有系列的规则和明确的格斗方法所组成的技术分类。截拳道没有特殊情况的套路和僵化的哲理。它的格斗看上去并不是来自一个单一的角度，而是来自所有可能的角度。截拳道利用所有的格斗方式和方法去赢得一个满意的结果，截拳道是自由的，它不被任何东西束缚。"

总之，截拳道是一种实实在在的技击术，不像有些人误解的随心所欲，想怎么打就怎么打的功夫。"截拳道只不过是为了便于称呼的名谓而已。"这句话是李小龙针对中国武术的门户之见的批评，并非说任何打法都是截拳道，"以无法为有法，以无限为有限"则是对套路束缚实战的批判，同时强调了只有不断学习各流派技术才能打得过只掌握本派有限技术的传统武者。

20 世纪 70 年代初，李小龙在接受加拿大著名节目主持人伯顿的采访时提到："中国一旦开放，一个美好的时代即将来临。"这句话表明李小龙具有哲人的深远思想。当全世界把李小龙视为功夫巨星时，我们也要把他当作哲人对待。

第五节　李小龙对世界的影响

20 世纪 70 年代初，一股中国功夫影片的狂潮席卷着世界。李小龙这个响亮的名字震撼全球，他的功夫令世界不少影迷如痴如醉，人们争相学习功夫，而他的功夫电影亦令动作片成为香港电影界的主流电影片种之一。

1971—1983 年，中国香港、美国、日本乃至欧洲的"李小龙热"如火如荼，直到海外这个热潮接近尾声，内地的"李小龙热"才刚刚兴起。在七八十年代，要想在中国内地看到李小龙的功夫片，几乎是不可能的事情。全国的电影院放映的是清一色的样板戏，只有极少数机关礼堂和专业武术队才可以看到李小龙的功夫影片。1981—1985 年，我国几家全国发行的大型武术杂志：《中华武术》（北京）、《武林》（广州）、《武术健身》（北京）、《武魂》（北京）、《精武》（哈尔滨）、《搏击》（太原）相继创刊，长春的《拳击与格斗》则创刊略晚。这些杂志给改革开放伊始的内地武坛送来了缕缕春风，"李小龙"与"截拳道"这两个名词渐渐广为人知。作为华人的李小龙，不仅在国外引起巨大轰动，对国内功夫电影的影响也是不容忽视的。继李小龙之后，华语影坛涌现出成龙、李连杰、甄子丹等动作巨星。在李小龙逝世40周年之际，凤凰娱乐独家专访甄子丹时，甄子丹曾称："我的武术概念甚至到我的武术风格，电影上的武术风格一切都受到李小龙的极大影响。"

功夫巨星成龙说过，"没有李小龙就没有我"。当初，李小龙突然离世，各个电影公司都在寻找"第二个李小龙"，而嘉禾选定的就是成龙。成龙在与李小龙共度的时光里学会一样东西："李小龙说，巨大的成功只跟远大的抱负相伴。"成龙认为自己能有今日的成功，是因为"李小龙的精神一直存在，一直在激励我们向前。如果没有李小龙，就不会有成龙"。

周星驰也说过："李小龙不会想到，当他在银幕上一脚把'华人与狗不得入内'的牌子踢走时，影院里有一个小男孩被感动得流下热泪，他因此发誓要么做个功夫高手，要么做个武打明星。这位男孩便是周星驰。"想不到这位男孩在多年后，实现了他的愿望，更成了一位偶像、一位受人追捧的明星。在周星驰的电影里，他虽是一个喜剧演员，但是我们还是可以看到他有一种李小龙情结，在他的很多作品中，都有双节棍和截拳道功夫的镜头。在精神上，李小龙是他毕生的偶像。2004年，周星驰拍了一部向李小龙致敬的电影——《功夫》，周星驰参照李小龙希望将中国功夫发扬光大的精神，让普罗大众知道中国功夫的奥秘，更表示："现在我可以在电影《功夫》内实现我的梦想，就是像李小龙一样，做一个功夫英雄，还可以有一个机会向中国功夫致敬。"

一个李小龙，造就一班出色的武打巨星以及演员，他的影响实在太深远了。他在银幕上带给世人的那一份不屈不挠的精神，以及那一份爱国之情，时至今日，仍然影响着我们。

20世纪60年代以来，全世界掀起了一股强大的"李小龙热"，史无前例，也空前绝后。李小龙所到之处，万人空巷；他英年早逝之时，万众悲恸。李小龙之所以赢得世界各地粉丝的疯狂追逐和宠爱，不仅仅在于他那英俊潇洒的迷人形象以及体魄如钢的野性风采，更在于他塑造的一系列银幕"硬汉"形象，寄托了人类渴望强大的理想。

由于李小龙在武术上的精深造诣和对功夫电影的卓越贡献，中国香港、中国台湾、美国、日本、新加坡、加拿大、泰国、澳大利亚等国家和地区都相继成立了"李小龙研究学会"，可谓盛况空前。美国、法国、德国、英国、意大利、俄罗斯、加拿大等国家都有专门介绍李小龙的网站，李小龙主演的电影至今仍是不少DVD发行公司的"镇店之宝"。在市场上还能看到不少电子游戏、T恤衫等以李小龙形象为卖点的产品。

李小龙对后世的影响可以作出如下的归纳：

首先，树立了弘扬中国功夫的艺术楷模。李小龙让西方人认识了中国功夫，让西方人钦佩和接受中国功夫，这是中国武术界最大的收益，也是世界武术交流的开端。作为功夫片的开山始祖，李小龙对成龙、李连杰甚至周星驰等著名电影人的影响是不言而喻的。没有他，也就没有现在的成龙、李连杰问鼎国际；没有他，港台动作片仍然停留在地区性的拳打脚踢阶段。成龙曾经说"没有李小龙就没有我"，李连杰说"李小龙是我的榜样"，喜剧之星周星驰把李小龙视为"自己从小到大的第一偶像"。周星驰在推出《功夫》大片时公开表示：我们都喜欢李小龙，李小龙的功夫代表了中国的文化。到目前为止，极少有一位功夫大师对电影的影响是如此的巨大而深远。

其次，促进了世界技击术的发展。李小龙大胆地革新武术，运用自己所学所悟的哲学、科学理论，经实践检验，把中西武术合并起来，创造出一种独特的"以无法为有法、以无限为有限"的新型功夫，这就是截拳道，他要求习武之人能脱离形式去寻求适合自己极限的发展。这可谓武术界的重大突破，更是不可多得的宝贵经验和财富。他的开创性努力同样证明：中国武术的博大精深和武德思想要想在世界发展，就必须脱离门派之分；想让中国功夫永远精粹，就得弃掉陈旧的保守观念、顺应时代的发展而不断革新，才会永远立于不败之地。

李小龙的技击思想和理论，在今天仍对众多技击家有很大的影响。重量级泰拳冠军乔·刘易斯曾直接受教于李小龙。在加利福尼亚拳击馆的比赛中，他充分发挥出李小龙拳术的精髓，酣畅淋漓地取得了胜利。事实上，在过去的30多年中，海内外很多拳击家都直接或间接地受惠于李小龙的武术思想，有意或无意地把它运用于技击实践之中。

最后，功夫电影为中国武术的国际化传播和推广打开了新的思路。李小龙被人们誉为"当代中国武术及电影史上的奇才"、"伟大的武道改革家及先驱者"，他的卓越武艺和精湛演技，在世界电影史和武术史上矗立起一座无法逾越的丰碑。他把武术和电影融为一体，他所拍摄的功夫片传达出了武术的精神。李小龙十分巧妙地把他的截拳道功夫和电影结合起来，这在此前是绝无仅有的。在电影上取得的辉煌成就，成了活广告，促使李小龙的截拳道功夫和武学理念广为传播，使截拳道在短短几年的时间里就风靡全球，掀起了一场学习中国功夫的热潮，为中国武术国际化的传播推波助澜。

第六节　结语

　　小时候，李小龙的身体十分瘦弱，而且双腿的长度相差一厘米，还是扁平足，其先天条件并不具备练武的优势。李小龙的父亲为了强壮儿子的体魄，便教其太极拳。后来，他还学过咏春拳、洪拳、少林拳等拳种。李小龙是在张卓庆的介绍下拜师叶问的，叶问并不在意李小龙学过多种拳法，相反特别注重实战训练，因为叶问知道，一个拳派想要生存下去，靠的是自己的实力，习武者只有在实战中才能够不断地完善与强大自己。后来李小龙移民美国，更加发展了实战性的格斗技术，他是一个典型的中华武功的大杂家、集大成者。

　　李小龙在武术、电影等方面都有卓越的贡献，美国报刊把他誉为"功夫之王"，日本人称他为"武之圣者"，香港报纸赞誉他为"当代中国武术及电影史上的奇才"。正是这些阻挡不住的名气，使得越来越多的人关注他，他的武功也慢慢地在世界各地传播，这其中就包括咏春拳。

　　作为中国电影史上第一位闯入国际影坛的明星，李小龙以他特有的功夫征服了全世界，为当时并不强大的中国树立了坚强、不屈、自尊、必胜的形象。他通过电影塑造的形象，每一言行、每一动作都胜过千言万语的说教，他传达的，是每一个中国人都有的龙的血气、龙的精神。

　　我们得出结论：李小龙是世界武道变革先驱者、武术技击家、武术哲学家、终极格斗冠军赛（Ultimate Fighting Championship，UFC）起源者、综合格斗（Mixed Martial Arts，MMA）之父、武术宗师、功夫片的开创者、截拳道创始人、华人武打电影演员、中国功夫首位全球推广者、好莱坞首位华人演员。

　　"李小龙热"的形成源于其突出的武术成就、开拓性意义的电影推广，以及李小龙本人具有思辨性的哲学思想。李小龙对中国功夫和电影的杰出贡献至少可以体现在如下七个方面：

　　（1）创立截拳道。他不仅开创了美国乃至世界开办武馆收费的最昂贵纪录，而且以武影双栖的方式，塑造了截拳道的世界著名品牌。

　　（2）因为李小龙的创造性贡献，在英文词典中，首次将 Kung fu 一词收入词典。

　　（3）开创了好莱坞电影功夫片的先河（注意：李小龙不是在世界范围内开创功夫电影先河的人，开创中国神怪武侠片功夫电影先河的是明星影片公司于 1928 年 5 月在上海公映的《火烧红莲寺》）。

（4）首位在好莱坞担任男主角的华人。

（5）李小龙创造性地改良了中国传统兵器中用于打谷脱壳的双木夹板，变身为双节棍。双节棍因他而风靡全球。

（6）李小龙是综合格斗（MMA）之父，也是 UFC 起源者。

（7）李小龙为世界武术史贡献出了武学理论和训练方法，留下了七大本武学笔记和六本著作手稿。

可以为李小龙上述七大杰出贡献提供佐证的是他创造的九大世界纪录：

第一项：他用侧踢把一只 45 公斤的沙袋踢破。

第二项：他用双节棍击出了 1600 磅的力量。

第三项：李小龙在 1 秒钟内可以打出 9 拳，他的寸拳最高记录可以把一个 150 斤的壮汉打出 5～6 米远。

第四项：轻松地把手指插入一罐未开封的可口可乐。

第五项：一拳击出 350 磅的神力，拳王阿里当时也打出了这样的记录，但李小龙体重 145 磅，而阿里体重 260 磅，不是一个重量级的。

第六项：李小龙在 1 秒钟内可以踢 6 次腿，以其招牌动作"垫步侧踢"，把一个身穿护甲的 200 磅壮汉踢飞 20 米，落入游泳池中。

第七项：据资料显示，李小龙双手能连续做大约 1500 个俯卧撑，单手可连续做 400 个，单手两指（普通人连支撑起来都不行）做大约 200 个，单手大拇指可做 100 个。

第八项：把约 135 公斤的麻袋踢到大约 5 米的高度。

第九项：把 34 公斤的杠铃直臂水平前伸，在伸出手臂后静止 20 秒，然后收回；把 56 公斤的杠铃平举并停留片刻；一只手持 32 公斤哑铃水平前接一个顺势后摆，再侧举至肩部并坚持数秒。

李小龙已经离世 40 余年，可是他的精神永远不死，当他标志性的叫声响起，人们脑海里便会出现出一个名字——李小龙。世界各国的技击杂志至今依然不停地研究他的功法、武道、技巧，介绍他的武功传奇事迹，他的崇拜者依然分布在世界各地。

不仅在美国，世界各地有许多以李小龙为宗师的武馆、会馆。2002 年，笔者在美国加利福尼亚州旧金山市从事学术交流，亲眼见证了闹市中心的"振藩国术院"。当今，李小龙的许多徒弟沿着他设计的武学思想，在继续发扬着他所开创的事业。有证据显示，他的首批徒弟开设了许多武馆，弟子甚众。他们数十年如一日的武学修为，功力已经超过了当时的开创者李小龙。只是因为他们不能像宗师李小龙那样，成为武影双栖的巨星，而不为外界所知。另外，因为许多徒弟具有非华裔血统，例如，李小龙的首徒兼传功助教是一位日本裔高手，至今坚持主理"原始截拳道"理事会并与琳达合作愉快；又如，与李小龙亦友亦徒的菲律宾裔美国人伊诺山度，他们在香港，尤其在中国内地，甚少与闻。华人媒体总是将华人热点人物视为焦点，这些功夫巨匠在美国的功夫传播活动大多不为其所关注。

李小龙作为开创世界武功热潮的一代宗师，其武学遗产在五个方面影响着同时代的人和后世公众：其一，截拳道的武学思想（尽管也有武学界大家质疑甚至否定李小龙的"以无法为有法"是自相矛盾的说法，在理论上和实践上都行不通，如"世界咏春联盟"掌门人梁挺博士）；其二，李小龙拍摄的功夫电影以及以他的传奇一生为题材的电影、电视；其三，他向世界推广的中华武术知识；其四，他所传授的武术格斗技巧；其五，他推广的各类武术器械在世界各地的流行。

李小龙的一生是一个传奇，李小龙是一个不朽的名字，他不只属于电影或武术，甚至也不只属于中国，就像乔丹和阿里在全世界范围内并不以民族或肤色为局限而得到人们的尊敬、崇拜和纪念一样，李小龙超越了民族也超越了这个时代。东方国家还很少有武术家能像李小龙一样突破国家、种族的领域，并且在身后声威不减。

李小龙现象应那个时代文化交流融合的潮流而生，兴起于美国，在美国和香港盛行，之后在世界风靡。李小龙通过开武馆、交流活动、拍电影等途径，完成了他的中国功夫梦和中国电影梦。由李小龙现象联想到诸多文化现象，我们可以得出：一个典型的文化现象总是在一定的历史时期，响应一定的时代呼唤，由一个或多个典型人物发起，通过一定的载体媒介，经过广大群众的认可，从而形成与发展的。中国传统文化要走出国门，走向世界，还需要很多"李小龙"。

2014年年初，笔者发现了一则有趣的事实：毛泽东是李小龙电影的忠实观众。毛泽东晚年时，由文化部委托香港邵氏电影公司进口了李小龙主演的电影。毛泽东经常观看这些电影并情不自禁地赞叹："功夫好，打得好！"1974年，刘庆棠担任文化部副部长，分管电影。据刘庆棠说，一般借香港的电影，毛泽东要看十几天，断断续续地看，每次看几分钟。而李小龙的电影，毛泽东要留下一个月，反复看。正是因为毛泽东喜欢看李小龙主演的电影，中国在当年（1974年）就引进了李小龙的大片《唐山大兄》、《精武门》、《猛龙过江》。李小龙的电影，成为香港人进入内地的契机。

李小龙为世界留下了四部半经典作品，其中有三部作品都打破了当时香港的票房纪录，其中《龙争虎斗》更是创造了惊人的 2.3 亿美元票房。李小龙也成为首位好莱坞知名的华人演员。随着李小龙功夫电影逐步传入中国，1986—1991 年，我国的"李小龙与截拳道热潮"开始步入成长时期，相继涌现出许多关于李小龙的回忆文章、纪念馆，李小龙武术思想，李小龙研究会，等等一系列李小龙文化现象。

第四章 铁桥三、梁赞和林世荣的电影传播

据民间传说，洪熙官是广东花县人；方世玉是广东电白县人，后来随父亲方德、母亲苗翠花定居肇庆。因此，笔者查阅了《广东地方志》及广州、佛山、南海、花县、肇庆地方志，均不见有关洪熙官、方世玉的记载，反倒是佛山的民间传说提供了一些线索。武侠小说家我是山人，本名陈劲，亦名陈老劲，佛山人，民国初年出生于佛山彩阳大街，年轻时任《广州商报》撰述员。因为佛山前辈中出了一位在上海以写小说、编报纸成名的"我佛山人"吴趼人，他可能受到启发，开始以"我是山人"的笔名编写武侠小说，创作了《洪熙官大闹峨眉山》、《张鸿胜传》、《佛山赞先生》、《洪熙官三建少林寺》、《洪熙官血战罗浮山》、《方世玉正传》等。新中国成立后，他移居香港，继续以撰写武侠小说为生，卒于20世纪80年代。

20世纪二三十年代的上海和40年代晚期的香港拍摄的关于洪熙官、方世玉题材的武打电影，以及90年代香港采用彩色宽银幕制式重新拍摄的《火烧红莲寺》，或许就是依据我是山人撰写的这些武侠小说改编而成的。因为没有更多的可靠文献资料来支撑，尽管洪熙官、方世玉在电影领域的影响长达近百年，比黄飞鸿电影更早，但是这两位都不是从佛山起家。与此同时，究竟在历史上是否实有其人很难断定，所以兹仅提及，不再多加讨论。

我们在这一章主要介绍铁桥三、梁赞与林世荣。林世荣的生平与电影传播与黄飞鸿密不可分。

另有佛山鸿胜馆第二代馆主陈盛，是"广东十虎"里的铁指陈，在当年的粤港武林为一时之雄。可惜的是，他的武林功业在电影电视领域没有得到专门的传播。

第一节　铁桥三

近代广东武林有"前十虎"、"后十虎"之说。比较权威的是广东省武术队总教练马志斌的说法："清初，南派五大家传入广东后，历经清初期和中期政府禁止民间练武的压抑，至晚清才冲破禁锢蓬勃发展。当时的南粤武坛竟出现了诸多名家。'广东十虎'便是烜赫一时的佼佼者。所谓'广东十虎'，指的是铁桥三、苏黑虎、黄澄可、黎仁超、苏乞儿、铁指陈、谭济筠、邹泰、黄麒英和王隐林等。"①这里的铁桥三是公认的"广东十虎"之首，各种传说版本里均无歧义。铁指陈是指蔡李佛拳佛山鸿胜馆的第二代馆主陈盛，绰号牛盛。黄麒英则是黄飞鸿的父亲。需要指出的是，许多版本的"广东十虎"里还有黄飞鸿、林世荣的名字，这里并未入列。如果说林世荣是黄飞鸿最有成就的弟子，可以归入后"广东十虎"，那么黄飞鸿未入其列，原因不得而解。谭济筠亦名谭三，是继蔡李佛拳首创者陈享在新会创立雄胜馆、张炎（字鸿胜）在佛山创立鸿胜馆之后，蔡李佛拳广州分支北胜馆系统的创始人，以连环插槌名盛一时；又因为和"五虎下江南"之一的北派武术名师顾汝章互相传授对方弟子，从而化解了一场武林南北决斗，被誉为"南拳北腿"的南拳代表性人物。谭济筠的年纪比黄飞鸿小许多，似乎也晚于林世荣。笔者的著作采用"广东十虎"名单如下："铁桥三梁坤、黄麒英、黄澄、黎仁超、苏乞儿、黄飞鸿、陈盛、谭济筠、周泰、王隐林"②。

"十虎"究竟如何，这里存疑。但可以确定的是本书需要讨论的梁坤、黄麒英、黄飞鸿、林世荣、陈盛，都是有依据的"十虎"之一。

我们需要对各种传说、电影、网络里语焉不详的铁桥三、黄麒英、梁赞、林世荣等宗师与大家的身世及其在佛山武功题材电影里的表现做一些介绍。首先介绍一下铁桥三。

梁坤（1813—1886），广东南海人，因在家族中排行老三，成名后被江湖中人称誉为"铁桥三"。在当时和后世，铁桥三的名号远比其本名梁坤更广为人知。

---

① 马志斌著：《岭海武林》，广东人民出版社2000年版，第19页。
② 姚朝文著：《黄飞鸿叙事的电影民俗诗学研究》，暨南大学出版社2014年版，第25页。

一、艺成天下惊

梁坤的学武经历,在朱愚斋所著《铁桥三史略》中有记载;20世纪80年代初,黄鉴衡著《粤海武林春秋》里也有记述。这里引用南拳秘传传统古谱《铁桥三真传铁线拳》的编著者梁达所写的传略:

> 铁桥三公,原名梁坤(1813—1886),广东南海县人。幼嗜好武,后遇洪拳巨子、福建莆田少林寺僧觉因,遂拜为师,入广州白云山能仁寺带发修行,逾七年而尽得师传真技。
>
> 迨觉因和尚以一百一十岁高龄圆寂,公失所依,乃下山而居。一日漫步长堤,见有人以武博彩,甚为热闹。公"雄心"顿起,遂以一臂而挂六人,徐行百步,容不稍改。众咸谓其铁臂神力,莫不叹服。公从此扬名,因在家排行第三,故世号之"铁桥三"。
>
> 后公挟技行侠,收徒授艺,多有义举。至光绪年间,卓然已为武林高手,位居广东晚清"十虎"前列。
>
> 公居广州海幢寺时,曾与寺僧尘异、修己、智圆互授拳棍之术。公授僧以铁线拳,僧回赠一鼠尾棍法。
>
> 广州河南富商蔡赞、富家子伍熙官相继聘公至家中教习;后育善堂中医施雨良及孖指添、区珠、林福成等人亦拜入门下,皆获铁线拳法。公尝言铁线拳为洪家至宝,命弟子谨记,切勿滥传轻泄于世。
>
> 三公晚年,于武学之道,犹精益求精,不甘自足。闻新会外海乡茶庵寺僧意诚,擅使五点梅花棍,乃欣然前往讨教,尽得其技而归。
>
> 公博采诸长,武誉素重;唯平生误染烟癖好,终为所病。然虽如此,亦享寿七十三矣。其当年盛世,今犹为人传诵。[①]

细阅铁线拳拳谱,共计84式,配有口诀、图解、要旨、拆门解义、编者按,甚为详尽,与另一本拳谱《黄飞鸿嫡传工字伏虎拳》都显示出大洪拳拳术的风采和要义。

介绍了铁桥三的生平之后,笔者再记述一些他在江湖中行走的传奇佳话,有助于读者了解他的神功与风采。

二、力胜柳千钧

铁桥三虽然是入世人物,但特别喜欢与出家人交游。他喜欢去的地方

---

① 梁达编著:《铁桥三真传铁线拳》,岭南美术出版社1996年版,第1页。

有海幢寺、光孝寺、六榕寺、大佛寺等地。话说有一天，他去海幢寺拜访方丈圆觉大师。海幢寺古木参天、幽雅僻静，非常适合参禅打坐、修行练功。这里藏有著名的四大宝贝：澹圭瓷碗、哨牙珠、鸡𪔀木大门、可装载船的巨型铁斧。鸡𪔀木大门的珍贵之处尤其值得多加交代。它本来是安南国王用于行善布施的珍品，木质细腻润滑、色泽温润如玉，有清凉消暑的功效。因为木质坚硬，用作寺庙的大门，能时时产生习习凉意，比奇货可居的紫檀木、楠木更为名贵。正因如此，寺僧视之如宝，倍加爱惜。

可是奇珍异宝也容易招惹麻烦。当地有一位力大无比的流浪恶汉，叫柳千钧，常常依仗自己的力气四处敲诈钱财。他敲诈的方法也很刁钻，常常在众人必经之地或广场、门楼入口搬来一块巨石挡住去路，或者将祠堂、寺庙、道观、堂屋前的石雕狮子、铜钟祀鼎翻转过来，又凶神恶煞地不允许大伙儿搬抬归位，只等着主人家送了银两，他才会将其复位。这不，今天真巧，他又赶来海幢寺显威风来了。海幢寺的两扇鸡𪔀木大门各有五六百斤重，厚达四寸，高盈丈六。那柳千钧竟然能够轻巧自如地拆下来，横放在四面门口当床板，旁若无人地呼呼睡去。不论寺僧或平民，只要有人来吵醒他、劝说他，他就会送上一记捣蒜臼子那么大的铁拳。如果肯给他四钱银两，他不但不打人，还会物归原位。如此行径不知道有多少次了，今天不过是故技重施。

铁桥三刚到方丈室与方丈聊天，就看到寺童急忙来报："师傅不好了，那恶汉又来讹诈了！"铁桥三觉得奇怪，便问明原委，更加愤怒不平。乞讨可以怜悯，强行敲诈就不可接受了。侠士路见不平、拔刀相助的禀性由不得他不出手。方丈多番被那恶汉欺诈，也乐于看到大侠去惩戒恶人，只是出于佛家慈悲本性，谆谆告诫大侠保持克制，稍加惩戒即可，令其知错改过就好。梁大侠的武功本就学自佛门，自认为给佛家撑腰是天职。佛家戒急用忍的规矩他也深知，所以心领意会而去。

那恶汉双目圆睁、眼大如铃，腰壮体阔、身壮如牛，斜躺着扫一眼打搅他睡觉的铁桥三，心里开心地想：这是送银两来的嘞！

铁桥三凝神静气地问："你想要银子吗？"

"你说对啦，正是！"恶汉回答。

铁桥三亮出手中的一锭银子，说："你先装好大门，就给你。"恶汉很轻松地装好大门，便跳过来夺银子。

"你扳得下来我的手，银子就归你！"话音刚落，铁桥三的手臂就高高举到头顶了。

"这有何难？我不费吹灰之力。"恶汉一边说一边顺手往低里扯铁桥三的胳膊，不曾想多次努力，耗尽了九牛二虎之力也不能将那铁塔一样的胳膊拉低。

"吓，有这等奇事？不好，今天遇到高人了。请问大侠，能否告知您的大名？"

"铁桥三！"

"铁桥三？莫非你就是江湖上盛传的一肩挑着六位大汉遛弯，神色不变的那位大侠？"

"正是在下！"

"某今日有眼不识泰山，领教领教，多有得罪。请大侠饶恕！"

"还要银子吗？"

"不敢了。"

"还拆庙门吗？"

"更不敢了。"

"还敢在广州各地捣乱吗？"

"大侠饶命，再也不敢了。"

从此以后，广州地界再也没有出现柳千钧的影子。

三、高义服洋人

自从 2008 年的电影《叶问》激起中国电影界新的武功题材热以后，叶问打败东洋武士和西洋拳师成为人们耳熟能详的故事。事实上，在岭南地区，至少在广州、佛山一带，较早有文字记录的战胜西洋人的武林故事则出自铁桥三。至于关德兴、成龙、李连杰、刘家良等扮演的黄飞鸿战胜西洋人的影坛故事，也比叶问电影早出多半个世纪。

这里为大家讲述一则铁桥三凭借高超的武功制服西洋人的故事。

有一家洋人经常进出的洋行，骑着高头大马的洋人常常依仗烈马踩翻路旁华人的地摊。有的时候，甚至撞倒老人也照样扬长而去。当然，路见不平、与洋人论理者也大有人在，但是仗势欺人的洋人依然横行无忌。有一次，铁桥三恰巧路过，见此心生不平，待马过去后，就顺势抓住马尾巴，那烈马无论怎样直立、奔腾、尥蹶子，就是无法前进。铁桥三看准了那马的脾性，当它尥蹶子后踢时，就以自己练就的铁臂（粤语里把"臂膀"称为"桥"）横向马腿一削，马腿立折，马腹与屁股着地。西洋骑手也被后甩落地，恰似一个屁股蹲。洋人自知出丑，而围观百姓扬眉吐气。

四、铁桥三：口耳相传的侠义之士

从荆轲到虬髯客，从梁山好汉到清末民初的革命志士，似乎中国从来不缺侠客。但是坦白地说，民众对江湖上流传的大侠，往往只知其名而不知其生平，仅知道其比武胜利的荣耀而不关心其盖世武功是怎样艰苦地练成的。即便是不通武功的金庸，为了维持《明报》的正常运作而不得不补梁羽生留下的"天窗"，也可以写出出神入化的武侠好汉及其飞檐走壁的神功。据说，金庸写出《射雕英雄传》、《雪山飞狐》、《笑傲江湖》等武侠小说，居然把香港多个武功门派的掌门人感动得要拜他为师并尊其为"金大侠"，某种程度上，有些类似于李小龙当年的巨星地位了。这说明了在中国人的心目中，无论男女老幼，都有英雄崇拜心理，都渴望自己成为黄飞鸿、梁赞、霍元甲、叶问、李小龙等武功盖世、叱咤风云的英雄好汉。学界认为武侠是"成年人的童话"。中国自古以来，由于话语权把持在文人手中，武人不文而文人轻武，所以当有豪杰之士能文武全才，就很容易成为大众羡慕、崇尚的理想化"阿里斯马典型"。

其实，这种心理不仅仅中国人沉浸其中，欧美人士也不遑多让。否则，他们就不会那样推崇李小龙，即便在李小龙去世40年余之后，依然怀念、崇拜李小龙。

更进一步推论，这种心理其实也适用于弱肉强食的动物界。也许应该反过来表达才更合乎自然界进化的规律：因为人类还没有完全脱离动物界，依然面对着种族群体或个体的威胁与挑战，因此，尚武、好勇、斗狠、逞强，才成为动物界和人类共同的种族发展推动力！

因此，当我们读唐诗，发现高适"愿为百夫长，胜作一书生"，景仰王昌龄高歌"黄沙百战穿金甲，不破楼兰终不还"的干云气概时，就禁不住热血沸腾。后世的读书人退化为不通武功的文弱书生，竟然难以理解曹植的"捐躯赴国难，视死忽如归"（《白马篇》），不能明白李白潇洒地仗剑去国的时候，心中的理想就是着一身青衫，秉一柄长剑，"仰天大笑出门去，我辈岂是蓬蒿人"。

因此，长江学者陈平原教授的《千古文人侠客梦》，就生动而具体地揭示了我们共同的文化心理寄托。连手无缚鸡之力的书生都在做着侠客梦，侠义精神的深入人心可想而知。金庸小说的一拍再拍，香港武侠影视剧的泛滥，虽然谁都知道这是些凭空想象甚至胡编滥造的奇人异事，却从来不缺乏观众，就是这个道理。

或者是因为年代久远，或者更因为只是个民间人士，今天可以找寻得到的有关铁桥三的记载实在有限；即使有，基本也都是时间上毫无连贯性的传说故事。一个有意思的现象是，市民百姓偏偏对这些传闻中的故事津津乐道，那些武功高强的侠士也几乎是家喻户晓、妇孺皆知，这固然与故事本身具有传奇性有关，恐怕更多的还是电影、电视剧的功劳。

一位武术研究专家的见解很有代表性。他说,无论从客观生理还是物理现象的角度来看,影视剧中的功夫都是不可能达到的,大多是后人对前人的想像性、文学化的虚拟。

在民间,一直有"广东十虎"的提法,铁桥三是其中之一。位于中国南部的广东之所以看起来武风盛行,是当时的历史环境造成的,也就是说,是近代中国历史的产物。19世纪的中国,内忧外患,动荡不安,政府对社会的管理往往显得力不从心,甚至平常百姓的人身安全都得不到保障。而广东省地处南方,治安更为恶劣,不少百姓为了保护自己,纷纷习武自强,几乎每个村镇、行会都会聘请武术高强的武师任教,既为了保护自身利益,又可以让族中子弟强身健体。渐渐地,南粤大地上,练武成为一种风气。

尤其在广州,随着诸多武馆的相继设立,并且因为公开招揽学生而形成竞争。正所谓同行是冤家,武馆之间为了确定江湖地位以及争夺市场利益,彼此间比拼武艺,或者接受别人的公开挑战,是最平常不过的事情,因为一场比武决战后,胜者有更多学生慕名而至,而败者只能含羞远走他乡。有关铁桥三的几个传说,基本都是在与他人的比武中形成的。在口耳相传中,比武的真实情况不可避免地被夸大乃至神化,这也是在无形中为胜利的一方做了最好的广告。

当然,在残酷的竞争下,只凭着花拳绣腿显然是不行的,没有真正的武功是不可能在广州立足的。或许正是这种残酷竞争的环境,客观上促进了近代南派拳术的发展,许多至今还在流传的南拳均始创于这个时代。

铁桥三所创的铁线拳即使不像传说中的那么厉害,在南拳中自成一派并占有重要一席却是事实。更幸运的是,铁桥三还有事迹流传更为广泛的后辈:林福成、黄飞鸿、林世荣、江铁牛、陈昌棉等等。今日佛山,大洪拳依然有传人在承传着这些奇功异能。

当我们回味这些充满传奇色彩的故事,故事与传奇中表现出的武林侠义精神和浓厚的民间生活情韵、鲜活的民间生活气息,就会为当代正在不断分化的群体注入新鲜的活力。

五、知难而进

铁桥三自小酷爱武术,到了十四五岁,已经练得一身好功夫。后来,铁桥三拜闻名江南的少林寺觉因和尚为师。经过不断努力,铁桥三的功夫日见高深,他把双臂伸开,能挂起六条大汉,步行数十步而面不改色,因此远近知名。

有一次，铁桥三去赴友人的宴会。座上有个叫胡海的教头，想把他打败，以显示自己的本领，还没散席便请铁桥三较量。当下双方摆开阵势，铁桥三取守势，只用双手招架，便使胡海无计可施。

铁桥三看准机会，三一进马，便破了胡海门户，再把手一挥，胡海便扑倒在地。胡海还不死心，来一个"黑虎掏心"直取铁桥三。谁知铁桥三早有了防备，闪身避开铁爪，一个"龙马扬蹄"，把胡海踢个四脚朝天。

众人哈哈大笑，胡海满面羞愧，但无可奈何，只好悻悻离去。人群里面走出胡海的师弟，假装上前扶铁桥三入座，想出其不意将他掀倒，但铁桥三像座铁塔，纹丝不动。

胡海想报复，他找到另一个武功高强的教头马南，说铁桥三在背后骂马南是一头肥猪，不堪一击。马南暴跳如雷，想去找铁桥三算账。胡海忙上前献上一计，马南听完后便依计行事。

这天，有个人来找铁桥三，说是马南派他来请铁桥三去赴宴，并呈上马南亲书的请帖。铁桥三与来者交谈时，觉得那人神色紧张，语无伦次，便心知有诈。他跟来人上路，到了江边，只见一只小船停在那里，有个船家模样的人立在船尾，来人请铁桥三快些上船。

铁桥三上了船，见这条船甚为可疑，便暗发功力，只见船头慢慢下沉，一会儿便没入水面下了。忽然，铁桥三听见耳后有风声，将身一侧，抬起一脚，将那人踢下江去，原来是那个送请帖的人。铁桥三哈哈大笑，一个鹞子翻身飞上岸，回头看时，那只小船已在江中底朝天了。

原来，胡、马二教头想欺铁桥三不识水性，企图骗他上船，让他在水中出丑。这时只见二位教头从江边大树后走出来，齐向铁桥三拱手，表示折服。当下，胡、马二教头在附近找了个酒家，设宴向铁桥三赔礼道歉。从此，铁桥三更加出名了。

六、洪拳谱系

南拳据说出于南少林，在明代逐渐形成独立拳系。南拳总的特点是步稳、拳刚、势烈，少跳跃、多短拳、擅剽手，以声、气修力。南拳的代表是广东南拳，广东南拳的代表是"五大名家"，洪拳是其中声名最盛、生徒最多的一家。

传说中的福建南少林是一个反清的大本营，在那里集结了洪门子弟和三山五岳的侠雄豪客。清兵火烧南少林后，洪熙官来到广州，隐居在大佛寺，与佛缘和尚共开武馆。洪拳传入广东后，包括五行拳（金拳、夹木拳、水浪拳、火箭拳、土地拳）和十形拳（龙拳、蛇拳、虎拳、豹拳、鹤拳、狮拳、象拳、马拳、猴拳、彪拳）。

　　洪拳在明末清初传入广东，在广东流行甚广，是广东"洪、刘、蔡、李、莫"五大拳之首。其代表人物有铁桥三（梁坤）、林福成、陆阿采、王隐林、黄麒英、黄飞鸿、林世荣。

　　铁线拳属于少林外家拳之内功手法，专为锻炼桥手之用，是铁桥三的绝技，后由铁桥三首徒林福成传授给黄飞鸿。

　　铁线拳是一套养生拳，以运动肢干、畅通血脉为主，具有壮魄健体、反弱为强的功能。其大纲分外膀手与内膀手二式：外膀手属外功，即手、眼、身、腰、马；内膀手属内功，即心、神、意、气、力。它以刚、柔、逼、直、分、定、串、提、留、运、制、订十二支桥手为经纬，阴阳并用，以气透劲，又以二字钳羊马势保固腰肾。练此拳法要求动中有静、静中有动，放而不放、留而不留，疾而不乱、徐而不弛，无论男女老少，皆能习之，恒久练习，有祛病延年之效。

　　洪拳在海外的传播，主要是黄飞鸿传下的拳术。先后刊印的《工字伏虎拳》、《虎鹤双形拳》、《铁线拳》等拳谱，在海内外产生了很大的影响。现在，美加、欧洲、东南亚等地数十个国家和地区都有洪拳流传。

七、绝技铁线拳

　　"广东十虎"这个称号，许多人都是从粤语长片或者电视剧里听说的。一般的说法是，在清末，广东省内称十位武功极高、声望极高的武林人士为"广东十虎"，这个称号在当时是确实存在的。

　　但是，因为这种提法基本只是市民百姓的口耳相传，并非武术界人士的选举或共识，因此关于"十虎"的说法很多。除了民间耳熟能详的黄飞鸿外，其他几位武学家到底是谁，以及排序究竟如何，一直充满争议。比如说，有人认为铁桥三是"广东十虎"之首，但有的看法又认为他是排第二甚至第五。

　　笔名为"我是山人"的陈劲先生，在他的武侠小说《武坛二虎》自序里说，"广东十虎是王隐林、黄澄可、苏黑虎、黄麒英、黎仁超、苏乞儿、黄飞鸿、铁桥三、铁指陈、谭济筠"，这种说法的可信度较高。

八、身后影响

　　铁桥三以一身武艺行走江湖，不仅广收门徒，而且经常资助穷苦子弟，行侠仗义。当时，广州河南（现海珠区）富商蔡赞、富家子伍熙官等相继聘请铁桥三到家中教习。铁桥三利用这个机会，加强了自己在武功上的修炼，同时还有意收了一些有天分的徒弟，如育善堂中医施雨良及孖指添、区珠以及林福成等人，把铁线拳法传授给他们。铁桥三曾对众弟子说，铁线拳是洪拳至宝，弟子们一定要谨记在心，切勿滥传轻泄于世。他的首徒林福成后来把铁线拳传授给黄飞鸿，将这套拳法发扬光大。

铁桥三在武术上博采众长，声誉传遍武林，却深受鸦片之害，进入老年之后身体一直很虚弱，最终在73岁时逝世。

关于铁桥三的奇闻逸事，也存在于其他岭南功夫名人的行状或口述流传中。

20世纪80年代，广东武术队的著名武术运动员邱建国、何伟明等参演了表现岭南功夫的《南拳王》、《铁桥三》之后，邱建国于90年代又自筹经费自编自导并主演了以铁桥三为题材的《南拳王续集》；另外还有王均康、杨林主演的《铁桥三之壮士断臂》等电影。《铁桥三之壮士断臂》表现的内容是"广东十虎"之首铁桥三为了击退海盗，自揭皇印封条，取白银购买弹药。虽然将海盗打败，却落了个欺君的罪名。庆亲王在押解铁桥三返回京师的途中，突生杀铁桥三灭口，以便私吞白银的毒计。童安格格及时赶来相救。危机中的铁桥三被压断右臂，他以大无畏的毅勇断臂而逃。格格机灵权变，佯装嫁给庆亲王，以便寻找刺杀机会。不幸的是，庆亲王诡计多端，反而杀了童安格格。得知噩耗后，铁桥三苦苦练就独臂神功，最终杀了血债累累的庆亲王，侠名远播江湖。

以铁桥三为题材的电影，数量不及黄飞鸿、叶问、李小龙等，传播影响的范围自然没有上述几位武功大师那么广。但是，以报纸连载和单行本的方式出版的小说传奇里面，铁桥山的故事题材却并不寂寞，甚至与上述武功大师们的故事传说呈现争妍斗艳的发展态势。

第二节　梁　赞

咏春拳，也写作诣春拳、永春拳。有关武术专家经过对比研究，发现咏春拳与永春拳的拳法差异很大，似乎是两个不同的拳系。虽然咏春拳的名称、起源都存在争议，但清末开始在佛山生根开花的这个小拳种，到当代终于形成世界各地数千家武馆、几百万学员争相学习的最热、最显的大派。咏春拳的发展史上有三个标志性的大家是值得大书特书的，那就是"岭南咏春拳王"梁赞、现代宗师叶问、"世界功夫之王"李小龙。后两位，我们在前面专章讨论过，这里，主要讨论咏春拳落户佛山后的第一位大家，江湖上誉为"岭南咏春拳王"的梁赞。

无论是一尘庵主、五枚师太、严咏春、摊手五中的谁创立了这门功法，可以确定的是咏春拳的始祖是外来人士。目前比较可靠的说法是，湘昆戏班武生张五"一只摊手独步武林"，犯命案南逃至南海县佛山镇大基尾琼花会馆，授技于红船子弟，当时有黄华宝、梁二娣、大花面锦、大花面新锦、黎福孙等成为他的弟子。黄华宝曾经学艺于梁兰桂，梁兰桂经常由粤北到广州、佛山的江面上表演红船戏曲，梁兰桂的功夫又是师承自梁氏同宗的梁博俦，而梁博俦是从他的妻子严咏春那里学到的这路女子拳法，严咏春则师承五枚师太。黄华宝受严咏春系影响较大，梁二娣师承少林拳法，其主要的绝技是六点半棍法。两人相互传授，成为当时最有名的拳师，又同时传艺于赞生堂少东家梁赞（后开设杏记堂）。据说梁二娣晚年凄苦，梁赞赠一百两黄金并与他签下"生养终送"的契约，还将其接回家里赡养，梁二娣才将绝技六点半棍法倾囊相授。梁赞艺成后，在医馆大门前置一长棍并贴出悬红告示，赏白银五百两征求能战胜自己的人。几年里挑战者无数而辄为之败，相关的传奇佳话甚多。因此可以确定无疑的是，咏春拳为女子所开创，黄华宝、梁二娣将该拳种带入佛山，佛山咏春拳第一位集大成者是梁赞。

咏春拳的传统套路主要有小捻头、寻桥、标指三种，器械是二字刀、八斩刀、六点半棍法，桩法训练有木人桩、打竹桩、三星桩。如果说大洪拳是典型的男性拳法，蔡李佛拳侧重侧路进攻，则咏春拳主要是贴身粘连、紧靠短打，半径不过米，寸劲杀敌于无形，刹那决定生死。实乃中国北派功夫所未见，西洋拳法难匹敌！

那么咏春拳究竟起源于何人呢？我们在此溯源。黄华宝的师傅梁兰桂师从梁博俦，梁博俦则是从妻子严咏春处学得这门秘而不宣的上乘功法。严咏春又是从何处得到咏春拳的呢？福建永春县的少林寺俗家弟子严四带着女儿严咏春逃亡至滇川边界的大凉山避乱，卖豆腐为生。遇到当地恶霸想霸占严咏春，父女俩苦无对策。经常买豆腐的老尼姑五枚师太了解情况后，就带严咏春至深山老林，向她传授自己观察蛇鹤相斗并结合佛家功法创造的无名神功。待严咏春学成本领回到大凉山，约恶霸比武，最终战胜恶霸而名声远播。此后，当年指腹为婚的梁博俦千辛万苦找到严咏春。他们结婚后，本来就有武术根底的梁博俦怎么也比不过妻子，于是拜妻子为师传承了咏春拳。

当然，这仅仅是一种最为流行的说法。也有别的传说认为，五枚师太先传严四，严四再传女严咏春。更有湖北人张五（绰号"摊手五"）在故地出了命案,远避佛山红船中,悄悄授徒并宣扬反清复明思想。最后传到梁二娣等众多弟子手中而发扬光大。

关于咏春拳的起源,我们再提供三家比较具有权威性的说法。第一个是叶问在《咏春派源流》一文中的说法,第二个是叶准采用彭南的主张为佐证的说法,第三个则是佛山博物馆黄晓蕙、黄虹采用的佛山科学技术学院李铭清先生的分析。

为了尽可能地信实可靠,我们抄引叶问原文如下:

> 先祖严咏春氏,原籍广东,少而聪颖,行动矫健,磊落有丈夫气,许字福建盐商梁博俦。未几母殁,父严二因事被诬,几陷于狱,远徙川滇边区,居于大凉山下,以卖豆腐为活。此清代康熙年间事也。
>
> 其时河南省嵩山少林派,武风甚盛,招清廷忌恨,派兵围捕,攻而不下。适有新科状元陈文维者,邀宠献计,设法沟通寺僧马宁儿等,四处纵火,里应外合,少林寺被毁,僧徒四散。由是五枚法师与至善禅师、白眉禅师、冯道德、苗显等五人亦分途出走。而五枚止于大凉山(又名栖霞山)白鹤观。每日下如市,因与严二父女贸易,渐且稔熟。
>
> 时先师年已及笄。有当地土霸某,诞其姿色,恃势迫婚。父女二人日有忧色。为五枚法师洞悉其由。因怜其遇,许以传技保身,使该土霸俟能除,梁氏婚约后始赋于归。由是即随五枚返山,日夕勤修苦练。技术成后,乃约土霸比武,卒将土霸击倒。自此五枚云游四方,频行殷殷诫以严守宗风,待婚后发扬武术,同佐反清复明大业。综合过去事迹,知咏春派拳术,实宗于五枚法师也。
>
> 先祖师既婚,首传技于夫婿梁博俦,其后梁博俦传梁兰桂,梁兰桂传黄华宝。黄华宝乃红船中人,与梁二娣为伍。恰至善禅师混迹红船中为"煲头",将绝技六点半棍法传于梁二娣。而黄华宝与梁二娣共事红船之故,因得日夕观摩,互相传习,补短截长,混成一体。从而咏春拳之有六点半棍者,盖有由也。
>
> 遂至梁二娣传技于佛山名医梁赞先生,梁赞深得其奥,达于化境。远近武士慕名而与较者辄为败,由是声名藉起。后来梁赞传于陈华顺,而问与师兄吴小鲁、吴仲素、陈汝棉、雷入济等师事陈华顺迄今已数十年。是则吾侪咏春拳术之一脉相承,其来有自,数典不忘乃祖,饮水应念其源,自宜有以纪念先祖孕育之恩。抑亦所以维系我门同侪辈也。爰拟发起组织咏春堂联谊会焉。嘤其鸣矣,求其友声,想

同门师友定有同情也。我武惟扬，胥焉有赖此耶。①

第二种说法是叶准采用彭南的主张为佐证的。他指出，源于严咏春说"跟叶问宗师一篇有关咏春拳源流的遗作和本人于七二年发表于《香港当代武坛》的文章大致一样，也是和一般所谈的源流所差无几"。"1982年，我到佛山探访过彭南（黑面南）。彭南应称得上是佛山咏春之老前辈（前辈，是因为他年纪老，已届八十高龄，但他的辈分不很高），当我们谈论到咏春拳源流时，彭南以坚定的语气说：咏春是由一个叫'摊手五'的人从北方带到佛山，严咏春仅是小说里塑造出来的人物……"②

支撑"摊手五"为起源的依据主要有麦啸霞著《广东戏剧史》和孟瑶著《中国戏曲史》。前者藏于香港公立图书馆，记载着：粤剧早期时，由于组织不完善，分工不清楚，因而发展不大；雍正年间，湖北人张五，又名摊手五，挟技到佛山，组织红花会馆（粤剧八和会馆前身），粤剧因而得到很大发展。文中又谈到，张五除对中国戏曲有深厚造诣外，尤擅武术，一只摊手独步武林。后者则披露："张五因故不能在京师存身，逃亡至佛山，时间在雍正年间，此人绰号摊手五，是一个'文武昆乱不挡'的好角色，尤其精于少林技击，他到佛山后，把戏曲和武技都传给红船弟子，并在佛山设立红花会馆，至今，粤班尊称他为祖师，称之为张师傅。"③

叶准提出"摊手五"为咏春派之祖师的理由如下：

第一，张五挟技到佛山是在雍正年间，此传说比乾隆时火烧少林寺尚早四五十年，比传说之道光、咸丰年间严咏春之年代尚早近百年。

第二，摊手是咏春功夫的独特手法，张五则以摊手得名，"一只摊手独步武林"，而张五确曾在佛山红船授拳，而佛山是咏春拳之发源地。

第三，咏春拳之二字钳羊马，最宜在船艇使用，加之咏春拳之各式套路特色，其练习所需的范围，犹如在狭隘的船艇之中。

第四，在传到梁赞之前，相关人士如梁兰桂、大花面锦、黄华宝、梁二娣等，都是红船中人。

经过上述四层论述，叶准先生的结论是：张五所授拳术，已具有咏春拳的法度和手法，或者可以称它为不完整或不够成熟的咏春拳。经过了严咏春、梁博俦、黄华宝、梁二娣等人的努力，咏春拳成为一套完整成熟的

---

① 叶问：《咏春派源流》，参见马梓能主编《佛山武术文化》（内部交流），禅准印字2001年第0006号，第114～115页。

② 叶准：《有关咏春拳源流之探讨》，载叶准等著《叶问·咏春》（增订版），（香港）汇智出版社2009年版，第181页。

③ 孟瑶著：《中国戏曲史》（三），传奇文学出版社1968年版，第631页。

拳术，再由梁赞将之发扬光大。①

第三种说法是佛山博物馆黄晓蕙、黄虹采用的佛山科学技术学院李铭清先生的分析。"如说摊手五或是至善禅师，在红船所传的本是永春拳，后因咸丰年间粤剧艺人李文茂起义，遭受清政府镇压，连及'琼花会馆'诸弟子。为了掩人耳目，门人乃将所习之永春拳改名为咏春拳或詠春拳……但考证当时的事实是，咏春或詠春流传之时，永春拳依旧流传于世，两者并行不悖……所以上述说法，似与事实不符，难以弥缝其说。""其他如严咏春其人，关于她的种种传闻，实在也颇有斟酌的余地。若果真有其人，则其生存的年限就很有考究。若说她是五枚师太的传人，则她起码是雍正、乾隆年代的人。但另有一说，梁赞曾尊其师黄华宝之命，往福建寻找严咏春继续学艺深造，苦学三年，始回广东，则严咏春当一直活到咸丰、同治年代。若说严咏春既学艺五枚，又传艺于梁赞，则她便跨越雍正、乾隆、嘉庆、道光、咸丰、同治等六个朝代，起码活了150～200岁，这当然也是不可能的。所以，严咏春是否实有其人，她生活于哪个朝代，就很有必要弄个清楚。"②

总之，在咏春拳的起源问题上，至少有五种说法：一是河南嵩山少林寺弟子一尘所创，传给湘昆戏班武生张五即"摊手五"说；二是五枚师太说；三是严咏春说；四是严四说；五是咏春拳本为永春拳，得名于福建泉州少林寺的永春殿，总教习为至善禅师。20世纪七八十年代的某些香港电影和2006年热播的30集电视连续剧《洪熙官》里，则描述至善禅师和五枚师太为师兄妹。总之，其起源旷世久远，近百年来，相关古籍、古文物、古物证大多湮灭无闻，现在很难考证出哪一种说法更信实可靠了。

梁赞是咏春功夫的一代宗师，对咏春拳的传播有极其重要的贡献。近年来，随着功夫电影的流行，关于梁赞的故事也被搬上银幕，渐渐被观众熟悉。本文通过对与梁赞人物形象以及相关影视作品的讨论，分析中国功夫文化的传播过程和意义。

20世纪70年代，李小龙以真实武功为表演手段演出《精武门》后，以功夫为主题的影视作品发展势头一时无两。这种表现中华功夫技艺的影片被称为功夫片，大多讲述某个人物及其功夫发展，一般以表现少林功夫与清末南方功夫为主，其中最出名的是关于黄飞鸿的一系列影视作品。由于热衷于功夫片制作的大多是香港和广东地区的制片商，他们发行的对象是粤港澳观众，因此，导演在选材上也首选贴近粤港澳文化圈的人物和故

---

① 参见叶准《有关咏春拳源流之探讨》，载叶准等著《叶问·咏春》（增订版），（香港）汇智出版社2009年版，第183页。

② 马梓能主编：《佛山武术文化》（内部交流），禅准印学2001年第0006号，第111页。

事。谈及咏春拳，就多以描写佛山人士叶问和梁赞为主。叶问是在 2008 年电影《叶问》热映之后，才逐渐走进影视大众的视线之中；梁赞的形象于 20 世纪七八十年代便已经深入民心，深受人们喜爱。梁赞对咏春拳的发展有极其重要的作用，是咏春拳的一代宗师。

一、梁赞的真实形象

梁赞（1826—1901），原名梁德荣，祖籍鹤山古劳乡东便村，晚清著名功夫家，出生于佛山清正堂街。其父在佛山筷子大街开设赞生堂药材店，精通岐黄之术。梁赞的父亲希望他走科举仕途，但他无心向学而沉迷武术，天天舞枪弄棒、拜师学艺。一次家里遇到抢劫，梁赞击败了盗匪，也改变了父亲的态度，于是遍聘武术教头教拳习武。梁赞悟性极高，渐渐发现江湖教头多不中用，于是重金延聘高人住家传授。在反复比较中，梁赞识别出了哪些功夫是真刀实枪，哪些功夫是教头骗钱花的花拳绣腿。佛山当时比较有名的拳师冯少青、霍保全（共同承传自大花面锦）师兄弟，就被聘入梁宅，教授梁赞数年之久。梁赞获得了上乘功夫，又拜红船子弟武生梁二娣为师，功夫长进很快，并掌握了六点半棍法。后来又经梁二娣推荐，拜黄华宝为师，系统地掌握了小捻头、寻桥、标指、八斩刀、木人桩等咏春拳功法。梁赞集黄华宝与梁二娣两人之长，成为咏春拳扎根佛山的最早的集大成者。

丧父后，梁赞开始在店中行医，深得病家称道，人称咏春拳王及佛山赞先生。同时，梁赞将毕生所学功夫重新整理，于赞生堂内收徒授拳，咏春拳从此闻名，其历史传承开始有了明确的记载。

梁赞被后世咏春拳各派尊为第一代祖师。其长子梁璧（绰号"大少璧"，五子中功夫最佳者）、次子梁知（幼年得天花，绰号"痘皮知"，在广东会馆教授过咏春拳，后迁居越南）、幼子梁高（亦有传说名为梁枝，最为梁赞所钟爱）皆习咏春，弟子有李华（绰号"木人华"）、陈华顺、卢桂（绰号"猪肉贵"）、梁奇（绰号"流氓奇"）、大山树等。

除梁璧外，真正得梁赞衣钵的是顺德人陈华顺。陈华顺是梁赞最得意的门生，也是叶问等咏春拳名人的师父。他当年是佛山一个找钱摊的小贩，力大无穷，就靠每天拿着上百斤散钱给人换钱谋生，所以人人都叫他"找钱华"。陈华顺很崇拜梁赞，想拜他为师，但是被梁赞委婉地拒绝了。陈华顺不甘心，就拜梁赞的徒弟、经常找他换零钱的李华学功夫。他从李华处得知，梁赞只在夜晚关了赞生堂医馆后，在馆内的院子里给自己的几个儿子、家里下人大山树和仅有的两三位徒弟教授武功。于是，陈华顺常常趁着夜色摸到赞生堂大门外，从门缝里窥视梁赞传授武艺。古代武林的规矩是，如果不被允许学武，你就不能学，也不能看对方练武；一经发现，处罚的方法是挖去双眼。

陈华顺冒着巨大的风险，刻苦求学，因为得来不易，进步奇快。他也觉得这样子学终究不是个办法，终于找到了一个机会，想出了一个险招。

当陈华顺从李华处听到梁赞要出门办事，几天后才能回来。他就想，好机会！我就上门和师傅的几个儿子比武，比输了，就再苦练；如果比赢了，也让师傅知道，我自学都比他亲手传授的徒弟强。师傅如果真是想培养有出息的徒弟，总不至于还不肯收我吧。想好了计谋，他反复向李华确认师傅出门了，就直接赶到赞生堂。恰好梁家只有三子梁春留守，而梁春主要继承了梁赞的医术，武功造诣不显。陈华顺一进赞生堂就大声喊着要见赞先生，还嚣张地坐在平时只有梁赞才可以坐的太师椅上。梁春怒发冲冠，与陈华顺打了起来。陈华顺力大无穷，再加上之前偷学了咏春拳法，梁春自然不是他的对手，被打得跌在太师椅上，还把太师椅折断了。梁赞回来后十分生气，问明事情的来龙去脉后，得知陈华顺的来意，猜出了他的心机——想用"踢馆"的方式来证明自己是可教之才！于是，他命令李华叫来陈华顺。陈华顺自知闯了大祸，跪在梁赞面前请求处罚。梁赞早已对陈华顺的人品做过考察，当场考较了他的功夫水平后，发现他确有天分，就收了陈华顺为入室弟子。

梁赞收陈华顺为徒的真实形状可以由佛山盛传的多种武林传奇故事和梁挺撰写的《咏春传正统》相互印证。

二、梁赞的电影形象

梁赞不仅对我国功夫界、西方武术界、中西方社会有所影响，还对我国的影视界有一定影响。梁赞的生平事迹及其创研的咏春拳，对后世影响甚远。人们为了纪念他，以他的生活履历为素材，制作了不少与功夫有关的电影作品，分别是：港产电影《赞先生与找钱华》（1978），梁家仁、卡萨伐、洪金宝主演；无线电视剧集《佛山赞先生》（1981），关海山、吕良伟、黄日华主演；港产电影《败家仔》（1981），元彪、洪金宝、林正英主演；无线电视台台庆剧《佛山赞师父》（2005），元彪、梁家仁、刘家辉主演；亚洲电视外购剧集《咏春》（2007），谢霆锋、元彪、洪金宝主演；港产电影《叶问前传》（2010），洪金宝、元彪、杜宇航主演。这些影视作品都是围绕主人公梁赞学习或传授咏春功夫展开的。

《赞先生与找钱华》是1978年上映的作品，主要讲述了咏春第五代传人佛山名医梁赞（梁家仁饰）为人正直，悬壶济世，深得乡民敬颂。有徒儿肥春（洪金宝饰）性情憨直。在这部电影中，梁赞是一名济世良医，同时亦是一名咏春高手，在医馆内传授功夫。陈华（原型为梁赞衣钵传人陈华顺）是肥春的好玩伴，在莫记钱庄任掌柜。钱庄老板莫老庆（冯克安饰）表面为一慈祥老人，实乃退隐多年的汪洋大盗。某日，陈华无意得悉莫老庆与七名恶汉合谋，有意杀掉镇长，夺其权位。当莫老庆发觉陈华得悉其行动，马上命人追杀，七大汉之首雷公泰（杨成五饰）精拳术。陈华被贼人追杀，不得不藏身于梁赞的医馆之中，大难不死，他的母亲却被莫掌柜杀死。陈华身怀深仇大恨，决心向梁赞学习咏春拳。梁赞收陈华为徒后，发现陈华是可造之材，尽授之以真传。梁赞因拒交出陈华而成为莫老板的眼中钉。一日，莫老板在茶楼设下埋伏，利用梁赞喝茶之际，令众杀手偷袭，将其杀害。最后，陈华用梁赞所教的咏春功夫，同梁赞之女共同为师傅报仇伸冤。

《佛山赞先生》讲的是咏春高手黄华宝（元华饰）的传人梁赞（元彪饰），因卷入一桩凶杀案而逃至佛山，投靠师叔梁二娣（梁家仁饰）。为了掩饰身份以调查真相，梁赞混入大商户陈家当伙头，却在那儿遇见恋人张见喜（邵美琪饰）。两人重逢时，梁赞惊悉恋人已嫁作人妇，张见喜却因梁赞身边有一位年轻貌美的格格富察皓月（李诗韵饰）而醋意大发。原来，张见喜当日以为梁赞逃婚而追至佛山，更因得罪恶势力而不得不与陈某假结婚。陈某婚后猝死，张见喜成了寡妇，一心培养陈某儿子陈华顺（洪天明饰）成才。梁赞几经追查，凶案终于水落石出，然而梁二娣因意外发现真凶遭灭口。梁赞悲愤莫名，誓要替一代咏春高手报仇雪恨。

与《赞先生与找钱华》围绕两个主人公叙述不同，《败家仔》讲述的是佛山富家独子梁赞痴迷于武艺、学习咏春的故事。梁赞性好习武，因为是九代单传，父母不断到处派钱，使他自以为功夫了得，所以知情人都称他败家仔。在一次与戏班的争执中，梁赞被武功高强的梁二娣击败，这才从美梦中醒来，放弃了少爷生活，到戏班中做梁二娣的助手，并拜梁二娣为师学习咏春，后又拜梁二娣同门师兄黄华宝为师。前者教梁赞短桥咏春，后者则教授其长桥咏春。后来，梁赞大悟学武之道，还另创新招，返佛山设医馆施药济贫。王爷义子倪飞慕名前来讨教，王爷怕义子不敌，暗派杀手刺杀梁赞。后来，梁二娣被倪飞手下侍卫所杀，梁赞以梁二娣和黄华宝所传的咏春真传击败倪飞，为师报仇。

《咏春》主要讲佛山赞生堂是一间誉满全城的医馆，主人梁赞（元彪饰）不仅咏春拳天下第一，医术更是高明，受到当地人的拥戴。梁赞有两个儿子，大儿子梁璧（谢霆锋饰）天生聪颖，幼子梁春则为人敦厚老实。

梁璧一直想练武，偏偏梁赞不赞成，多年来一直不肯把咏春拳传授给他。梁璧只好自己习武，在外面结交了一帮酒肉朋友，为人好打抱不平。一次城里的恶少作恶时被梁璧狠狠教训了一顿，便找来流浪高手到赞生堂踢馆，梁赞被逼迎战。虽然最后力挫强敌，但梁赞觉得梁璧整天就只会找麻烦，耍些三脚猫功夫，狠狠地罚了他一顿。梁璧更加不服气，发誓要在武学上超过父亲。

《叶问前传》主要讲童年叶问和义兄叶天赐及小师妹李美慧一同跟随咏春宗师陈华顺（洪金宝饰）学习咏春拳。未久，陈华顺去世，叶问即跟随掌门师兄吴仲素（元彪饰）继续学习咏春拳。其后，叶问（杜宇航饰）选择暂别叶天赐（樊少皇饰）、李美慧（陈嘉桓饰）及一众师兄弟，独自到香港求学。其间，叶问遇上第二位咏春师父梁璧（叶准饰），梁璧乃陈华顺之师梁赞的儿子。叶问得梁璧传授各种咏春功夫，大大提升了咏春水平。其后，叶问学业有成，返回家乡，与佛山副市长的女儿张永成（黄奕饰）相恋却遇到重重障碍，那一厢的叶天赐却早已背负着一个重大任务……

以上电影都与梁赞的咏春拳有着直接或间接的联系，为的就是让更多的人去了解梁赞，发掘他的生活细节，从而勉励后代做一个爱国爱家、遵纪守法的好公民；同时也为了赞扬梁赞这种豪情壮士，不仅技艺非凡、武功了得，还有着一颗爱国之心，乐于助人、行侠仗义，默默地奉献，这些精神正是电影所需要的，也正是观众要学习的；由此还可以达到弘扬中华武术文化精神的目的。中国武术举世闻名，为中国国粹之一，而咏春更是中华文化当中不可多得的瑰宝。因此，把咏春拳融入各种电影或者电视节目中，可以将其推广至全中国乃至全世界，从而推动我国的功夫电影事业走向全世界、走向国际化。

三、梁赞真实形象和影视形象的比较

梁赞的真实形象和电影形象存在着比较大的不同。我们可以对两者进行对比，分析其中的异同。

在《赞先生与找钱华》中，梁赞的身份基本按照现实设定，于佛山筷子街开医馆，并在馆内教授咏春拳。但梁赞徒弟陈华顺被改为陈华，在电影中，陈华直接师从梁赞，后担任起为师父梁赞报仇的责任。但从史料中可知，陈华顺的咏春先是由梁赞大弟子李华教授，李华去世后才由梁赞亲自教授。现实中的梁赞并没有像电影中那样死于奸人暗算，据资料记载，梁赞是死于疾病。从电影的名称就可以基本知道梁赞与陈华顺之间的师徒关系，也基本符合咏春拳的源流发展。

《败家仔》除了梁赞的身份背景和与两位师父的人物关系比较接近现实外，其他情节均与现实有较大出入。在现实中，梁赞是经友人梁佳介绍先后认识梁二娣和黄华宝的，而不是电影所说的那样是由于一次争执而认识的梁二娣；现实中，更没有因倪飞的侍卫杀死梁二娣而与其决战之事。

四、梁赞功夫电影传播过程

梁赞的形象和咏春功夫文化通过电影被人们熟知。但不难发现，这些电影作品大都会虚构故事情节，追求更强的戏剧冲突。这是由商业电影自身的特点所决定的。商业电影制作商为追求更多的观众和更高的利润，不得不对某些真实的故事情节进行复杂化或陌生化，使电影具有更多的戏剧冲突，以迎合普罗大众的审美趣味。从《败家仔》、《赞先生与找钱华》来看，导演都设置了为师傅报仇的情节，这容易使观众产生热血的情绪，更好地融入电影所营造的氛围当中，也更利于宣传，而这种宣传其实也是对于功夫文化的传播。人们通过电影，了解梁赞与咏春功夫的渊源，并了解咏春拳的发展过程或基本要领。例如，"二字钳羊马"、"黐手"等咏春特有的动作都会在电影中反复提及并有许多特写镜头，因此可见咏春功夫可以通过影视作品而深入人心。由于电影中的梁赞是为人和善、侠肝义胆、刚正不阿的正派武林人士形象，也能促使人们学习代表正义的功夫。

此外，笔者还发现，这类传播功夫文化的电影一般不是简单地描写某一种功夫，而是通过描写不同功夫之间的交流切磋来表现其中某一功夫的过人之处。不同功夫之间的切磋也是中国功夫文化交流的重要途径之一。导演喜欢在电影中故意制造武林人士之间的矛盾，进而有更激烈的打斗场面，使观众沉醉于这些功夫之中。除了打斗场面之外，这类型的功夫片还喜欢添加一些喜剧和爱国元素，因为单纯的功夫展示类似于纪录片，融入不同的元素后则能带动故事情节的发展，更能迎合观众的口味。为此，导演不得不歪曲某些真实的故事，编造一些虚假情节，表现更强的戏剧冲突，而这种改编可能会使观众对事实产生误解，进而扭曲了对真实人物的了解。商业功夫电影的过度商业化对传统功夫有一定的不合实际的表现，在大众的心里也产生了一定的负面甚至是扭曲的影响。

现如今，一提到中国功夫，尤其是岭南功夫大家，人们常常会想到黄飞鸿、叶问或者李小龙，极少会想到叶问的祖师、"岭南咏春拳王"梁赞，导致很多新闻、报纸杂志甚至电影的内容都是关于黄飞鸿、叶问或者李小龙的，原因主要是反映这三者的影视作品比较多，影响很大。制作关于他们的影视作品，就会满足市场的需要，符合大众的需求，制片人、发行商、演员都能从中牟利。

要想把以梁赞为题材的相关作品进行推广，可以考虑在以下几方面作出有益的探索：

第一，香港和佛山两地完全有条件、有能力、更够资格加大对梁赞之于咏春的作用的宣传力度，为咏春的"寻根问祖"建立足够的展示平台，增加市民对梁赞的了解与认识。

第二，应该廓清功夫影视作品与武术行业之间的区别。功夫影视作品是电影工业、电视剧工业的直接体现，就整体而言，是商业片，并不是艺术品，也不是纪录片或科教片。民间武馆师傅常常反感电影中那些虚假的花拳绣腿和眩人耳目的电脑特技，认为这些唬人的表演误导了广大观众，使他们对真实的武术产生了错觉，以为高深的功夫就一定很花哨、很好看。广大观众用电影里的花哨动作来要求武术教练，看到没有电影里那么夸张、那么令人血脉贲张，就怀疑教练水平不高。

应该说，观众常常混淆了这两者的区别，功夫影视研究者非常有必要广泛地宣传，开设各种讲座与文化培训班，明确说明两者的区分，减少公众的认识误区和误判。同时，武术教练也不必因为公众尤其是因为看了功夫电影就一心想学功夫的青少年分不清两者的区别而迁怒于电影导演，而是应当毫不含糊地对学员说清楚，你是教学员真功夫"防身自卫"，还是教老年人学传统文化、养生健身，还是培养功夫电影的替身演员，让前来求教的学员想清楚，自己究竟想学哪一种，究竟适合学习哪一种。学员们消除了误会和似是而非的幻想，反倒有利于学习货真价实的功夫。

反过来看，功夫电影在广义上是在给中国武术行业大做免费广告。每一家武馆或每一个门派的武术协会，都需要调整观念，接受新潮流，以开放的心态接纳越来越多受功夫电影影响才想学习真功夫的顾客，先把他们吸引到武林中来，再逐步地教会他们真功夫。

毕竟，功夫电影首先要确保上座率，再力求赢得叫好声。能做到商业票房和艺术质量两者兼具就已经很不容易了，再要求功夫电影必须尊重历史事实，则是一个华而不实的问题。例如，拍摄了一百多次的黄飞鸿电影题材，就很难要求它兼顾历史；而梁赞题材至少没有被过度商业化和虚构化，尚有条件与实力兼顾历史真实。更何况，功夫电影既可以拍成故事片，也可以拍成艺术探索片，还可以拍摄成纪录片和科教片，空间其实很广阔。

第三，成立梁赞及咏春拳的民间推广机构或网站，由民间力量来专职推广咏春文化，借助互联网的力量，介绍梁赞的生平及其事迹。

第四，积极拓展功夫文化教育进校园活动，尤其是使武术教育进入高校，把梁赞的咏春拳法和蔡李佛拳、大洪拳等武功拳谱编写到教科书里，让年轻人有更多的学习咏春拳的机会，则会更利于咏春拳的传播与推广。

梁赞带来的影响可以说是无处不在的，我国功夫界、西方武术界都能见到梁赞和他的咏春拳的影子。

五、梁赞对武功世界的影响

（一）梁赞对我国功夫界的影响

梁赞对咏春在佛山和鹤山的发扬光大居功至伟，这在前文已有介绍。这里需要提及的是佛山当地很少提到的他回到鹤山古劳老家授拳的情况。在那里，他又发展了"古劳咏春拳"。梁赞把一生技击的精华和咏春拳的全部内容变为对拆，又把长、中、短手和肘法的技击散手加入其中，删去全部套路练习，而以技击心诀代之，并将要诀融合到对拆和技击中，将咏春拳的拳理、拳法高度概括，使学者易于掌握和理解。

梁赞在古劳教拳的时候只说此拳是"荣春"（即咏春拳，古劳乡音把"咏"念作"荣"），后人称之为"古劳咏春"。古劳人认为本拳同佛山咏春拳技法一样，只是多了跟手技法的长手和肘手，熟练后可破本门的中桥短手并适应各类拳的打法，所以古劳咏春拳在技击训练中着重于长手灵变。肘法是梁赞秘而不传的看家本领，一般弟子很难学到。

梁赞对我国其他武林门派的影响也很显著。在梁赞的咏春体系里，洗经通脉内功是与中医有关的功夫，即通过改变筋络，提高练武者的功力，通过内修激发身体的潜能，让身体的每个位置都融会贯通，从而使基本功、套路、技击等各方面的功法融会贯通，提高武术境界。这是一种最简单、成效最快、功能最显著的健身方法，练习时间愈多，对人体的调节作用就愈明显，练习者的精神会更加旺盛，更加有爆发力。

咏春拳的实战性很强，其中的很多理论都被后代武术所借鉴。家喻户晓的功夫巨星李小龙所创的截拳道，其中的很多成分就来源于咏春拳。截拳道的精髓就是拦截，强调以不变应万变，没有任何预定的动作设计和打斗模式，所有的攻击和防守都是临场本能的发挥、自然的表达。李小龙的人生转折点，就是在1964年的加州长堤国际空手道大赛中，凭着表演"蒙目黐手"、"寸劲"等功夫，给人留下了深刻的印象。李小龙的师兄曾经说过，截拳道的构思同咏春拳一样，只是形式不同，李小龙的哲学名言"以无限为有限，以无法为有法"，同咏春的构思就是吻合的。

经过后人的传承与发展，咏春拳已经成为中国功夫的代名词，在全世界范围内流传甚广、备受推崇，如今还把咏春拳发展成为广州咏春拳（蛇鹤咏春拳）、佛山咏春拳（彭南咏春拳）、澳门咏春拳等。据咏春拳第五代弟子、佛山精武体育会理事、咏春拳馆馆长、咏春拳研究活动中心副主任刘赐光介绍，将名字称号冠上地名来称呼的一个人就是梁赞（佛山赞先生），而且他本身也不是土著佛山人，这是对梁赞的高度肯定。

（二）梁赞对西方武术界的影响

咏春拳讲究"守中用中，攻防合一；直线攻击，出手最快；肘守中枢，施展与控制；内门外门，攻防有据；寻桥换桥，攻守互易；消打合一，抢占先机；平衡至上，来留去送"。与其他武林门派不同，咏春拳一直以来都主张低调行事，不设掌门之位，没有严密的管理制度，从不招惹祸端，没有舞狮舞龙的习惯，更不用门派的身份出席任何喜庆活动或者节日。受咏春拳影响最明显的是西方的自由搏击。自由搏击又称国际自由搏击、欧美全接触自由空手道等，是一种没有套路、没有宗派，强调个性风格，以实战求胜为主旨的西方自由式全接触徒手攻防搏击技术。自由搏击高度重视和应用各种肘、膝、脚法，特别是脚法技术，是自由搏击中凌厉凶狠拳风的保障，其脚法运用和变化很多，完全以东方武道技艺为源泉。同时，自由搏击兼容并蓄着了东方中国武术，日本空手道、柔道、剑道，韩国跆拳道，泰国拳，以及西方拳击和摔跤等武道的精华，这也从侧面体现出了咏春拳海纳百川的容量。可以这么说，没有梁赞，就没有后世威名远震的佛山咏春拳；没有咏春拳，李小龙在美国开展自由搏击比赛时又会是什么情形？还能像现在这样被称为"世界功夫之王"吗？

（三）梁赞对中西方社会的影响

咏春拳是属于中国的，也是属于世界的，是属于全人类的共有财产，是沟通各民族与各个国家的重要媒介。佛山狮山镇南海罗村举办的咏春国际性大赛，举行收徒仪式，每年都吸引到数以千计的人到罗村求学咏春拳，更吸引了大量游客到罗村寻根、旅游，便于大家学习、交流咏春文化。罗村举办的咏春国际性大赛对我国的文化、思想、经济有很大的推动作用。首先，外国人千里迢迢来到中国，请教功夫的同时也把西方的文化、习俗带到中国来，促进了中西方之间的文化交流；其次，西方国家的人的思想比较自由率真、开放不拘，能够促进我国人民解放思想、开阔心胸，有利于社会的进步；再次，大量的游客来访罗村，必然会带动当地的经济发展。最重要的是，举办国际性大赛能巩固我国咏春拳的地位，推动咏春拳走向国际。如今，叶问的衣钵传人之一的梁挺博士，就采用经济管理学中开连锁分店加盟经营的方式，在60多个国家里开设了200多家咏春拳武馆，咏春拳的魅力由此可见一斑。梁挺曾经说过一句话："如果说太极拳是中国第一武功，那么咏春拳则是世界第一功夫！"

第三节　林世荣

　　有关黄飞鸿的电影中，总有大胖子林世荣、牙擦苏、梁宽、鬼脚七、十三姨，甚至出现孙中山、陆皓东等著名反清革命家。其实，鬼脚七从人物到故事情节都是虚构的，但有得到黄飞鸿亲授无影脚的高徒陈殿标的影子。陈殿标擅长五郎八卦棍法，战胜了当时的"广西棍王"，开设武馆，门徒数万，也舞得一手好狮艺，据说采青是他的绝活。黄飞鸿一生里，仅将无影脚传与陈殿标和莫桂兰。牙擦苏则完全属于杜撰，历史上确无其人。十三姨也是虚构之人，只是受到莫桂兰的启示，由徐克导演和关之琳创造出来的电影艺术形象而已。林世荣和梁宽则是确有其人。

　　林世荣不仅在生活中与黄飞鸿紧密相连，也是黄飞鸿电影中的重要角色。可以说，黄飞鸿电影中如果只能保留一个徒弟的话，那一定是林世荣。香港甚至进而拍摄出以林世荣为主角的电影《林世荣》。林世荣曾经参加过广东省国术大赛，获得一等奖，孙中山亲自为他颁发了银质奖章。

　　历史上，黄飞鸿的弟子中，在广州开设武馆最多、招收门徒最多的就是林世荣，他在广州开设的3家武馆，授徒总人数累计过万。因为徒弟朱虾等人担任江南大戏院收门票的保镖，因为东江武馆的徒弟们想吃"霸王餐"（白看戏，不买票），双方争执进而发生械斗。林世荣得知后，身缠九节双软鞭，带领20多名徒弟赶去。本来想排解纠纷、息事宁人，避免事态扩大。不曾想，对方以为他是来助战的，便引来百余名手持各种器械的同门，把林世荣等人包围在大戏院内。林世荣见情况危急，用软鞭打碎戏园里的灯，令众徒分路突围。据有关民间文本的记述，此战甚为血腥，双方死伤合计有百十余人。林世荣带领朱虾突出重围后，知道不能在广州立足，便星夜赶回南海县平洲故乡。先令徒弟进村探听虚实，找到其兄嫂家。大嫂为他准备好几套衣服和盘缠，又携带侄子林祖出村来见林世荣。林世荣于是带着侄子、徒弟远遁香港。时年大约在1930年。此后才有了林世荣在香港骆克道开设武馆立足之事。第二次世界大战爆发后，日本攻陷了香港，林世荣又回到家乡南海平洲。他于1943年病卒于家乡，高寿83岁。

　　林世荣和弟子朱愚斋把黄飞鸿一生事迹用文字和武功图谱的方式公开刊行。黄飞鸿的事迹得以流传于世，林、朱二人居功厥伟。

林世荣的弟子赵教、邵英夫妇俩传武功于儿子赵志凌。赵志凌在美国创办的"国际赵志凌洪拳总会"在 20 多个国家设有分会，弟子 10 万多人。据这位老会长介绍，全世界学黄飞鸿拳法者超过 38 万人。以黄飞鸿功夫为代表的中国功夫之所以在海外流行，正是通过大量的黄飞鸿电影，将黄飞鸿正气凛然的英雄形象及其了得的功夫在国外广为传播，很多洋人因此而慕名前去洪拳馆拜师学艺。

"广东后十虎"之一的林世荣和乃师一样，在身后被香港电影界给"武影双栖"了。

虽然商业功夫电影在制造过程中难免会对功夫人物的形象进行修改，有时甚至会捏造某些故事情节，使观众对功夫文化产生不正确的理解，但不可否认的是，有数不清的观众通过功夫电影开始了解中国功夫文化、学习中国功夫。随着功夫电影票房的节节上升，功夫文化已经渗透到越来越多的人心中，也在影响着他们，越来越多的中国人、外国人或奔走宣传中国功夫，或开始练习中国功夫。只要对这些人加以引导、帮助，就能够让他们成为真正的功夫参与者，以此扩大其数量，发展队伍，进而发展传统功夫。

中国功夫电影能向人们宣传独特而鲜明的文化价值观。功夫文化作为中国传统文化之一，也体现着中国传统文化价值观。功夫电影所宣传的一个核心价值观就是，正义一定能够战胜邪恶，同时，正义战胜邪恶也并非轻而易举，它需要经过努力完善自我和奋力拼搏的艰苦过程。在有关铁桥三、梁赞、林世荣的电影中，这些岭南近代武林宗师们都代表着正义，始终向人们宣扬着"强不欺弱，弱不怕强"的尚武精神，通过自我不断超越与奋斗，经历艰苦的过程，最终战胜邪恶。而中国功夫电影也始终向人们宣传着邪不胜正的是非观念，教人们作出正确的是非选择。

第五章 中国功夫电影的区域心理图式

国家和城市形象的塑造并不一定要依赖奥运会、世界经济博览会、亚运会和世界大学生运动会这样举国、举市的豪情和胜景,长久地活在国内外公众心目中的文化艺术偶像们,更容易赢得人们的文化认同,并经受住岁月的磨洗而历久弥新。黄飞鸿、霍元甲、叶问和李小龙等功夫电影中的一代大家,代表了中国武功标志性的形象定势。探讨他们在中国香港、中国内地和美国好莱坞银幕上的功夫叙事活动及其引发的跨文化再认同难题,具有理论和实践的双向意义。

第一节 岭南风情与岭南心态

外国人对中国文化印象最深而又最感到神秘莫测的莫过于中国功夫,这在很大程度上归因于关德兴、成龙、李连杰扮演的一代宗师黄飞鸿,李小龙创造的功夫电影神话,李连杰塑造的中国精武大侠霍元甲,以及甄子丹开启的一系列叶问形象的功夫电影叙事。这些以功夫名闻天下的历史人物以及他们在当代银屏上的再现,使中国的武侠电影让人如痴如醉。很多人看过黄飞鸿的电影后就慕名前往黄飞鸿故居,希望一睹"佛山无影脚"的风采。黄飞鸿电影在海外流传甚广,这一方面是由于黄飞鸿再传弟子甚多,近一个世纪里在国外开有众多武馆招徒传艺;另一方面是由于黄飞鸿电影的魅力无穷。精彩的武打虽有夸张之嫌,但也不失传统功夫的架势;对岭南民俗风情的展示虽然谈不上完备,却让海外观众亲切异常又能耳目一新;"武德仁勇"的优秀品质虽然十分传统,但让海外观众感受到中华文化的博大精深。据统计,因钦慕黄飞鸿的名气而拜在门下学艺的洋弟子截至2001年已有几十万人之多①。这就是中华民俗文化技艺的魅力。

黄飞鸿电影向海外拓展后深受海外观众的喜爱。20世纪末，笔者和一些学者分别到泰国、马来西亚等地访问，当地华人得知我们来自中国广东，首先脱口而出的名人竟然是"黄飞鸿"，然后才是孙中山、梁启超、康有为，再次才谈及广州的名胜风物。从他们不假思索的言谈里，也可以反映出黄飞鸿这位中国近现代之交的岭南大侠在海外华人心目中的文化认同程度有多么高。

在中国民间文化中，武术最不媚俗、最不趋时，是一种超稳定的传统文化。② 中国武术无论南派北派、少林峨嵋或是太极形意，都有一套严格的道德规范，这就是所谓的"武德"。传统武德带有封建时代的思想烙印，如忠孝节义、重义轻生、除暴安良、锄强扶弱、救厄济困、忠君保主等。武德作为道德规范，一般以"门规"的形式存在。所谓"门规"，指的是武林派别传授门徒所定下的规矩，也包括一些礼仪、辞令，如少林寺的"十二门规"、"十不许"，门徒进堂的"十愿"，等等。③ 历史上的黄飞鸿并没有留下具体的门规，我们也无从考证他招收徒弟的标准。电影中的黄飞鸿也没有刻意强调门规，他的武德主要是通过其言行举止让观众去感受的。

许多功夫电影中的岭南地域色彩十分显著，最明显的就是佛山地名和岭南方言，其次是武馆、中医、舞狮、舞龙的文化生态。在20世纪四五十年代的60余部黄飞鸿功夫影视系列中，无论电影的片名还是情节内容，大多以"霸王庄"、"流花桥"、"芙蓉谷"、"海幢寺"、"花地"、"四牌楼"、"长堤"、"佛山"、"大沙头"、"龙母庙"、"沙面"、"小北江"、"观音山"、"天后庙"、"官山"、"马鞍山"、"西关"、"凤凰岗"、"马家庄"、"彩虹桥"这些广州、佛山、香港的真实地名为情节背景，展开惊心动魄的生死大搏斗。期间，亲族关系、乡党意识、家乡观念、怀乡情结非常浓厚，正应了中国民间一句老话，"在家靠父母，出门靠朋友"。这显示了和内地中断政治联系的纽带以后，香港人思念故园、追怀故里的浓厚乡愁。当时的香港正处于社会与心理双层面的断乳期、由乡镇型城市向现代型城市的蜕变过程中、城市化与乡村化的双向挤压里，激发了市民阶层对昔日的人、事、景、物挥之不去的向往、追思和美好的憧憬。于是，黄飞鸿叙

---

① 参见肖海明《黄飞鸿其人与黄飞鸿现象》，《佛山科学技术学院学报》2001年第4期。另据黄飞鸿三传弟子赵志凌介绍，2001年他在20多个国家开办的武馆会员有10万人，全世界有38万人在学黄飞鸿的武术。

② 参见黄鉴衡《粤海武林春秋》，广东科技出版社1982年版，第82～86页。

③ 参见黄鉴衡《粤海武林春秋》，广东科技出版社1982年版，第65～71页。

事系列中就直观、生动、具体、形象而集中地体现了汉民族中古至近代的传统风俗。虽然它们是艺术加工的产品,且在半个多世纪的创造活动中,越来越远离了岭南民风的原生态,但仅从民俗学的视角来看,就具有研究价值,而再从文艺学、文化美学的层面来考察,意义就十分富集而多维了。

从祭祀活动中可以最明显地见出岭南民间信仰的特别之处。三水芦苞镇的胥江祖庙同时供奉着佛教的南海观世音菩萨、道教的北帝冥神(水神)、儒教的孔子(文曲星),而且这三座寺庙的形制、规格一样,仅仅在神像、文字、局部装饰方面适应了不同宗教的差异而显示出不同。有趣的是,在这三大宗教代表性神庙之东南方位,隔着一个院落,又建有关帝庙(即中原各地的城隍庙),供奉着关羽这位民间忠义代表。佛山祖庙主要供奉着道教中的水神"北帝"(祖庙博物馆收藏有北帝历经九九八十一难而得道成仙的 81 幅画作真迹);但是在祖庙主广场的西南角依然有一尊刻印着"文殊菩萨"的巨型铸铁香炉;在"文殊菩萨"香炉的西南方向,则立有孔子石像和文曲星宗祠内的万世师表画像;近年来,又在主广场正北和西北方向增设了黄飞鸿纪念馆、叶问堂等历史上杰出的武术家展馆。在这里,各教各神各庙变得不具有排他性,兼容于一的信仰背后,宗教的原教旨性蜕变为世俗化的民间的多神教。一般信众甚至不大分得清各教的差别,他们信奉宗教的动机简单、朴素而实用、功利:各教尊奉的都是神,只要神能显灵,保佑我发财、长寿、多子、高升就可信。如果用严格意义上的宗教标准来衡量,这种被民间世俗化了的宗教是否可以算作宗教可能存在疑问,但从民俗文化和民间艺术得以承传的角度来看,它们为岭南功夫电影里的民俗展示提供了生活语境,是很有文化意味的。

开放与保守、大胆与谨慎矛盾地集于一身,这是岭南文化突出的特征。岭南文化是近代中国最早对外开放的文化,加之其本根文化又没有中原文化那么辉煌,因而没有造成强烈的优越感和固步自封的心态,所以文化的兼容性表现得十分明显。珠江三角洲历代商业贸易十分活跃。在汉代前后,徐闻港已是全国最大的海外贸易港;两晋时海外贸易中心移至广州;唐宋时期广州成为最主要的进出口口岸;即便在明代中晚期、清代中晚期"海禁"时期,广州都是通商口岸、活跃的贸易港。直至当代,岭南地区最先实行改革开放,商业贸易在全国最为发达,近年来进出口贸易总量占全国四成左右。岭南性格表现在经济生产中,就是抓住机遇、大干快上、讲求实际、少讲空话,用足政策、勇走偏锋,商业意识发达。

岭南民众具有强悍的个性、冒险精神和创新意识,加上最早受到海外,尤其是近代西方先进文化的影响,变革意识更强烈。不管是商业贸易还是近代史上的政治维新与革命举措，均可体现出岭南文化的上述特征。

市井风情、休闲享乐与市民意识相和谐的人文生态，是珠江三角洲所代表的岭南文化人格与心态最显著的一个特征，这种生活状态造就了平民性、享乐性和市民意识的增强。这归根到底是多元性经济和发达的商业贸易、商品经济造成的。

岭南人精明能干、工于计算，颇具经济头脑，具有开放性和兼容性，少有玄思和抽象的兴趣，也难以定心定力于枯燥、高深的科学技术攻关。所以这里极少造就哲学家和科学家，但却是商人的沃土、财富的聚集地。

岭南传统文化中的开放性与兼容性、平民性与市民意识这两个特征是非常明显的，由此决定了银幕中的黄飞鸿必定是包容并蓄、温良恭顺的，所以不可能具有鲁智深、李逵等人物的偏激暴躁的性格。在所有黄飞鸿电影中，黄飞鸿这个艺术形象一直保持着相近的性格、相同的武德，他提倡习武之人当注重修炼"武德仁勇"，为人应谦恭忍让、立身正直、见义勇为、顾全义气，这正是岭南民众所一致认同的传统美德。在这方面，关德兴所饰演的黄飞鸿可谓演出了神韵，不但性格耿直、行侠仗义，而且外表严肃，喜欢教化别人，甚至连坐姿也是规规矩矩、方方正正，是一个典型的具有中国传统儒家伦理道德观的英雄人物形象。因为在性格、武德上具有延续性，所以黄飞鸿这个电影艺术形象虽历经六十多年，几经修改衍变，依然为观众所津津乐道。①

不可否认，黄飞鸿电影中的武打情节是一个卓有成效的特色品牌，是需要保护并发扬的文化财产。黄飞鸿叙事系列应该作为岭南民间传统文化的载体而存在，并以充分表现一代宗师黄飞鸿的高尚武德为基轴，以岭南族群的精神寄托、民俗风尚、情感心理为表现底蕴。如果一味渲染武打情节，为打而打，就会喧宾夺主，即便能赢得上座率，也很可能丢失黄飞鸿影视剧所应有的思想精髓和文化底蕴。

第二节　岭南民众的愿望

人们身在都市，却追怀乡野；人们进入现代，又留恋失去的古代；钢筋与机械所塑造的摩天大楼驱逐了古典园林，也放逐了乡镇的民风、传统的技艺。人们前进就必将付出代价。已经瓦解掉的社会是无法复制的，但

---

① 参见姚朝文编著《城市文化教程》，南京大学出版社2014年版，第65～66页。

传统民俗从乡镇漂移出来，零散化地散落到现代都市的公园里、小胡同里，成为人们追抚过去、慰藉心灵的一块块"诗意地栖居"的精神时空，这些想象活动和赢得群落心灵共鸣的审美活动，是具体、生动、可再现、流动着的民间文化艺术的"活"形态。这里能够焕发出几多豪情，更常常勾连起观众遗失已久的，毛茸茸又亲切无比的尘封的记忆。

自近代以来，岭南的民众关于生活的理想就是十分具体而实际的，他们对于生活的文化想象与十里洋场的上海滩所崇尚的中产阶级和文化小资情调不同。上海作为中国最现代化的都市，所崇尚的是法国巴黎的咖啡馆、酒吧、香水、包厢+美国纽约的百老汇剧场和霓虹灯下的夜总会。这种生活情调的艺术样板就是曹禺《日出》中的陈白露，王安忆笔下《长恨歌》中的老克拉，卫慧《上海宝贝》的女主人公倪可，电视剧《蜗居》里为工作、房子、家庭奋斗着的姐妹俩。岭南城市的风尚则是生活情调和居室环境，崇尚着香港美食肆、肥皂剧+无厘头搞笑+南洋景观+欧式建筑。此处的生活时尚距香港近，离北京远。换言之，香港打个喷嚏，广东就得流行感冒；而对于北京来说，这里是山高皇帝远。

许多粤人所向往的更是非常具体而可触摸得到的东西，那就是拼命赚钱，然后做老板、做"四有"新人——"有（酒）楼、有（洋）房、有（轿）车、有（工）厂"，再然后是游览世界各地，再然后就是衣锦还乡、修祖坟、修路、修桥，捐资建小学、医院、社会福利院等，镌刻上自己父母的名字（或者以自己的名字命名），光宗耀祖。

岭南民间的乡土、家族意识非常浓厚。这种意识历经几代人的迁移，似乎在新中国成立后有所削弱，但在改革开放以后，随着海外华侨返乡祭祖、捐资义修、投资建厂的不断增多，又得以恢复并扩张。于是怀旧情结盛行。黄飞鸿叙事系列本来在香港已经式微，但是由于拥有了内地的新拥趸，不仅各影片的影碟长销不衰，而且黄飞鸿功夫题材的电视连续剧也层出不穷。这促使极具商业头脑的香港电影人不断使老题材拍出新内容。2006年，导演徐克参加上海电影节时就对媒体表示准备再拍黄飞鸿功夫影视片。这种粤港两地观众市场的文化认同与价值指引，产生了不断地重新制作大众文化经典的欲望。"因此，问题的关键其实不在研究对象或疆界，而在于研究者的兴趣——即重心所暗含的价值倾向，而倾向背后则凸显出的是价值立场——不仅仅是学术立场，而是安身立命的社会立场。"①

柯可从内地电影和香港电影的比较研究中得出的结论值得我们深入思考：

---

① 姚朝文：《日常生活审美化与文艺学边界问题》，《文艺争鸣》2007年第1期。

从本质上说，中国武侠片，确实是最易与世界对话的，中国文化的精美绝伦的特殊审美形式，它有通过奇丽的武侠神话，去表现人类行侠仗义的美德和超凡手段的丰厚潜质，完善被世俗世界势利眼光扭曲了的破碎心灵的崇高义务，它所满足的是人类心中渴求正义战胜邪恶的普遍心理。发展至今，武侠片已成为中国影片的成熟的审美模式，成为岭南电影流派的代表性类型电影。

　　它基本由武德、武林、武侠、武功、武器等几个基本审美要素组成。武德是武林豪侠的立身之本，武林是武侠的门派与人际关系的总和，武功的高下和武器的优劣，决定武侠的本领和他的地位，固然重要，但又受着道与德、阴与阳、时机得失及师传门派等因素的影响。得道多助，永远是武侠凭武功、借武器、显威武，自立于武林之中的法宝，是中华民族正义凛然的深层心理积淀的审美再现，决不以影片朝代背景的更迭而转移。作为中国武侠片成果中最灿烂辉煌的部分，岭南武侠片对此应具有更清醒的认识，克服弥漫己久的短视和鄙陋习气，摒劣作而立新风。①

这段评述既指出武功文化久远的承续性，也揭示出现代叙事形态的变迁中出现了粗制滥造、重复搬演、投合一般观众庸俗趣味的商业化电影之弊，又从另一个角度说明了黄飞鸿、叶问、李小龙功夫叙事系列活动在表现乡镇民俗时，由渔村形态向现代都市转变过程中的接受群落所发生的显著变化。

　　当然，最显著的变化发生在香港成长为"亚洲四小龙"之一的历史阶段。随着进入新兴工业化发展阶段，香港青年一代电影观众的观赏趣味发生了显著的变化，社会的本土自我认同度已经显著提高，自信心已经大为增强。尽管功夫巨星李小龙猝然离世，可是实力蒸蒸日上的香港的民众心态已经日渐恢复常态，无需在西方强势的挤压下依靠华人独擅胜场的功夫片里"打败洋人"、"打败番鬼"的想象来获得精神上的慰藉。他们在发现无需崇洋媚外的同时，也感到传统伦理人情虽然可爱，但又有些严肃、老土。总是一本正经、不苟言笑、忍辱负重、隐而不发的黄飞鸿师傅虽然可敬却不可亲，他也应该从毛头小子逐渐变得老成持重，在修炼成儒家典范前肯定也淘气顽皮、惹是生非。好中有坏、邪中有正，瑕不掩瑜、瑕瑜互见，才能满足新一代观众的心理预期。编导们为了适应这种新期待，大胆起用新演员，让黄师傅变成黄大哥、黄靓仔，而且一定要加入一两个年轻

---

① 柯可著：《中国岭南影视艺术史》，中国电影出版社1999年版，第414页。

美貌的女子，让他和她们在相互依赖又相互猜忌中去争风吃醋。于是，新生代好戏连连，票房、声名也就扶摇直上了。

黄飞鸿、叶问等功夫叙事系列中，岭南的文化复合母题是一个内涵丰盈的富矿。那么，如何以这些母题为基础，发掘出这些母题背后岭南民俗的诗学意味？传统的民间艺术又是怎样在现代化转型中漂移到现代都市，在现代新科技手段的推动下，借助电影、电视剧的传播，传达出岭南民众心中的多色调的愿望？

第三节　武功大师影视传播的生存策略

香港与广东的珠江三角洲地区原本就是一家，都是岭南的核心地区。鸦片战争后，香港成为英国的殖民地，然而在民众的心理和观念形态上，仍然是省（指省府广州）、港（香港）并称，许多珠三角居民经常往返于省港两地谋生。那时的自我认同意识是天然的。产生文化认同的显著分别始于1949年以后的政治形态差异。彼时，地理上、政治身份上，"香港人"成了独特的无国籍的殖民地概念；但是在心理、语言、风俗习惯上，香港又认同自己的岭南特质，与广东的各种联系还不忍割断。这就出现了既相异（排斥）又相互认同的复杂性。

起初，港产电影无法到内地和台湾上映，却在东南亚找到了文化认同的广阔空间。在内地改革开放后，香港电影强势席卷内地的文化市场，首先在两广、福建找到了久别的文化认同。从历史进程上看，这显然不是首次认同或恢复早先的认同，而是在彼此变化巨大的情形下进行的一场文化接续的再认同过程。这个过程在大体顺利的表象下，其实伴随着更多的差异、错位和惊奇。于是彼此发现，满腔情愿的认同不过是建立在几十年前的认同基础上的想象，现实的错位却很明显。再次确认香港和广东彼此是否可能认同，认同的基础是什么，怎么样建立起两地新的认同，诸如此类的问题令人困惑。这些胶着粘连的复杂问题，可以简化为如下线索：认同—离散—再认同—泛化—传统民俗因子的蜕变。具体到功夫电影叙事系列的民俗心理、民俗风尚、民间精神寄托的复杂性问题，确乎是一个很有意义的问题。

由于确认文化认同的努力，结果发现自己的认同并不确定，于是产生重新认同（再认同）的心理冲动。结果是在每一个群体进行再认同的过程中，也被其他的认同群体当作他者而"划"出他人设定的圈子。本来是为了安全才作出的文化认同选择，到头来得到的很可能是"他者"的地位。有强大的外力的施压，认同的界限就比较明确，强大的外力弱化乃至消失后，认同的动力因恐惧感的降低而减轻。所以，"集体认同需要行为个体和社会集团达到某种一致性、凝聚性、连续性。这种紧密关系经常是暂时性的，并且具有或多或少的不稳定性。正如艾伯托·梅西指出的：'塑造集体认同是一个微妙的过程，要求不断投入。当集体认同到了类似较制度化的社会行为的程度时，它会形成组织形式、一套规则、领导模式。对于制度化程度较弱的行为，其特征更类似那种必须作用才有可能实现的行为过程。'"①

黄飞鸿、霍元甲、叶问、李小龙叙事由珠江三角洲传到香港，再传到东南亚各地，然后传到好莱坞。海外热销的东西又转回来，出口转内销，进而带动了内地相关影视产业、文化产业的开发。

当前，中国许多地区正在恢复一些传统风俗，尤其是在港澳台和海外华侨华人社区依然保留而且受到尊崇的诸多民间节庆活动、祭祀仪式，都得到了不同程度的恢复。有些民间节庆活动和古迹无法恢复，但为了地方特色或吸引外商投资，仿古、复古工程热了起来。"几十年扫除民间信仰的运动并非全无效果。对于五十年代出生的许多人来说，乡土传统中的祭祀、祈祷、修禳等公共仪式以及相关的传说、禁忌和行为准则，变成了愚昧可笑甚至'反动'的文化糟粕。结果是，民间信仰所维系和传承的地域、乡土、族群的认同感渐渐淡漠，信仰者虔诚、敬畏、自律的内在精神需要渐渐失落。这是精神归属感的瓦解，是当代社会文化发展中所面临的一种精神危机。这种危机的产生从反面显示出民间信仰对于文化传承和发展的积极价值。"②

在传统认同的礼俗、仪式、节庆、文物古迹的恢复中出现仿古现象和精神价值断裂问题的同时，在对社会风俗的"恢复"提出警示的时候，我们还需要注意到对民俗文化的研究中存在的误区。由于研究观念与方法的错误，会造成对民间艺术保护与开发的偏差，甚至有可能造成二次破坏。变动不居的研究对象，要求我们把活物当作活物来研究，而不是把活物当作死物来研究，或者把活物研究成了死物。这一思想非常重要。我们如何才能把活物当作活物来研究呢？笔者以为，以动态跟踪的方式与心态，研究灵动鲜活的民间艺术文化现象的流动过程，激活事物文本、标本、图片背后的社会语境和语言修辞的具体语境，就可以把握住文学、艺术、文化

---

① 韩云波：《中国侠文化：积淀与承传》，重庆出版社2004年版，第157～158页。
② 高小康：《"民间信仰热"：虚假的复活？》，《社会科学报》2007年3月22日第4版。

的源头活水和跃动的生命。

在中国功夫影视各种文艺样式的系列化叙事活动中，可能某一部作品很成功或糟糕，这些现象都是存在的。我们不可设想关于黄飞鸿的108部电影和344集电视剧中的每一部（集）都能成为精品力作。[①] 但是，可能某一部作品已经消失在大众的视野之外，其艺术性也未必很高，但它保留了当时的民间工艺制作过程，或者记录了民间叙事的一些程式、母题，展现了某些生活民俗是怎样演化成电影、电视剧里的"人工民俗"（或曰"仿民俗"）的转换关键环节。我们通过或真实或想象的方式，借用这些影视画面里的民俗，创造出似曾相识的风物、情景，可以强化生活真实感，建立和保护人类生活与艺术的多样性，增强社会族群的认同感、凝聚力和文化创造活动的承续性。随着岁月的流逝，这些具有民俗意味的影视艺术制品可能成为记载、表达某些特定年代的文化记忆。尽管小说与影视民俗会采用夸张的、改造的方式，难以确保所记录的内容的原生态特性，但是那些貌似可靠的记录方式其实也是人们叙述历史的碎片。其最大的优势或意义就在于，掌握了某些城市文化认同精髓的影视化创作，可以做到离形得似、聚形绘神，将民间国粹里富有生命活力的灵气、魂魄拍摄到手，并再现活化出来。

近一个世纪里，源于珠江三角洲武林的粤港功夫文学艺术昌盛不衰，影响遍及全世界，成为中国功夫影片走向世界，并与美国好莱坞、印度宝莱坞"三分天下"的强势品牌。以黄飞鸿、叶问、蔡李佛拳、精武会等为叙事母题的粤港功夫传说、小说、电影、电视剧中，呈现出的岭南武馆文化、跌打伤科中草药文化、舞狮舞龙节庆文化等现象，有益于我们从狭义的文学书写文本和广义的艺术符号文本中，具体考察粤港民俗文化百年来的联系、变迁，立体地把握岭南地区尤其是珠江三角洲地区在从近现代到当代的城市化过程中的民俗心理和精神世界的文化想象。

相对于一般意义上的"民俗"而言，武馆文化、跌打伤科中草药文化本来是正宗的传统民俗。但是，随着城市化的迅速发展、科技的进步和时代的变迁，这些民俗已经不可避免地发生了退化、衰变。能够比较好地保存它们的办法有三：一是开武馆或跌打骨伤科医院，二是把样品存入博物馆，三是利用影视声像媒体加以保存。可是，开武馆或骨伤科医院都需要主管机构审批，不是随随便便就能开的；送入博物馆，无异于将其变成静态的摆设，和收藏化石差不了多少。只有利用影视声像媒体一途大有潜力

---

① 参见姚朝文《黄飞鸿功夫电影海外传播路线及文化影响力分析》，《文艺研究》2010年第7期。

可挖。然而，影视声像媒体也要按照影视声像媒体的技术性要求、制片人意图和观众的好恶来改装这些原色民俗。于是，渗透了商业行为或政治意图的民俗在影视声像媒体面前变形、走样了，不再是原生态的原汁原味的民俗，而蜕变成了"泛民俗"。但是，它往往具有流行文化风行于世的特点。

本章探讨的舞狮舞龙采青斗胜的节庆文化，不是仅仅满足于指出某一作品的某类造型，也不限于将它们与保存于岭南生活中的某个实物相印证，而是发掘出两者在相互印证中透视出的泛民俗与民俗的意义。

我们以佛山为标志的岭南功夫名人的功夫叙事活动的各类载体为文本依据，再参照实物文本来加以印证。依据的文本和文献又不局限于考据，还要在考据之上建构起民间—大众娱乐的新媒体个案。这就是说，笔者既不想把这一命题写成粤港功夫影视作品的内容介绍或影视史，也不准备写成黄飞鸿、叶问、李小龙等历史人物的生平传记，或者是饰演他们的影坛巨星们的生平或从艺传记，而是试图从新材料、新视野、新观念出发，采用口头讲述、书面通俗创作、银幕与荧屏的视觉文本加实物文本、历史文献相互交叉论证的方法，初步建构起有关"岭南功夫名人影视传播谱系"，并为下一步建立"岭南功夫名家影视传播数据库"奠定系统化集成、整理、研究的基础。

作为历史人物的黄飞鸿、霍元甲、李小龙，实属武功赫赫而又声名远播的武林巨匠，而有关他们的民间传说更是影响全国甚至全世界。

在真桥硬马的拳脚功夫电影里，那些身手不凡的高手尤其是主角们，常常空手套白刃，徒手战胜了依仗精良武器的强大对手。例如，徐克导演的《黄飞鸿》、《黄飞鸿之二男儿当自强》，王晶导演的《黄飞鸿铁鸡斗蜈蚣》等影片中，甚至有一两个人击败几十个对手的镜头。例如，徐克执导的《黄飞鸿之三狮王争霸》和《黄飞鸿92之龙行天下》中，林子祥饰演的宝芝林药栈师傅与李连杰饰演的徒弟，击败了上百名洋对手。1974年的《黄飞鸿少林拳》里，关德兴饰演的黄飞鸿带领洪金宝饰演的徒弟在泰国惩奸除恶时，使用的是他名震一方的五郎八卦棍；到了《黄飞鸿之西域雄狮》（1996年）里，在面对强盗首领的左轮手枪时，李连杰饰演的大侠也能赤手空拳、毫无畏惧又出神入化地转败为胜。又如，在徐克执导的《黄飞鸿》（1991年）里，面对官府查封宝芝林，落井下石的沙河黑帮唆使山东武师严振东在暴雨之夜前来踢馆，黄飞鸿宁可让他取胜而不愿力拼。次日，为了救出被绑架的十三姨并阻止黑帮贩毒、贩卖女人，黄飞鸿只身犯险，前往陷阱重重的仓库闯关。功夫高强的严振东仗着金钟罩铁布衫神功屡屡缠住黄飞鸿，令其无法脱身去救十三姨。黄飞鸿被迫全力相搏时也没有想过使用暗器。严振东使用了辫子里的暗器,除了表明他已经黔驴技穷之外,也表明他背离了名门正派要光明正大地比出高低的武林规矩。因此,黄飞鸿颇为不屑地讥笑他道:"用暗器伤人,这也是你自豪的做法?"严振东的回答显然是理屈词穷的:"江湖险恶,不得不防。"事实上,是他在挑战、攻击对方;就情理而言,真要到了生死关头,作出"不得不防"的暗手的,也应该是黄飞鸿而不是他严振东。但是,大侠就是大侠,黄飞鸿耻用暗器,纯用拳脚,在敌方数十人手持刀剑相逼之时,他也只是顺手挑选竹竿或棍棒,尽力避免严重的伤残。剧情至此,不仅功夫强弱已分,武德更高下立判。

显然,除了历史上的武功大家们对自己的身手和所代表的门派充满了自豪与荣耀之外,也说明编导们是在刻意地突出主人公的本领与勇气,同时,惊险的场面更能吸引观众的观赏欲望。对功夫和武侠电影观众群体跨越30年的历时态跟踪调查显示,有相当数量的观众可以花钱买票看同一部影片多次,其实仅仅是想学到电影中的武打技巧。

其实,真的到了以性命相搏的时候,无论正反面人物都不会扔掉好不容易夺过来的兵器不用,再去费时费力冒险徒手格斗。不过那样一来,多数功夫片就会变成警匪枪战片。但是,在功夫片电影界,无论是编导还是演员们,都无法接受这种功夫被淘汰的命运。所以,在功夫片里就尽量不涉及热兵器,不得已时,就采用拳脚功夫的近战、夜袭,以便扬长避短。李小龙主演的《唐山大兄》、《龙争虎斗》、《猛龙过江》里,遇到地痞恶霸或外国黑帮开枪射击的场面,李小龙的对策要么是在庄园的房间内部,可以躲避到墙壁、家具后面,然后绕道侧面袭击,要么是在花园、广场,凭借翻筋斗、腾跃、快速奔跑,躲闪到树木、建筑物后面,离开危险地带。

这个神话还真的不断地被创造出来,并且深受观众的追捧,那就是徐克式的"功夫+高科技"之当代成人童话。这种神话显然是险中求胜的产物,也未必能长盛不衰,毕竟,赤手空拳、近身肉搏主要是古代(甚至是远古)主要的决斗方式,不适合现代社会。甄子丹在武打片领域摔打了几十年,从在《咏春之飞天猴子》里扮演男配角梁博俦开始,摔打不可谓不下狠功,甚至在《杀破狼》里直打到鲜血爆棚、溅满了镜头,依然没有取得成功。直到寻找到与自己的性格、气质非常契合的《叶问》,丰满的人物形象、生动而吊足观众胃口的故事情节、富有神韵的真功夫画面,这三者的完美结合,终于使甄子丹成为新一代功夫巨星。

中国南派武术中心经历了佛山—广州—香港的地理迁移,黄飞鸿、叶问、梁赞等人的叙事从民间到影视作品的变迁,表现的恰好是这三个城市里的武林门派之间的恩怨情仇。

　　清中叶以后，传统拳种逐渐式微，佛山、广州、香港流行的武术流派主要有洪、刘、蔡、李、莫，合称南派五大拳法。道光、咸丰年间出现的源自福建南少林、广西佛教寺庙和太平天国的蔡李佛拳，其习练者主要是佛山鸿胜馆及其数十家分支武馆，主要在下层民众里传播；源自五枚师太的白鹤派发端于东江罗浮山、惠州一带，后来传入广州、佛山等地；咏春拳则主要在富家子弟中传播，人数有限。20世纪20年代初，精武体育会发展到广州、佛山，成为立场比较中立的一支武坛力量，另外还有少林拳、梅花桩、龙形拳、白眉拳、木兰拳、太极拳等。黄飞鸿是将洪拳发扬光大的一代集大成者，他武功出众，又与官场上层关系甚好，在当时的广东武术界一时无两。对比武林各门派名人的事迹，佛山鸿胜馆第二代馆主陈盛在三水比武时失手杀人，逃到广州白云山下开设武馆，因徒弟黄安在广州油栏街某工厂做工，习练舞狮与各派竞争、抢花炮，曾与姓黄的著名武馆舞狮竞争，五番竞技终于独占鳌头。① 这是陈盛的徒弟、清末名拳师唐栋臣亲笔写就的《佛山鸿胜馆陈盛传》里的描述。笔者猜测，那位黄姓教头会不会是黄飞鸿呢？

　　在珠江三角洲一带，不少习练蔡李佛拳、大洪拳者参加了同盟会，但历史上的黄飞鸿应该与孙中山有过一次见面的机会。那就是广东革命政府举办国术大赛，林世荣获得一等奖，孙中山以临时大元帅身份为林世荣颁发了一枚银质奖章。相信退隐江湖的黄飞鸿也会为已经开武馆当师傅的高徒演武来观战的。那么，与孙大元帅见面、问候、表示感谢，也是顺理成章的事了。1919年，广东精武体育会成立仪式上黄飞鸿表演飞铊、林世荣表演双软鞭，没有明确文献记载孙中山先生是否在广州或接受了邀请，但在韦镇寰的《伟人孙中山》里，描述了孙中山与广东精武体育会之间的关系：

　　　　（1919年）十月二十日。孙中山为陈铁笙的《精武本纪》一书作序，称赞上海精武体育会成立十周年成绩显著，称为体魄修养皆可双修，于强种保国有莫大之关系。推而言之，则吾民族所以致力于世界和平之一基础，还亲自题写"尚武精神"的条幅。

　　　　辛亥革命前孙中山就与以习武为一大特征的会党组织有着密切的联系，早年在广州西关和郑士良等到洪家、永春武馆去采访拳师可见一斑。

---

① 参见唐栋臣著《佛山鸿胜馆陈盛传》，载马梓能主编《佛山武术文化》（内部交流），禅准印字2001年第0006号，第91页。

精武会的前身是霍元甲主持的"精武"体育学校,霍元甲世居北静海,精家传秘宗艺,擅长技击,十年前,应友人之邀在上海创办精武体育学校,地址设在闸北黄家宅。

精武会的主旨以提倡武术研究,体育铸造强毅之国民精神为要点,自一九一五年开始向广州、佛山、汕头、肇庆、南宁等地发展,相继建成精武体育分会。

广东精武会成立就在孙中山先生亲笔题"尚武精神"的半年后,由国民党李福林司令筹建发起。他最初请来了上海精武体育会拳师陈凤岐、杨琛伦,后来又请精武会的主要成员陈公哲、陈铁笙、姚蟾伯等正式成立了广东精武会。①

因此,徐克导演的《黄飞鸿之二男儿当自强》里,设计了黄飞鸿参加中外医学研讨会,结识了孙中山和陆皓东,并掩护革命党人的情节。从时代和渊源上推敲,电影的这种想象与虚构是合理的发挥,至少不会与历史事实相冲突。

笔者梳理近代以来岭南武术各门派的渊源,发现其间的关系甚为复杂、微妙。各武馆之间为了生存与发展,有着激烈的竞争。舞狮、舞龙、抢花炮等,就是事关武馆声誉、能力乃至生计的比拼。期间每每生出事端,引发一番大械斗。以鸿胜馆的陈盛为例,就参与了三次在香港发生的广肇、东江大械斗,不得不逃离香港了事。晚年的陈盛就在佛山镇(今佛山市禅城区)筲旁街15号的鸿胜祖馆授徒,直至1926年病故。与鸿胜祖馆比邻的,就是筲旁街39号的陈盛故居,距离位于祥安街15号的鸿胜馆太上庙分馆也不很远。②

从表现南派武功的电影来看,曾经出现较多的与黄飞鸿或正面人物对抗的功夫和器械有铁布衫、朱砂掌、铁砂掌、少林拳(包括脚、棍)、飞镖、刀、剑等。

在佛山及珠江三角洲近现代的功夫叙事系列里,所表现的武林门派之间的斗争,尽管也具有武林冲突的两大原因——谋生和光大门派,但是,编剧们对于谋生这个层面往往加以回避,因为这是庸常的、琐碎的,谈不上崇高。那么剩下的就是血族复仇和门户之见。而血族复仇在古代是非常神圣的,但在现代人看来显然只具有个体意义或家族意义,从整个社会层面来看也是不值得歌颂的。于是,可以在电影里大加表现的就只有门派意

---

① 韦镇寰著:《伟人孙中山》,广西人民出版社2012年版,第338页。
② 参见马梓能主编《佛山武术文化》(内部交流),禅准印字2001年第0006号,第220～221页。

气之争了。但是这样铺演下去的话，主题不外乎如此：甲武馆心胸宽广一些，乙武馆气量短小一些，丙武馆是否重然诺，丁武馆是否够义气，诸如此类。如何才能在这些不断被搬演的母题里升华出意味强烈、激动人心的主题呢？那必定是两粒屡试不爽的灵丹妙药——悬壶济世与除暴安良。前者给予那些在动荡纷乱的年岁下求生存的人们以心理安慰，同时也具有劝诫世人、疏导社会、有利教化的功能；后者在社会秩序无效、法律不能产生约束力的时候，在想象的世界里，提供给弱势群体匡正社会的一种通途。

在有关佛山功夫大师们的叙事系列里，表现悬壶济世的比表现除暴安良的处于优先位置。因为前者是一种觉悟、一种境界、一种目标、一种使命，而后者则是表现前者的一种常见方式。如果没有悬壶济世的情怀，一个武功高手很可能不仅不肯助人，反而只想着利己。在笔者看来，《水浒传》里的108条好汉，虽然也打出"替天行道"的大旗，但只是一帮乌合之众，并没有谁真的想为这个世界设计出更理想、更合理的制度安排，也就无心、无力真的去实践什么"替天行道"的使命。于是，头领宋江整日担心的是山寨粮草日少的问题。不断下山"劫富"的结果并没有分配给广大下层穷人（"济贫"），而只是"济"了他们这帮山贼。所以说，如果没有悬壶济世的情怀，武功高超的人很可能只想着利己；而有了这种境界和使命，除暴安良就是他们再自然不过的选择。

当然，悬壶济世不一定非要通过除暴安良的方式来加以体现，济公和尚就是不用武功或很少用除暴安良的方式就实现了解民倒悬的目标，许多仁人志士也在以他们各自的方式来悬壶济世。但是在功夫影片里，悬壶济世的使命则往往要依靠除暴安良的方式加以实现。这就是功夫影片的宿命。其优势在此，其所受局限亦在此；其长久地激起几代观众的观赏欲望在此，其越拍越难、不易推陈出新处亦在此。

好在有关这些功夫大师的叙事系列里的主人公虽然上百次地悬壶济世、解民倒悬，但他们都不是出家人，而是具有出家人情怀的俗世修行者，也为父子、兄弟、师徒、夫妻、朋友、同胞的人情世故而激愤或困惑。这一点，才是他们富有岭南生活气息而得到岭南民众和海外华人喜爱的观众心理基础。功夫影视系列里的主人公尽管几百次地为民众除暴安良，而除暴安良的义举毕竟还要持续表演下去，这是岭南功夫电影叙事系列至今也不能画上句号的缘由。在现代社会，能为民众办几件好事的官员就能受到人们的爱戴（当然也要警惕政绩工程里的自我崇拜意识），有人能扶危济困就会被视为"能人"、"神人"。更好在，黄飞鸿功夫影视系列里的主人公在除暴安良时依然保留了一点儿儒家的中庸之道，不肯将恶棍歹徒格杀勿论、斩尽杀绝。这样一来，既留下了审美鉴赏的回想，也给那些决绝分子造成几分遗憾，还给后来的编剧留下再创作的空间，不至于绝了自己和后来者的路。于是，武林门派斗争的叙事母题还将会反复呈现。

1997年上映的《黄飞鸿之西域雄狮》描写了黄飞鸿（李连杰饰）与十三姨（关之琳饰）及弟子鬼脚七（熊欣欣饰）远赴美国旧金山，视察弟子牙擦苏（张学友饰）开设的宝芝林分馆和开武馆授徒的剧情，成为中国功夫和中医药产业欲向海外传播的形象化表达。

上述各影视片中，中华武术都藏身于各门派的武馆之中，武林各门派的恩恩怨怨、合纵连横也都是在各个武馆之间展开的。武馆就是武林世界的基本单位。个别游离于门派之外的高人，最后还是以开设武馆或武馆的扩大联合形式来确立自己的社会身份，如体现了霍元甲"弃绝武林门派之见"宗旨的上海精武体育会总部、广东精武会、佛山精武体育会。或者是组成以武馆为依托的舞狮社。① 例如，黄飞鸿在广州以宝芝林为依托的舞狮活动；清末民初的佛山就有依托于鸿胜武馆的螺涌狮社，推选出馆主陈盛为社长。② 佛山咏春拳宗师梁赞一生不开设武馆，但却在筷子里（现佛山禅城区筷子路）开设赞生堂跌打医馆并在馆内授徒。民间传说及其门人忆述中，均未见其有舞狮之举，但他曾以医馆的名义悬赏舞狮活动中抢炮与采青的成功者。

就历史上的实际情形而言，在清末民初的岭南地区，武师与中医师（旧称郎中，没有固定行医场所而游走四方者则被称为江湖郎中）往往合二为一，所以电影中的功夫大师往往既是武林高手又是妙手神医的设定，也是合情合理的。初始的黄飞鸿电影中，重在突出他高强的武功和锄强扶弱的仗义之举，中医师这个元素的分量比较轻。到了第二、第三代黄飞鸿电影里，特别是在王风、袁和平、徐克等导演的挖掘下，中医药在黄飞鸿手中玩得神乎其神，如徐克的《黄飞鸿》系列、王晶的《黄飞鸿铁鸡斗蜈蚣》等，均有黄飞鸿为徒弟、群众治病疗伤的情节。其中还涉及神经、经络的病理知识，如在《黄飞鸿之二男儿当自强》里，黄飞鸿带徒弟牙擦苏参加外科医学会议，牙擦苏做模特，黄飞鸿在徒弟身上现场展示针灸对神经、经络的具体疗效。影片中还表现出他品德高尚，对就诊者一视同仁，丝毫没有因患者身份不同而显示出厚此薄彼的世态炎凉，因此赢得了革命党人和外国医生的赞许。

近代岭南的跌打中医药行以广州、佛山、香港最负盛名。清末至民国

---

① 参见《佛山：黄飞鸿的真实世界》，《南方周末》2003年7月3日，http://www.nanfang-daily.com.cn/zm/20030703/cs/cshb/200307030871.asp。
② 参见马梓能主编《佛山武术文化》（内部交流），禅准印字2001年第0006号，第212页。

时期,广州、佛山一带开设有上百家跌打中医药行。笔者查阅当时的民间传说资料,了解到佛山在清朝中叶至民国年间,是洪拳、蔡李佛拳、咏春拳、刘家拳、莫家拳等十多种拳术汇聚之地,有"南拳武术之乡"之盛誉。① 当时,各路各派练武者动辄以累万计,而门派争斗、集团械斗频频发生,绵延数十年之久。何以会有如此数量惊人的习武之人居住此间?深刻的原因在于,广州、佛山位于珠江三角洲腹地,经济发达,内外交通又极为便利,图谋创业的人在这里"进可攻,退可守"。我们可以从明清时代珠江三角洲的发展状况中看出这种局面的历史、地理因由。

笔者在稽查相关历史文献与传说时,发现了一个颇为有趣的现象:几乎所有武师都通晓跌打伤科的医治,几乎所有跌打医生也通晓拳脚功夫,甚至擅舞刀枪剑戟。前者如黄飞鸿的宝芝林、梁赞的赞生堂,后者如佛山跌打骨伤科世代名医李才干、李广海(陈盛弟子,佛山鸿胜体育会理事,佛山中医院创始人及第二任院长)、李家达(佛山中医院院长)祖孙三代。

笔者更发现了一个值得探究的现象:不少武师功夫甚好却不开设武馆,而是开设中医药店。他们以治病救人、悬壶济世为立身之本和服务社区群落的宗旨,而视武术为强身健体、防身护家的末术。例如,梁赞一生以赞生堂行医治病售药为业,不开设武馆,武艺仅传于儿子梁璧和徒弟陈华顺、李华等,但授艺仅在赞生堂院内进行,决不公开。又如,民国时盛名于世的岭南骨伤科医圣李广海(1894—1972),虽然颇通武功,却终身以骨伤科跌打医生的身份行医。李广海常常是富人、穷人都给予救治,不仅不嫌贫爱富、趋炎附势,反倒常常为解救穷人而赔去自己的药材和治疗费用。他恪守救死扶伤的医德医训,秉持悬壶济世的人生情怀,受到时人的敬仰,被尊称为"骨伤科圣手"乃至"佛山医佛"。时至今日,黄飞鸿、叶问、李广海还常常被当地人提起并不断缅怀他们的恩德,追述着他们的佳话美谈与高风亮节。

与一百余部黄飞鸿电影所表现的宝芝林文化意象与精神操守相似的是,在佛山历史上,比黄飞鸿年长二三十岁的梁赞的安身立命、行止操守。梁赞是医学世家出身,且有一手好书法。成为咏春拳高手绝非家传,而是他父亲有经济实力为他广聘名师,令其自幼既得少林神功又得咏春绝技,年长主持药栈经营后,又悬赏广会各路武林高手,越战越勇之故。电影《赞先生与找钱华》就是讲述贫苦青年陈华几经曲折和风险,终于拜梁赞为师,在赞生堂学到咏春拳绝技,终于承继了梁赞衣钵的传奇经历。

那么,不开设医馆药铺的武林高手们何以维持生计呢?我们知道,"广东十虎"之首的铁桥三之长徒林福成晚景凄凉,甚至沦为"乞"。"广

---

① 参见马梓能主编《佛山武术文化》(内部交流),禅准印字 2001 年第 0006 号,第 212 页。

东十虎"之一的怪杰苏乞儿的绰号就叫"乞",可见他是如何度日的。

蔡李佛门鼎盛时期最杰出的拳师陈盛与黄飞鸿选择的社会道路大不相同。陈盛不开医馆药铺,更不与统治集团相往来,是职业武师的代表。陈盛也参与舞狮,甚至出任螺涌狮社社长。鸿胜馆另有协联社、远联社等外围狮会,但他严令门徒不许去参加竞争性抢炮、采青,免生事端,尽管他一生中也身不由己地参加过多次舞狮争霸赛而且从无败绩。

当时的武林名家们也不是谁功夫好谁就想开设医药馆,更不是谁都能开得起、撑得住的,这往往取决于三个条件:一要有家传或师传,二要有经济实力,三要有客源。黄飞鸿父子早已经具备第一个条件,但第二、三个条件则是逐步努力才达到的。黄飞鸿早年随父在佛山依靠沿街耍武练地摊来兜售自家制作的"刀伤散"为生,就是经济实力不足以租房开药店之故。待到26岁任广州水师教练后,生活优越起来。30岁时积累够了开办宝芝林药铺的经济实力,于是有了他人生的第二次转折。医馆的客源则来自黄飞鸿本身精通医术,也有赖于他的社会交游与知名度。

开设医馆,退一步想是为了养家糊口,进一步看是为了多种善因、广结人缘,更是深知江湖险恶而采用的韬光养晦、收敛锋芒的折中谋生之计。从宝芝林、赞生堂、李广海世代相传的跌打专科中医药铺的历史追寻、文献考证和民俗趣谈里,可以参透珠江三角洲地区民间群落的生存处境与相互关系:既好强争勇又克制中庸,既讲现实又追求多一条路以保身家性命,"艺多不压身"的生存谋略由此得到生动的体现。

第四节 舞狮、舞龙与抢花炮

一、舞狮

岭南的舞狮习俗源远流长。传说,中国古代本没有狮子,汉代时,波斯特使送来一只雄狮,声言汉人如能驯服该狮,波斯将向汉廷臣服进贡。狮子在宫廷受训时伤人甚多,被太监杀死。太监怕皇帝追究责任,就剥下狮子的皮,由两位太监来乔装演练。后来,上朝表演的时候,还真让皇帝、波斯使者信以为真。从此以后,舞狮成了习俗,并逐渐传入民间。

中国民间认为,舞狮可以驱邪避灾,保佑人们吉祥如意。粤俗中,每当开业重张、逢年过节、喜庆典礼时,都要请专业舞狮的狮艺社表演庆祝,而且要请德高望重的人来主持为狮子"点睛"的仪式,其间规矩甚为考究。

舞狮分北狮与南狮。舞南狮流行于广东佛山(南海、顺德为最)、广州（番禺为胜）、鹤山、香港、澳门以及东南亚（新加坡为优）、北美（华人社区），北狮则流行于河北（沧州为最）、北京、山西、陕西、内蒙古。现在，舞狮已经推广到世界各地，成为一项国际体育比赛项目。

《中华民族传统体育志》里并未提及北狮、南狮的公认分类，自然也未能言明各自存在的地区和狮艺的差异。但是其中着重讲了福建"狮阵"、"线狮"和浙江临海市的黄沙舞狮。[①]《广东体育史料》记载福建武术名手洪熙官将福建舞狮方法传到广东电白一带，可见福建舞狮应属于南狮系统之源，而粤港狮艺处于不断的发展中，与福建舞狮有所差异。笔者推测，台湾舞狮狮艺很可能是清代或更早时期从福建传入的，尽管也有变化，乃至于今天看来与粤港舞狮的造型都差异明显了。

北狮造型是写实的，舞狮者全身包裹在狮身之内，狮子的结构、色彩、装饰都尽量模仿真狮，演技以滚球、跳凳为主。南狮的造型讲究神似，狮子色彩艳丽而极为夸张，象征的成分较多。其中，佛山狮头的制作主要有四大工序：①狮头扎作。扎作强调突出佛山狮头的特点，如狮额分饱额狮和凸额狮，狮背要宽，口大而带笑，眼大明亮，明牙震利，角的种类繁多。佛山狮头主要以竹笏为原料，过去多采用广东清远的大立青笏和广宁南街笏，取其牢固、结实、耐用，每个狮头都可以承受10倍于自己重量的外来压力而不变形，重量却不过数斤，轻巧灵活。②扑纸。以纱纸、纱绸为原料进行扑制，一只狮头扑六层纱纸，对配浆、上浆、纸张等要求都较高，好的狮头表面平滑，线条圆滑匀称。③写色。佛山狮头十分强调图案的装饰和写色的手感效果，狮头图案以"草尾图案"为基调，强调吉祥如意的喜庆主题；颜色以红、黄、绿等原色为主，以黑色做调和，颜色鲜艳、喜庆气氛浓烈。狮头颜色还可以表现狮子的性格，如红狮关公面、黑狮张飞面、五彩狮刘备面，也有二花面、白色面等写色。狮身的颜色与用料相关，不仅是为了使观赏的视觉效果多样化，更是为了以不同的写色表现不同类型狮子的性格。黑、红两种狮子是武狮，其他的则是文狮，仅用来庆祝，不参加武狮的竞技比赛。④装饰。装饰材料主要是兔毛、马鬃毛、五彩绒球、镜子、金胶片、皮革之类，令狮子的口、目、眉、鼻、角、耳、下颌更加逼真、醒目、传神、威猛。

南狮与北狮最为不同的地方在于狮背，南狮狮背以各种颜色的化纤、绸缎为材料。为了更好地表现上桩、腾越、飞空、采青乃至2005年新创的高难绝技铁掌水上漂等功夫，南狮的腰身不似北狮般全面包裹舞狮者，而

[①] 参见中国体育博物馆等编《中华民族传统体育志》，广西民族出版社1990年版，第606～608页。

是如一张绣彩的被子，既可以覆盖在身上，也可以翻起来，更可以在腾空飞跃时如披风般张开，因此又被形象地称为"狮被"。

粤狮的发展与戏剧的关系比较明显，常常将戏剧中的人物脸谱挪移到狮头制作中。刘备称帝为王，按照中国民间的说法，真龙天子头顶有五彩云，所以五彩狮常饰以白眉白长须、紫色角、黄面，脑后绘有三个金钱纹饰，用来象征老成高贵，也叫"瑞狮"。关羽是大红脸，所以红狮取关羽的脸谱，也叫"醒狮"，饰以黑眉黑长须、紫角青鼻，脑后绘有两个金钱纹饰，象征着智勇双全。黑狮自然取自张飞脸谱，也叫"猛狮"，黑眉黑须短而卷曲、折角烂耳、青鼻红眼、口生獠牙，脑后仅饰一根大金钱纹饰，象征粗豪威悍、少谋好勇。流传至今的名狮——佛山黄飞鸿狮（如佛山祖庙黄飞鸿纪念馆内的舞狮表演、南海西樵山黄飞鸿狮艺武术馆用于表演的狮子）则是青鼻、铁角、长须，黑白相间，在武狮类型的基础上突出其久远的历史，又象征着黄飞鸿内威外仁的性格，与在佛山祖庙中心广场的舞狮台前表演的各类花狮大不相同。

徐克版的《黄飞鸿之三狮王争霸》中的狮子身着红白双色狮被，是为了顺应中国人的传统心理，用大红色代表喜庆。如果按照中国传统，狮王既然是王，就应该用明黄色。但是，按照封建社会的等级制度，黄飞鸿乃布衣草民，尽管他参加狮王争霸赛，且拿到了象征大吉大利、财源滚滚的采青，也不可能用明黄色狮被。其实，历史人物黄飞鸿根本没有去过北京，但随着社会观念的变化，港产电影越来越只求观赏，使得传奇人物变得更加传奇。影视作品中的黄飞鸿、霍元甲、李小龙已经成为粤港影视界的一种标志性的文化象征，成为港产影片走向国际的名片，也成为中国电影的著名品牌。

"瑞狮"的称呼始于北魏太武帝拓跋焘始光元年（424）胡人从塞外传入的木雕狮首舞艺术。但是，近代以来中国频遭列强欺侮，粤语中的"瑞狮"传到海外，发音颇似"睡狮"，所以外国人就蔑称中国为"睡狮"。为了避免这样的谐音带来的尴尬，南狮后来就改称为"醒狮"。

舞狮是典型的岭南民俗。舞狮助兴、狮艺竞技在黄飞鸿电影中很常见，特别是《黄飞鸿之三狮王争霸》、《黄飞鸿之四王者之风》等，更是将狮艺表演发挥到极致，以至于将其作为一种武打格斗的关键形式而存在。岭南狮艺发源于佛山①，以广州、佛山的大头狮最具代表性，但电影中黄飞鸿所舞的不全是大头狮。毕竟，舞狮在电影中往往是剧情的需要或为渲染气氛，所以尽管徐克导演在开拍《黄飞鸿之三狮王争霸》时专门请佛山

---

① 参见黄鉴衡著《粤海武林春秋》，广东科技出版社1982年版，第97～98页。

狮艺扎作传人黎氏父子赶制了几十具舞狮运往北京，但为剧情计，也不会细细考究狮子的种类与所处的地域是否般配。

岭南的舞狮讲究技巧，是武术与舞蹈的完美结合，一般由三人组成。一人舞狮头，一人舞狮尾，另一人则头戴"大头佛"面具、手执大葵扇在前头引导狮子。舞狮时锣鼓齐鸣，狮子随着鼓点的快、慢、轻、重，模仿狮子的神态舞出千姿百态。舞者需要具备扎实的武术功底；否则，长时间撑着数斤重的狮头，还要随时表现出灵活多变的高难度动作，实属不易。

以历史实情来看，当时舞狮名声最响的不是黄飞鸿，而是他的徒弟梁宽，而最为叫响、终成"一代狮王"的却是年龄属下一代的冯庚长。冯庚长不仅耗时几十年研究舞狮艺术技巧，创立了许多程式，而且留下了舞狮技艺的集大成之作——《狮性篇》。

自清代至民国，佛山人民多尚习武。当时武馆林立，每间武馆都有"狮会"，在练习武功之外，对于舞狮的艺术都苦学苦钻。他们舞狮的身形、手势和步法，必要配合自己一派的武技动作，同时配合高大的狮鼓、小型铜钹、高边大铜锣。各派武馆的击鼓手法也不同，如打三星鼓、七星鼓的击鼓人必要注视舞狮人的动态，与狮子的秩序起落、行走步伐、舞艺相配合，一锣一钹亦要应鼓声而起止，以免影响狮子的生动活泼。

当时佛山镇的武馆多设有狮会，具体如下：

兴义堂所属的武馆，设有狮会的计有会义堂、群义堂、聚义堂、英义堂、勇义堂、忠义堂、通义堂、众义堂、同义联、志义全、昭敬等，当时义字派的著名舞狮拳师有招锡、黄锡（崩鸡锡）、梁南（肥仔南）、招就、尹敬等，他们所击的鼓就是三星鼓。

悦安社所属的社字派武馆设有狮会的有效贤社（馆）、远联社、永联社、螺涌社、乐林社、智信社、全志社、伍馆等，著名拳师有仇太生（孖指太）、仇长、陈瑞、大王钊等，他们所击狮鼓是七星鼓。

中立派武馆的著名舞狮拳师有咏春派陈馆的陈汝棉、霍南（黑面南），区馆区康，冼馆冼玉阶（佳），集贤别墅林作（牛精作），水邓馆邓考（二叔考），友元堂陈大苏，普君梁馆梁根（高大根），等等。

佛山的舞狮，除了元旦和春节外，还有武馆参加当地迎神赛会、秋色会景巡行、武馆会友结婚送字等活动，闲时则学习舞狮艺术、锻炼身体。

迎神赛会、秋色会景巡行、武馆会友结婚送字的舞狮艺术平淡无奇，只是沿途舞弄狮子，打锣击鼓，随着武馆的旗帜、大纛、彩旗、令旗、横祍、锦标和十八般武器的队伍而行。虽有表演，但只有会狮、大头佛引狮、采青两三种艺术而已。

但是武馆在参加迎神赛会或秋色会景巡行领得锦标归来后，翌夜必在当地的戏院或空旷地带举行所谓的"开盘",表演一切武功(拳术、长器短械),首先表演舞狮的精彩整套舞技(俗称狮子上楼台),舞狮头、狮尾的两人须要身健力强、武技精湛,互相密切配合,才能将狮子舞活,获得观众的喝彩。

二、舞龙

中国民间的传统习俗里,自古就将龙、凤、龟、麒麟称为四灵,其中龙、凤二物更受崇拜,被视为吉祥如意、风调雨顺、国泰民安的标志。龙尤受推崇,被上升为神物,成了中华民族的象征。近现代粤港澳不论都市还是中小城镇,每当举办迎神赛会或者传统民俗巡游活动时,舞龙的队伍是从不缺席的。这种崇拜龙的习俗甚至固化为许许多多的市镇街道名称,如会龙坊、迁龙桥、迎龙里、龙聚街、胜龙庄、腾龙街。许多餐馆也喜欢起个带"龙"字的名称,如云龙山庄、禅龙山庄等。以人的名字命名的中草药制品就更显著,如黄振龙凉茶、马应龙麝香膏等。少林派拳法中模仿十类动物而演化出的拳法里,居首位的就是龙形。黄飞鸿习自祖父黄泰、父亲黄麒英的四象标龙棍法的名称里也离不开一个"龙"字。可见国人对龙的崇拜已经深入到现实生活中的点点滴滴,至于国家上层意识形态领域里对龙的重视更不待言。

舞龙之俗早在西汉初年就出现了,汉董仲舒《春秋繁露》里就有记载。福州市《三山志》里就有一段描绘唐先天年间(712年)舞龙盛况的记载。①

三、抢花炮

粤港澳抢花炮的习俗也是颇为隆重的。百多部黄飞鸿电影中,以港、穗、佛民间过节抢花炮为主题的有《黄飞鸿花地抢炮》、《黄飞鸿义取丁财炮》、《陆阿采与黄飞鸿》等三部,在《黄飞鸿之三狮王争霸》中也出现了大红炮仗的热烈场面。这些场面的渲染显然是为了绚彩夺目,但却有岭南民间工艺史的可靠依据,绝非编导们的异想天开。

据《佛山市志》"炮竹"条转引自民国《佛山忠义乡志》的记载:佛山生产炮竹有悠久历史,是我国炮竹重要产地之一。"以硝磺、碳屑、煤

---

① 参见中国体育博物馆等编《中华民族传统体育志》,广西民族出版社1990年版,第598~599页。

纸等制成。多由本乡及附近四乡承造，按期寄回发售。惟炮引购自肇庆，销行四乡及港澳、南洋等处，大者数家，小者二十余家。"①

依照粤地旧俗，农历二月初二为土地诞，相传土地为镇煞之神，可以保佑社区平安禳灾、人丁兴旺。每逢土地诞，村村庆祝，家家敬香膜拜，大的乡镇还要举行舞狮、舞龙、功夫表演，最后就是放烟花爆竹和争抢从爆竹内喷向天空的炮头。旧俗认为，抢到炮头的人，在新的一年里将吉星高照、大吉大利、福禄双至。为了争到这个"意头"，其间发生的比武拼杀惨剧也很多。所以，若非艺高胆大的武者及其背后强大武馆的支持，一般人即便有幸拣到炮头，也无法顺利地持炮头挤到领奖台前去认奖，反倒可能招致伤残。

经考查历史文献发现，黄飞鸿功夫电影系列里出现的佛山放爆竹的习俗，形成时间远在民国《佛山忠义乡志》描绘的内容之前。佛山地区放炮竹欢庆吉祥、兆示大吉大利的风俗，源头是明末清初放"大爆"醮神的习俗，所用大爆也是世所罕见。据朱培初在《广东工艺美术史话》中称，佛山大爆为中国最大的灯色扎作。清代屈大均所著《广东新语·佛山大爆》里，也有确凿可信的记载："佛山有真武庙，岁三月上巳，举镇数十万人，竞为醮会。又多为大爆以享神。其纸爆，大者径三四尺，高八尺，以锦绮多罗洋绒为饰，又以金缕珠珀堆花叠子及人物，使童子八九岁者百人，倭衣倭帽牵之，药引长二丈余，人立高架，遥以庙中神火掷之，声如丛雷，震惊远迩。"②

民国《佛山忠义乡志》记载月令书日有正月元旦、上元，二月社日、十九观音诞，三月清明，四月八日浮屠浴佛，五月朔日饮菖蒲、初五端午，七月七夕、十四盂兰盆会，八月仲秋，九月九日重阳，十一月冬至，等等，其俗与中原大体相同，但"佛山地广人稠，五方杂处，习尚盖歧出矣"。该文献"岁时"条又载"正月元旦，拜年烧炮竹比他处为盛，自除夕黄昏，轰阗达旦，其声远近大小，参差起伏，静听之历历快意"。③

风俗文化不同于书面文献，是处于流动变化之中的文化。因此，笔者赞成在王国维的"二重证据法"之外，采用文献、文物、田野调查相互参证的三重证据法④。具体到本项研究，在历史文献、地下发掘文物相印证

---

① 佛山市地方志编纂委员会编：《佛山市志》（上），广东人民出版社1994年版，第1142页。
② 转引自林明体著《佛山秋色》，北京工艺美术出版社1993年版，第96～97页。
③ 《佛山忠义乡志》卷五《乡俗》，第53～54页。
④ 参见康保成《回归案头——关于古代戏曲文学研究的思考》，《文学遗产》2004年第1期。

之外，还要加上民间具体活动以做参照。在上述关于放炮竹的风俗史方面，我们已经有多种文字记载版本可供证明，也有当代电影图像资料。在这二重证据之外，再举证第三种证据，即晚清的画报以图文并茂的样式绘制并记述了广东尤其是佛山当时争抢花炮的民间风情活动。

1884—1898年风行于上海的《点石斋画报》里就有两幅表现佛山春节抢爆竹的场景。该画报第十三集（上）原石刻版第四十四幅画"还炮志盛"（见附录二）的左上角题写有如下文字："二月二日相传为土地神诞，粤俗例燃花炮以伸庆贺。当放炮时，居民争相拾取，往往滋生事端。迭经官宪出示严禁，不啻三令五申，无如积习相沿牢不可破。城西大笪地从挂南约之北帝庙，每届燃放花炮，其能得首炮及结子炮者，必获大利，历验不爽。故趋之者尤蜂屯蚁聚。至有挟刃带枪以求必得者及逾年还炮，踵事增华异常热闹。然亦不一其类。闻今届二月初一日诣庙还炮者为某元绪公，因去年拾炮卜中榜花首名，获利不赀。特雇八音亭宇并乔扮雏妓三十二人，为散花仙女，华装艳服，过市招摇，见者皆啧啧称羡，谓其不忘绿头巾本色云。"①这段精彩的描述与精致的画笔相映成趣，又印证了前文记述抢花炮的规矩与风尚。而且，《点石斋画报》风行之日恰是黄飞鸿如日中天之时，画报的记载应当更切近当时的民俗实况。

《点石斋画报》第十四集（下）原石刻版第六十八幅画名为"燃炮明心"（见附录二），画的是放花炮的现场。画面右上角的文字更有情趣："佛山北帝祖庙，相传昔有司税僧官理庙中矣，项（向）为人所疑。该僧乃以瓦坛作一大炮内储火药数升。于燃放时紧抱此炮向天矢誓，谓贫僧如有不肖，定遭粉身之祸。既而，炮果不鸣，只有空焰由引门喷出如天花之乱坠。至烟焰已息（熄），而此物仍得瓦全。人皆谓僧之洁清与神之灵显，皆足垂诸不朽。而该僧见冤抑已伸，仰天大笑，燃炮未毕已气绝登仙矣！此事载于佛山志。自是以后，每年三月初，祖庙迎神回銮，俱制作大炮至该庙附近之田陌间，由值事束火燃放。然具引线长逾寻，大火发即远远走避，无敢行近之人矣！夫公道在人，是非难昧，倘使扪心无愧，固不妨指天日以自明。乃必相袭，陈迹抑独何欤？"②

上面几段对燃放花炮的记述，兼有纪实与传奇的色彩，向我们描述了珠江三角洲抢花炮风俗的历史、沿革，有助于我们加深对黄飞鸿叙事活动中的岭南民俗特色的感受与理解。

黄飞鸿功夫叙事的系列活动，除了在文化上呈现岭南民间大众的心理

---

① 吴友如等：《点石斋画报》（下册），上海文艺出版社1998年版，第2430页。
② 吴友如等：《点石斋画报》（下册），上海文艺出版社1998年版，第2676～2677页。

情结外，影片中所表现的南派武术、舞南狮、斗蟋蟀、茶楼文化，再加上以岭南风味十足的粤语、粤曲来配乐，以及对广东风土人情的多方位展示，均具有鲜明的岭南特色。在武术表演中，黄飞鸿叙事在淋漓尽致地展示南派武功的同时，由于存在大量北派武师、外国拳师与南派功夫比武的场面，因此，这一叙事系统能够多方面表现出各路功夫的精华，在突出岭南特色的同时也能展现多姿多彩的群落、地域风貌。由于黄飞鸿是佛山人，居住在广州的时间最长。他讲的是粤语，以黄飞鸿为描述对象的影视剧也多出自香港，大都采用粤语。粤语再加上清末民初的建筑、服饰，还有风味独特的茶楼美食，把珠江地域的民俗风情勾勒得惟妙惟肖。

第五节 粤港民俗

  佛山功夫名人的银幕形象表现了南派功夫（如咏春拳的六点半棍法、木人桩、八斩刀，蔡李佛拳的单头棍，大洪拳的工字伏虎拳、铁线拳、五郎八卦棍），中医跌打专科赞生堂、宝芝林，螺涌舞狮社、悦安堂狮社与舞龙的中国节庆狂欢文化，岭南水乡民居与村落族系，粤剧、秋色、剪纸、陶瓷业、铸造业、纺织业的兴衰沉浮，等等，既是十分典型的民间文化艺术，又形象地体现出中国南方沿海由一个封闭的渔猎农耕文化生态向近代社会变迁、向城市化转型的演变历程。这是一个具象直观、血肉丰满但又充盈着民间社会情趣与社群聚合力的文化现象，非常值得学术界、文化界甚至文化产业界作出系统研究和全方位的开发。

  粤港两地的乡间民俗在近代以来的乡村城市化与城市乡村化的双向变动中，形成了宗族聚居、乡俗认同、务实尚用的另类生态景观。其中，最能够代表岭南从传统形态到现代化进程的城市，是广州（穗）、香港（港）和佛山（禅）。

  如果说在多数中国人眼中，以上海为代表的长江三角洲城市群落代表着中国现代都市文化的主要特征，那么以广州、佛山为代表的珠江三角洲近代城市的崛起则形成了另外一种特征。这里没有上海那样与传统中国乡村之间的断裂与对立，而是城市化扩张的版图包围了传统的乡镇，乡村在建制和外观上已经成为城市的一部分，但在日常起居、生活习惯、人际交往方面，依然保留了乡村的许多特征，构成了不断现代化的都市中的一个个"孤岛"、"飞地"。这种保留了传统乡村文明形态的一个个社区，物质资料在现代化，内里却是乡村原色或近乎乡村生态的。这才是珠江三角洲在近现代城市化过程中表现出的独特景观。在广州康乐村、荔湾古玩城两侧，在佛山季华公园对面的教子村和霍家祠堂里，在江湾一路弼塘村的湖塘、村舍内，从家家户户门口敬奉的"五方土地财神"和鳞次栉比的出租屋里供奉的财神；在看门狗的狂吠声中，十多羽鸽子停留在屋顶和院子里；顶楼天篷改建成的养鱼池旁，四位本家在日光灯下从下午一直到深夜都在围"四方城"（打麻将）……这种"新"民俗景观也的确沉淀着诸多历史与现代的内容。

香港在城市化、现代化的进程中体现出华洋杂呈的特点，其城市景观在体现出高度繁荣的富丽堂皇的同时，也保留、包容了许多岭南传统宗教信仰、广式茶点、老式唐装。于是，中环广场的摩天大楼与黄大仙祠并立，红磡火车站、九龙塘地铁与油麻地仿佛回到了20世纪30至50年代。香港既呈现出反差，又构成多种面貌。概而言之，香港外观的"洋"气远超过上海，而内里的岭南"土色土香"氛围却更接近珠江三角洲。这也是改革开放后，香港的流行文化在地缘、人缘、风俗缘、心理习惯等方面选择广东为前进基地，迅速向内地扩散的原因。所以说，香港就是如此这般在城市化中保留下了传统乡土中的一些"自留地"。

改革开放30年后，广州、佛山等地大量出现了清末民初的城市景象。这种"新建仿旧"的城市景观再造工程在20世纪90年代曾被讥为"假古董"，如佛山市的高基街仿旧城区。但进入21世纪后，总结了经验教训的地方政府采用"修旧如旧"的办法来整体改造祖庙路、东华里，其具体的规划细节尚可斟酌，但总的指导思想则是试图重现清代佛山的繁华景观。地方政府和本地富豪们终于明白：有悠久底蕴的历史名城，远比当前可炫耀一时却缺乏城市竞争力和吸引力的GDP来得久远和响亮。"擦亮一座城市的名片"需要更多的历史文化底蕴，而非一时的"候鸟式投资者"们。

执是之故，这些特征构成了岭南功夫电影所勾勒的那个社会中丰富的社会生态。几乎每部黄飞鸿电影都非常注重对岭南民俗风情的描写，让观众感受到从乡镇到城市变迁中岭南民俗的神韵。

第六章 功夫影视的叙事类型

在对源自佛山的南派功夫名人叙事系列由民间传说、小说、粤剧、无线电广播到电影、电视连续剧、互联网 BBS 网评的叙事变迁脉络加以梳理后，笔者发现，这个庞大的叙事活动已经实现了由民间文化形态向当代大众娱乐文化形态的迁移与嬗替，从而由形式到内容都完成了一次重大的现代性转型。现在，我们有必要对这类叙事活动作出情节模型的系统分析与归类，概括出成百上千的功夫故事、功夫影视背后反复出现的一系列基本情节单元。这些情节单元的不断重构，形成了关于中国岭南功夫影视系列至今绵延不绝的叙事扩大化、国际化的艺术产业再生产和国际扩张链条。因此，概括出功夫影视的系列叙事类型的研究工作，就显得意义重大而深远，既具有理论意义，更具有实践操作的延伸效果。

文学艺术史上出现的叙事母题有很多，例如，赌技服人母题，高僧与美女母题，"恶有恶报、善有善报"母题，一见钟情与相思病母题，比武斗智与集团民族象征母题，比武招亲母题，侠义重诺母题，亲族或门派复仇母题，等等。

在比较文学中，母题与某一特定作品的主题之间的区别在于：主题本身体现的只是一个思维过程，是作家通过一连串的事件、意象等构成的作家自己对生活的理解与阐释；母题则是一种基本的人类概念、精神现象或动作本身，如乡土、都市、生命、死亡、战争、复仇、漂泊、童年、成长、家族、性爱等。

在文学创作中，母题的存在往往有这样一些特点：首先是重复性。人类的精神与心理尽管随着历史的发展与时代的变迁而变得越来越繁复、越来越精致，但有些基本特质是不会改变的，它们像一根生命的红线，紧紧地维系着人类作为一个文化族群在大自然中的独特存在。所以，歌德曾经说过，母题是一种"人类过去不断重复，今后还会继续重复的精神现象"。这就是说，母题乃是文学的永恒主题，在任何时代都有可能出现。其次是整体性。每一种母题作为人类生存方式的体现，都是一种具有独立自足性的精神现象，它有自己独特的结构功能与叙事模式，各种相近的题材与主题之间存在某种内在的意义联系，在外在的形式上也存在明显的共同之点。再次是变体性，有母题必然有子题，这些子题往往就是母题的种种变体。

各类母题在历史变迁中形成叙事或抒情的某些基本的原型模式，体现出恒定性与变易性的相关属性。

胡适研究歌谣中母题变迁特性的方法，对我们探讨岭南功夫影视叙事中的叙事类型颇有启示。他说："研究歌谣，有一个很有趣的法子，就是'比较的研究法'。有许多歌谣是大同小异的，大同的地方是它们的本旨，在文学的术语上叫做'母题'，小异的地方是随时随地添上枝叶细节。往往有一个'母题'，从北方直传到南方，从江苏直传到四川，随地加上许多'本地风光'；变到末了，几乎句句变了，字字变了，然而我们试把这些歌谣比较着看，剥去枝叶，仍旧可以看出：1. 某地的作者对于母题的见解之高低。2. 某地的特殊的风俗、服饰、语言等等——所谓'本地风光'。3. 作者的文学天才与技术。"①

清末民初岭南武术界曾有过不少传奇人物，如洪熙官、方世玉、胡惠乾、苏乞儿、铁桥三、林福成、梁赞、陈盛、叶问等，可唯独黄飞鸿叙事的电影多、名气大，独居银幕翘楚，个中道理是什么呢？

一方面，是因为黄飞鸿的徒弟成就比较卓越。例如，追随黄飞鸿习武20年之久的林世荣曾在清末广州的比武大会中夺得冠军，又在民国初年的国术大赛上得到大元帅孙中山亲授银质奖章，在广州开设了3家武馆，晚年受徒弟拖累避难香港仍不忘开馆授徒。现在香港和海外开武馆者，许多都是林世荣的再传弟子。林世荣破除武林功夫秘不外传的规训，自己演示，让能文擅画的弟子朱愚斋逐一绘出，由弟子张士镳、李世辉协助，印成拳谱公开发行，这就是盛行于世的《黄飞鸿嫡传工字伏虎拳》、《铁桥三真传铁线拳》等中国南派武术大洪拳拳谱的由来。又如，写黄飞鸿小说的朱愚斋是黄飞鸿的再传弟子，早期的黄飞鸿电影许多都是取材于他的小说。再如，笔名为"念佛山人"的许凯如，抗日战争前夕移居香港，著有武侠小说《广东十虎传》、《三德和尚》（20世纪70年代被洪金宝拍成电影《三德和尚与舂米六》）、《花枪白头保》等，其中，《广东十虎传》里就有相当的篇幅描写黄飞鸿父子的传奇事迹。

另一方面，也是最重要的一方面，黄飞鸿电影扎根岭南，表现出鲜明的岭南民俗特点，其尚武侠义的精神、"武德仁勇"的品质，是岭南文化所认同的美好形象的代表。银幕中清末民初的地域特色更让观众相信这是一个确确实实存在过的英雄人物，以至于有数十万习武之人将其奉为宗

---

① 胡适：《歌谣的比较的研究法的一个实例》，《努力周报》1922年12月31日。

师，顶礼膜拜。当然，最为重要的还是电影这种现代传播媒介与黄飞鸿功夫传奇叙事活动因缘际会的成功结合。

在黄飞鸿的银幕艺术形象和相应的文学想象中，既有活灵活现的世俗情怀，又有刻意于神韵的一再升华；曾负载儒家"仁者无敌"的民族精神依归，更富有浓郁厚重的中国乡间韵味；既有爱国、爱乡的民族气概，更表现出与宏大叙事、意识形态观念等文化形态迥然不同的文化类型。

岭南风俗的民间性或民间立场与中原文化、海派文化有显著的不同，这里没有北京文化圈那么强烈的国家意识；在与海派文化一样疏离政治、热衷经商的同时，又与上海那种松散的公民社会不同。岭南民系更多地表现出共同的宗族认同、乡风习俗，一旦产生矛盾冲突，也不是非要采用你死我活的方式来解决，而是分出对错、高下、人心向背，就可以收场了。

就以近现代市民趣味最浓的香港和珠江三角洲来说，儒家、释家、道家、基督，甚至关公、妈祖，都能得到人们的崇拜。精神信仰的兼容性成为岭南区域文化的一个重要精神特征。而且随着现代化步伐的加速，传统价值观念的淡化、消解，在现世享受和实用功利的双重驱动下，宗教信仰也越来越功利和多元、包容。

粤港人士主要由广府人、客家人、潮汕人与其他移民构成，是几千年来南下中原人和百越原住民交流、融合的产物，也是海外华人的主要来源。新中国成立后以及改革开放后的新的人口大流动，更是让本来就极具包容性的岭南文化更加多元了。

民间传统具有强大的历史延续性，保留着先民的集体无意识，这是可以穿透特定时代主流意识形态的规范，使人类的基本生存方式得以绵延的一种惯性力量。对粤港族群历史沿革的简约勾勒，有利于我们对黄飞鸿叙事系列所表现的族群心理、精神诉求与时代巨变之间产生的一系列文化母题的探讨。

有关学者对新派武侠小说叙事模式的研究成果，对功夫大师叙事类型研究有参照作用。例如，丁永强依照普罗普《民间故事形态学》划分故事的 31 种功能的方法，将新派武侠小说的情节要素排列出 15 种核心场面，分别是：①仇杀；②流亡；③拜师；④练武；⑤复出；⑥艳遇；⑦遇挫；⑧再次拜师；⑨情变；⑩受伤；⑪疗伤；⑫得宝；⑬扫清帮凶；⑭大功告成；⑮归隐。[①]

如果用丁永强《新派武侠小说的叙事模式》一文来比照岭南功夫大师叙事系列，就会发现，单一的叙事文本里仅具有上述几个核心场面。但是

[①] 参见丁永强《新派武侠小说的叙事模式》，《艺术广角》1989 年第 6 期。

如果以岭南功夫大师系列化叙事系统的整体来观照，就会发现，除了第 12 项"得宝"不存在于本书研究的岭南功夫大师叙事中，其余 14 项或多或少都出现了。笔者在惊异于丁氏概括的类通之余，更意识到武侠叙事模式的类通乃至雷同了。

　　生活素材经过编剧们的选择、提取、加工后纳入功夫叙事活动的部分，就转化为电影、电视剧制作的题材，题材之间的起承转合构成了情节。不同的故事中有重复表现的内容，我们就把这些内容加以归类，产生了情节类型。岭南功夫大师叙事系列非常庞大，其中涉及的反复呈现的最小情节单元不是单一或独立地加以表现，而常常呈现为两种或两种以上的情节单元的交叉或复合，因此，我们不能将探究的重心放在各个单一的情节单元上，而是应该探究两种及以上的情节单元之间的复合效应。试想一下，如此庞大的功夫叙事活动，无论从共时态研究还是历时态研究出发，都得有细部逐项调查和观摩的基本功底和整体观照的宏阔视野做对照。出于这种微观与宏观研究并用的复合研究，我们以情节类型来命名之。

　　下面，就让我们具体剖析一下这个"经典资源"的五类叙述情节类型。需要特别说明的是，笔者不认为那些读者们熟悉的就是一般的、常态的类型，不熟悉的就是特殊的、异态的类型。判定是否常态、是否特异的依据，是某一种情节在这些叙事系统中是少见的还是多次出现的。

第一节　男女情缘

　　中原流行的英雄传奇或侠义小说经常重复比武招亲的叙事母题，主人公不是比武获胜后娶了名门望族之女，就是入赘殷实人家做乘龙快婿。而岭南功夫叙事的特殊之处在于：比武仅仅是建立了缘分，这个因缘还要靠后来的许多叙事活动才能修成姻缘。例如，《咏春拳》里的咏春拳开创者严咏春虽然与梁博俦是父母指腹为婚，但也要彼此考验一下对方的功夫和为人，才能终成眷属。《佛山赞先生》里的梁赞将功夫传给爱徒后，遭受恶人陷害身亡。徒弟和爱女苦练成男女合璧的拳术和刀法，为梁赞复仇后才结为爱侣。而黄飞鸿之结缘，首选的是才艺，其次才是相貌。

　　尽管历史上的黄飞鸿夤缘际会娶了莫桂兰，使得这位洪拳宗师又学到了莫家拳的精要，终于使自己的武功臻于化境。莫桂兰相貌平平，绝非电影里关之琳扮演的十三姨那样美丽绰约、风采逼人。无论历史上的黄飞鸿还是小说、电影、电视剧里的黄飞鸿，都没有因为比武、演武活动带来的姻缘而改换门庭,成为统治阶级的一员。也只有如此,黄飞鸿才能成为岭南民间一直广受欢迎的草根阶层的大侠。为什么在长达半个多世纪的民间叙事中,黄飞鸿与众弟子、亲族的关系有了很大的演义与戏说成分,唯独民间英雄的角色定位不变呢?笔者以为,除了通过比武招亲"倒插门"进入上流社会不是强者所愿采用的谋生方式外,历史的实际情形也不可能提供这种可能。

当然,我们也不能不看到,民间演义虽然受历史故实的影响、制约,但也不完全受其囿限。黄飞鸿在岭南民间的叙事衍变中怎么也变不成"陈世美",也表达了岭南民间的价值认同倾向。人们喜欢一个为下层民众撑腰出气、打抱不平的草根英雄,而不期待多一个乘龙快婿式的统治者。

据民间传说,没有官职的黄飞鸿"仅以威盛,不以名传"[1],他与莫桂兰的相识很有传奇色彩。

清末民初,珠江三角洲盛行酬神打醮的民间活动。有一次,佛山镇近郊叠滘乡举办庆祝活动。主办者知道黄飞鸿在武林的威名,也知道他是佛山人,就特意赶到广州盛情相邀。黄飞鸿带领一大帮门徒前往,在开幕式上表演了"瑶家大钯",其中有一招叫"鬼王拔扇"。在表演此招式时,只见黄飞鸿将钯一按,举脚一踢,竟将所穿布鞋踢飞了。由于他脚劲大,飞出的布鞋直奔台下的观众,竟不偏不倚地打中莫桂兰的前额。莫桂兰早就知道黄飞鸿的威名,因此与二婶打了赌:如果能上台掴黄飞鸿一巴掌,二婶就赏她100两银子。于是她乘机快步奔到台上,一手拿着黄飞鸿踢飞的布鞋,另一只手一巴掌打在黄飞鸿脸上。黄飞鸿没意料到失手,更没意料到一个姑娘家竟有如此举动。最重要的却是这位乡间姑娘"训诫"他的话有理有节:"你算什么名拳师,表演如此不谨慎,将鞋打到别人头上。如果是手中的武器脱手,岂不要伤及人命?"果然是才女,见识不凡。黄飞鸿的一帮徒弟不肯饶过这才女。黄飞鸿在众目睽睽之下表现得很坦然,他诚恳地向莫桂兰表示接受她的训诫,而且不让众徒为难她。眼看要发生的冲突就这样举重若轻地化解了,观众都见识到了黄飞鸿的风度。

庆祝活动结束后,黄飞鸿返回广州。但他常常想起这个不同寻常的女子,于是委托佛山的朋友代为打听这奇女子的住处。得知是莫家的侄女后,决意登门拜访。待讲明来意后,出身习武之家的莫家伯父才打消了心中的担忧。多次来往后,莫家同意了黄飞鸿的提亲。

莫桂兰出身贫寒,父母双亡后便到佛山叠滘投靠伯父。平时做佣工,以刺绣为业,跟从伯父学到了莫家拳法和跌打医术。莫家拳擅长跳跃,在

---

[1] 陈墨著:《中国武侠电影史》,中国电影出版社2005年版,第101页。

普遍重视硬桥硬马的南拳系列里是很少见的。她又钟爱舞剑，村中多以"侠女"呼之。因旧时女子学武者甚少，她就在当地略有了名声。①

黄飞鸿曾三次娶妻，妻子都短寿而终。民间传说他是虎命，命中克妻。为了避免重蹈覆辙，黄飞鸿与莫桂兰商议，以"妾"的名义迎娶她。此后，黄飞鸿再未娶妻，莫桂兰也得享长寿。日后，这一对英雄与才女形影不离地共度风雨，一起打理店铺，共同切磋武功，成为医家与武学的绝妙组合。

中国自古就有两种关于英雄豪杰和才女或美女之间的关系模式。

第一种是英雄不能为儿女私情所困，这显然是在长期父权制下形成的英雄观。支撑这种观念的依据主要有两点：一是干大事的男人要讲"义气"。"义气"是一种群体召唤魅力，可以形成强大的凝聚力量，造成文化认同中的归属感。相比之下，仅限于一家一室的儿女之情的人通常没有这种号召力。所以，想闯荡江湖、成就大事，草莽英雄们多依仗这一人格魅力来召集众人。二是太缠绵于温柔乡，会销蚀掉豪侠的阳刚气概。"英雄气短，儿女情长"就是对那些个不够英雄气概的历史人物发出的感慨。这既是大男子主义在作祟，也与长期的男权社会产生的性别禁忌有关，认为女人的阴气于男人不利。

第二种名曰"英雄难过美人关"。既可以理解成英雄也是凡人，免不了儿女情长，也可以理解为英雄如果为美色所动，就很可能"败"在女人的石榴裙下。

就历史情形而论，英雄不为儿女私情所困和"英雄难过美人关"这两种观念其实在相互打架，时有起伏，未见哪一方彻底胜利过。于是，在金庸笔下，就用多位美女与才女争相围绕在终成武林宗师的年轻男主人公身边，借彼此争风吃醋的情节，来烘托出主人公的感召力。

早年的银幕上，黄飞鸿身边是没有女人的。可以推想，当时有真功夫而观念又比较传统的编剧们一定认为，英雄就应该不为女色所动，也不能让女人在英雄身边乱掺和，不可以打搅他们练功夫。所以，20世纪二三十年代的洪熙官、方世玉都是南少林寺俗家弟子，自然要远离女色，五六十年代的关德兴也无缘与美女耳鬓厮磨，李小龙的电影里的美女也只是陪衬，在这方面没有什么显著进展。洪金宝、成龙就感受到了时代风气的变化，既学会在惊险的剧作里搞笑，也把美女加了进来，开始算计电影观众的眼球经济了。上座率给了他们肯定的答案，于是，成龙这种戏路一直走到现在还收不了手。到了李连杰演绎黄飞鸿的时代，香港观众的视野更

---

① 参见韩春萌著《武林奇侠黄飞鸿正传》，湖北人民出版社2005年版，第191～192页。

高、更洋、更现代、更美艳。于是，导演寻找到大美人关之琳来出演虚构的重要角色十三姨；她美艳动人、风华绝代的演绎让观众们大饱眼福。电影《黄飞鸿》囊括了1993年香港电影节多项大奖，除了徐克、李连杰的功劳，关之琳也发挥了不可缺少的作用。

所以，20世纪90年代的影视剧中，黄飞鸿身边总有十三姨；但是，十三姨却又不能和大侠亲密无间。真是吊足观众的胃口：英雄和美女下一步会怎么样？又应该怎样？马上结婚，就没了悬念；棒打鸳鸯则又未免可惜，英雄的魅力自然减色不少。

李连杰扮演的黄飞鸿没有李亚鹏饰演的令狐冲那样有美女如云的艳福，但也没有了那许多的烦扰。于是问题就变得相对透明：不是外界的阻力就是彼此的沟通出了问题。显然，在《黄飞鸿》和《黄飞鸿之二男儿当自强》里，由于外界的威胁太惊心动魄，彼此无暇细细表达儿女私情，十三姨与黄飞鸿不论分开还是汇合，都是同仇敌忾、一致对外的。可是到了《黄飞鸿之三狮王争霸》和《黄飞鸿之西域雄狮》里，因为外部剧情的紧张因素越来越少，编剧就只能靠英雄和美女之间出现误会或意外来勉强推动情节的发展。在《黄飞鸿之三狮王争霸》里，是靠黄麒英不能接受小姨子嫁给儿子和黄飞鸿不能接受洋人亲吻十三姨的手并赠送十三姨照相机等来推动情节的一波三折。最后，十三姨出走前被刚巧赶回来的黄飞鸿截留下来，两人相拥在一起，老爷子黄麒英开心地说：我们的想法是该变一变了。编导如此设计情节，显然是想传达一个强烈的信号：这是对族规义务与个人情感选择的一个突破，突破了"父母之命，媒妁之言"的成规，青年一代要追求个性解放和恋爱至上了。好在十三姨并不仅仅是外表动人的花瓶，她还会外语，会使用西洋先进的科学技术，如摄影机、放映机；热爱西方生活方式，如享受西餐、洋装、跳西洋交谊舞，更有一帮洋人朋友、同学。这些情节要素与塑造主人公黄飞鸿既坚守传统的武学和民族价值观念，又能与时俱进地追求"事业与爱情双丰收"的理想化愿望相适应。

到了《黄飞鸿之西域雄狮》里，因为几个主要角色身处异国他乡的旅途中，这种环境设置本身就不便于导演和演员发挥出多少耐人寻味的艺术创造力，所以，导演就用展示美国西部苍凉的风光和土著生活的别致来让观众惊奇猎异。如何做到这一点呢？干脆让英雄和美女失散，而且怕失散的时间不够长，就再让英雄失去记忆。整个情节就是寻找牙擦苏—失去记忆—找回记忆—重建华人社区—面对陷害—面对强盗—战胜强敌。黄飞鸿是否在西方世界里也要面对才女或美女的考验？从影片的情节看，他和一位印第安女子相好，但那只是在他失去记忆期间的事，当他重逢十三姨并恢复记忆后，那女子就无声无息地消失了。但是，重逢后的十三姨并没有再次发挥出她在其他叙事作品中表现出的通晓外语、掌握先进技术的优势，除了相貌美丽之外，只剩下对英雄的日思夜想。而且在后来的华洋、正邪冲突中，几乎成了累赘，除了能向印第安人报信外，她就沦为袭击目标或被保护对象。至于《黄飞鸿铁鸡斗蜈蚣》里，宝芝林旁边的青楼香芝馆二楼依栏而立的众多美女，更是剧组的刻意安排，以吸引英雄和观众的闪眼风球。

表现咏春拳和蔡李佛拳的电影从时间轴角度考察，也有这样的变化，只是剧作数量明显少于黄飞鸿题材。从20世纪50年代的香港黄飞鸿电影系列里，英雄身边不出现女眷或恋人，到世纪末的银幕演义中，英雄身边总有才女或才女＋美女追随，不仅反映了黄飞鸿叙事系列中人物角色与情节内容的变迁，更反映了观众欣赏趣味的变化和时代风尚的迁移。

第二节　擂台传奇

民间传说或武侠演义中，常有设擂比武的情节。设擂比武在民间的历史非常久远，在岭南近代武林中也很频繁。历史上的黄飞鸿曾经到香港打败西洋拳师，也曾与蔡李佛拳门下的后起之秀刘忠一同接受西洋拳师的设擂挑战。① 而在中国电影史上，出现设擂比武情节的电影也比黄飞鸿电影早了21年。《方世玉打擂台》（1928年）、《擂台英雄》（1930年）、《女镖师》（1931—1932年连续片）都出现过摆设擂台—比武争胜—正胜邪败的情节模式。② 段祺瑞执政时期，担任陆军武术教练的王子平就曾惩戒俄国大力士。《少林寺》火爆之后拍摄的《武林志》电影里也出现东洋武士与本土恶霸合谋设擂台的情节。广州设擂比武的事更多。当时以"南拳北腿"著称于世的蔡李佛拳广州北胜馆馆主谭三与河北顾汝章，在南北大对决前夕决定双方易徒倾囊相授各自绝学，让各派武功兼容发展③，成为武林佳话。佛山也发生过本土拳师胡云绰在红星戏院击败设擂比武的白俄大力士之事。

在有关黄飞鸿的民间叙事和电影叙事中，不存在黄飞鸿设擂台招揽高手的现象，这位大侠从不招徕武师较技、决斗。但是，有关黄飞鸿叙事的

---

① 参见韩春萌《武林奇侠黄飞鸿正传》，湖北人民出版社2005年版，第73、183～184页。
② 参见陈墨著《中国武侠电影史》，中国电影出版社2005年版，第93页。
③ 参见马梓能主编《佛山武术文化》，禅印准字2001年第0006号，第6页。

小说、电影中，却有他挑战别人设擂并获胜的情节。王晶导演的电影《黄飞鸿铁鸡斗蜈蚣》里，黄飞鸿为了救出北方侠客父女和许多被绑架的妇女，只身闯入白莲教据点能仁寺，与出身少林的武林败类生死决斗，剪除了恶势力，破坏了恶势力与洋人的勾结。至于徐克导演的《黄飞鸿》系列里，黄飞鸿不是与沙河的黑帮斗，就是与外国洋枪队埋伏在戏院的杀手们斗，要么就是在北京油坊恶霸赵霸天及俄国人的双双威逼下与之做生死搏斗。更有甚者，泰国的恶势力与华人武林败类联手，同时对老年黄飞鸿师徒和善良的华人家庭加以迫害（《黄飞鸿少林拳》，郑昌和导演，1974年上映）；美国西部村镇的镇长与黑帮共同陷害华人社团，迫使大侠在异国他乡同时与来自两方面的敌人决斗（《黄飞鸿之西域雄狮》）。

我们发现，在粤港关于擂台比武的叙事中，擂台已经从早期的《黄飞鸿擂台比武》（1956年）、《黄飞鸿擂台斗五虎》（1958年）、《黄飞鸿铁鸡斗神鹰》（1958年）、《黄飞鸿擂台争霸战》（1960年）、《黄飞鸿拳王争霸》（1968年）那样的实景，转化为社会大擂台上的比武。主人公明知对方人多势众，明知对方预设陷阱且不讲信义和规则，还是以大无畏的气概，或单身直入，或召集众人一起挑战。

我们还发现，恶霸要么是市井地痞流氓（如李小龙的《唐山大兄》、《林世荣》里的赵霸天之子残杀义妹），要么是官府里的败类（如《黄飞鸿铁鸡斗蜈蚣》里的千总大人），要么就是里通外国（如《黄飞鸿》里的沙河黑帮向美国洋枪队出售所掳妇女），要么是外国武士（如《叶问》中的日军三浦将军、《叶问2》中的英国拳王"龙卷风"）。在这几种情形里面，要数恶霸与洋人勾结、侵害民众的模式最能激起观众的义愤，最能使情节曲折多变，也最便利于编导们复合表现功夫大师们除了兼有一般武侠抗暴锄恶、解民倒悬的侠义风骨之外，更具有抵抗列强侵略的民族自强意识。他们成为民族气节代言人的文化象征含义缘此得以扩大并加深。

如果说除暴安良是民族内部问题或国家内部事务，那么爱国灭洋显然是本民族与外民族的关系问题。因此，在黄飞鸿系列电影里和叶问、李小龙系列电影中，都出现了洋人欺凌华人、内贼作乱嫁祸的多重压力。也就是多种矛盾交叉在一起，才产生巨大的悬念，便利于把主人公放在风口浪尖，完成其灵魂的升华，淋漓尽致地发挥其盖世武功。

当然，岭南地区的近代武术史上也有设擂台征求高手比武的。据咏春拳大师叶问回忆，其师祖梁赞在20岁接手父亲的医馆后，在大门前摆一根长棍，登出悬赏告示：谁能用棍术击败他，奉送白银500两。"远近武士慕名来请与较者辄为败,由是声名藉起。"① 当然,此举重在切磋武艺,目的不在打抱不平,也不是为了抵抗外强的挑战。

第三节　武功道德化

在黄飞鸿系列电影、电视剧里,黄飞鸿担当的角色要么是惩治坏人并使部分助纣为虐的坏人转化为好人,有的甚至反过来帮助黄飞鸿,要么是发现同门中人变成了败类而决计清理门户。坏人转化为好人的典型是《黄飞鸿之三狮王争霸》中的鬼脚七。电影《黄飞鸿》里的山东武师严振东则是为了在广东存身立足,不顾是非地投靠沙河黑帮,充当他们与黄飞鸿作对的打手。但是,当他身中火枪而遍体鳞伤时,对黄飞鸿说出的话颇有醒悟的意味:"黄师傅,你我拳脚再厉害,也敌不过洋枪洋炮。"曾经首鼠两端的梁宽(莫少聪饰)则是在良心与危险面前毅然与严振东划清界限,转而与黄飞鸿分头协力营救十三姨。他在电影的末尾拜黄飞鸿为师,学习正道武功,一心一意和师傅一起光大师门。惩恶的代表是《黄飞鸿铁鸡斗蜈蚣》里能仁寺的武僧,他身为佛门弟子却在做拐卖妇女、贩毒等勾当,黄飞鸿不得不下定决心清理门户。在电视连续剧《少年黄飞鸿》、《我师傅是黄飞鸿》里,也都有为武林清理败类的情节。只不过,前者虚构出少年黄飞鸿到河南嵩山少林寺学艺,发现违反佛门门规的以"大力金刚指"称雄的武僧,而为北少林清理门户;后者则是为南派武林惩除地方豪强(莫老爷既身怀绝技,擅长莫家拳,又是富甲一方的乡绅)。尽管电视剧中由黄麒英、黄飞鸿父子同仇敌忾才勉强战胜了莫老爷,增强了惊险性与吸引力,但好人必有好报、恶人必将失败的基本情节模式还是延续下来了,为武功叙事添上浓重的道德化油彩。

在电影《陆阿采与黄飞鸿》中,宣扬道德是以具体生动的情节完成的,避免陷入抽象说教的泥沼。惩恶扬善+光大门派的双重任务汇聚于黄飞鸿一身,同时加以完成。肇庆府的捕头袁正(刘家荣饰)到佛山捉拿从北方到此隐匿的江洋大盗甄二虎(化名何虎潜伏在彭允刚武馆内),不幸丧命于大盗擅长的北派武功绝技梅花枪和鸳鸯连环脚下。不懂武术的少年黄飞鸿(刘家辉饰)得知保荐自己向师公学习洪拳绝技的袁叔叔的死因后,跟从师公陆阿采苦练洪拳绝技。功成以后,黄飞鸿回到佛山,在烈士

---

① 马梓能主编:《佛山武术文化》,禅印准字 2001 年第 0006 号,第 114 页。

冤魂处单独挑战甄二虎，为袁正洗冤雪仇，要抓甄二虎送官府。最为可贵的是，少年黄飞鸿不是血气过盛、恃武逞强，而是在生死决斗中也留有余地。本来可以置敌于死地的时候，他只是用竹子卷断了对手的右脚。对手也是个硬汉，死活不让他靠近医治骨伤。直到确定了黄飞鸿的善意后，才被感动，转变态度，愿意去官府自首。

佛山功夫大师们不仅仅代表佛山武林或岭南武林，他们的拳术是南拳，自然代表着南派武术的胜利。但是在电影中，更多的是表现民族危亡、家国情怀和正义战胜邪恶。门户之见被过滤掉了，佛山这南派武术中心是他们值得自豪的地方，却并不因此而傲视其他门派。清末，洪拳是岭南五大名拳之首，实为当时的显学。然而，编剧在推崇南派武术的时候是有节制的，没有表现出南派武术必定强于其他派别的意味，只是很巧妙地使寓意着南派武术的名门正宗制服了身怀北派绝技的"江洋大盗"。这是有关岭南功夫叙事活动中需要加以注意的若干细节之一。

传统的功夫叙事活动中，特别重视武功大师们以高超技艺制服挑战者，或压制邪恶者，表现他们的非凡勇武。可是，我们又不能把民间关于武林英雄的叙事单纯地理解为武艺高超的行为。其实，大多数有关佛山功夫大师叙事活动的民间传说、武侠小说、影视剧中，或多或少地展示了主人公的武艺，点明高强武功背后的武德才是更加可贵的东西，成就高超武艺的精神支柱乃是武德。《义侠黄飞鸿》（1992年）里，大侠开导败在自己手下而准备剖腹自杀的日本武士十兵卫时说："武林之道，以德为基，以恕为本，武功无德不立。"注重武德修为，成为入世修行的宗教精神。

第四节　国际化困境

现在的华夷之辨专指中国与外国，但在春秋战国时代，南蛮是指荆楚，在今天来看也属于中原。当时居住在岭南地区的古越族（黎族和瑶族的先民），在地理上与当时的荆蛮远远搭不上边。当时属东夷的鲁国出了大思想家孔子，儒家学说后来成了中国思想的主导力量。但是，孔子周游七十二国时也没有游览过广东，儒家思想在广东的流布不甚广，再加上对外来文化的开放性、兼容性，导致粤港呈现出多元文化汇合、华洋文明杂呈的斑驳陆离的景象。

在黄飞鸿功夫影视系列里，我们可以看到主人公黄飞鸿一以贯之的强烈民族意识。无论是20世纪50年代的黑白片还是后来的彩色影片，不论是关德兴塑造的中老年黄飞鸿待人以宽、律己以严的刚正形象，还是李小龙塑造的疾恶如仇、铮铮铁骨的陈真，抑或是洪金宝、成龙塑造的真功夫加滑稽搞笑场面的人物形象，以及李连杰塑造的严正又不失宽容、坚持传统又能接受西洋现代文明的黄飞鸿，强烈的民族意识始终是黄飞鸿功夫影视系列的主轴。

但是，在清朝覆灭后动荡不安的时局下，国人对民族传统与西洋文明之间的论争也空前地激烈。体现在黄飞鸿功夫影视系列里，就表现为：关德兴时代的黄飞鸿的角色定位还是固守传统操守，可后来几代人饰演的黄飞鸿就越来越意识到功夫再好也敌不过枪炮。在徐克执导的《黄飞鸿》里，黄飞鸿的对手严振东临死时，对黄飞鸿说出一句令人惊醒的话："黄师傅，你我拳脚再好，也敌不过洋枪洋炮。"在《黄飞鸿之三狮王争霸》里，黄飞鸿、十三姨意外地发现赠送给十三姨照相机的俄国朋友密谋暗杀总理大臣李鸿章。于是，他们明知形势不可为，也要既保护李鸿章，又要摘取舞狮大会的采青。

如果说在上述影片里，拳脚对洋枪总算取得了胜利，那么在《黄飞鸿之西域雄狮》里，黄飞鸿、鬼脚七、十三姨、美国西部牛仔比利面对众多强盗的短枪，就显得捉襟见肘了。徐克显然已经不能如他在前几部黄飞鸿电影里那样得心应手，于是只好让向来当仁不让的黄飞鸿藏到牛车后面，再神奇地"定格"出现。这一切，正是李小龙毫不避讳地指出的问题：我们即便想拒斥现代化（西洋化），现代化却无法让我们回避！

好在黄飞鸿叙事系列中，这位银幕上的武林宗师也在与时俱进。在20世纪五六十年代拍摄的剧作系列里，黄飞鸿一直在本土作战，而到了1974年的《黄飞鸿少林拳》里，大侠惩恶锄奸的背景已经走出国门到了泰国。90年代后，在徐克的编拍下，黄飞鸿就不断地随时代"前进"起来，在不同的影片中，大侠不是与西洋军队战斗，就是与清军提督那兰元述（甄子丹饰）、千总决斗，还与广州的沙河黑帮苦斗、与北京的武林恶霸赵天霸恶斗、与美国西部的强盗勇斗。而他对西洋文化的态度也是由抵触到拘谨（《黄飞鸿之三狮王争霸》）再到接受（《黄飞鸿之二男儿当自强》），乃至于努力记诵英文字母和搞笑的短句"爱老虎油"（英文 I love you 的谐音）。在《黄飞鸿之二男儿当自强》、《黄飞鸿之三狮王争霸》和《黄飞鸿之西域雄狮》里，黄飞鸿不仅对西洋服装、照相机、西餐、交谊舞采取了接受的态度，而且对西洋的枪炮、蒸汽机、发报机、钟表等也能认可了。他由反帝爱国、锄强抗暴，转为反对白莲教，支持孙中山、陆皓东的革命目标。

最值得探究的是，功夫影视系列里的黄飞鸿形象对西洋人的态度不是简单的否定或肯定，而是依据他们对我们是否友善、真诚、正直来决定的，这种不带有成见的态度是我们需要注意的。例如，徐克版的《黄飞鸿》里，固然表现了英美军队屠杀中国民众的罪行，但在黄飞鸿孤身擒拿了沙河黑帮老大，要求已经被"殃及池鱼"的饭店老板出面做证，随自己押送凶手去官府时，让他意想不到的是，店东和众多围观的中国人都缩手缩脚、不肯出面，这种局面让黄飞鸿既无法理解也很尴尬，可是曾经被他诘问"上帝会说真话吗？"的外国神甫却勇敢地站出来，表示愿为他做证。编剧设置这种场面的用意可谓别具匠心，既批判了国民逆来顺受、不敢出头、是非不分的劣根性，也表明了编剧对西方人持有的价值判断：既有坏人又有好人，不可一概拒斥。在电视连续剧《我师傅是黄飞鸿》的结尾，黄麒英把武馆交给了能顶大梁的少年黄飞鸿，受十三姨的影响，自费到西方学习，几年后回来，与十三姨在宝芝林前不期而遇，双方都情不自禁地用英语问候对方。这更显示出改革开放后的中国人热心学习西方文明的开放态度。

如果说在黄飞鸿叙事的庞大系列里，叙述者让主人公黄飞鸿较多地承担起了民族身份、民族前途的焦虑，那么在这位虚构人物十三姨身上，则凝聚了更多的现代意识，如美丽、年轻、懂外语、穿西洋华服、会使用照相机、有男女平权意识、冲破家庭包办婚姻的成规等等。她既是黄飞鸿产生现代意识的启蒙者，也是他传奇经历的见证者、分享者甚至诱发者，她还是激发起主人公情爱意识的发力者，更是一位始终陪伴在英雄身边，衬托英雄又崇拜英雄的好角色。当然，英雄＋美女的组合更能赢得进入新兴工业化行列的香港新一代观众的心理愿望和文化认同。

当然，观众和编剧都知道，黄飞鸿面对的压力、危险和焦虑远大于那位美艳又洋派的十三姨。那么，作为现代性和西洋文明中国化的一面接受之镜，十三姨是否就没有焦虑了呢？从港粤两地的影视剧中的表现来看，十三姨基本上都是青年黄飞鸿的陪衬人物，所以，其内在精神蕴涵的单一与外在形象的光彩照人相比，就显出了美中不足。她似乎仅仅因为暗恋或明恋黄飞鸿、需要为突破传统族规里跨辈分不能结婚的惯例而发愁，另一种情形下的焦虑出现在被黑帮或洋人绑架，或者在异域他乡与黄飞鸿失散的时候。除此之外，她似乎就可以高枕无忧了。但是，西方文明在现代化、后现代化的当今，社会发展的瓶颈、文化发展的焦虑不仅没有减少反而增多，这不仅是十三姨无法表现的，恐怕也是编剧都无法通过荧屏向观众阐释的了。

在1974年的《黄飞鸿少林拳》里，黄飞鸿首次出国之行的功夫展示尚称得上不俗，但影片的艺术表现就很平常，民俗韵味和异国情调也都不怎么突出，只是一次起色不大的尝试。1996年的《黄飞鸿之西域雄狮》里，编导又来了一次海外抢滩尝试，寻找牙擦苏—失去记忆—找回记忆—重建华人社区—面对陷害—面对强盗—战胜强敌，生拉硬扯地拼凑出一个前后没有内在联系的情节脉络，松散而勉强地完成了一次"土包子"黄飞鸿的出洋之旅。黄飞鸿是否在西方世界里较快地接受了西方文明？从影片的情节看，他接触到的美国，并不是城市里的高度文明，而是西部地区的野蛮、残酷和白人镇长与警察对华人的种族歧视、虐待、欺压。他恢复记忆后，激励华人不要只知道赌博而要为民族和国家争光的激昂话语，也体现出岭南人不崇尚真理在握、自视甚高的宣教者角色，而喜欢平易务实的世俗烟火气息。因此，电影在安排黄飞鸿向华人矿工们讲民族精神的话语前，先让英雄和他们一样沉湎于赌博，让麻木的民众感到难堪，铺垫做足了，才推出主人公的演讲，强调的还是为民族"争一分热，发一分光"的信念，其精神指向显然"中华性"十足，而世界性或现代性不足。黄飞鸿的话语也不像一般武侠小说里的武功教练兼跌打医生的形象，更像是一个急民族危亡、愤国运不昌的民族义士。20世纪50年代的香港电影界，为了迎合市场而低成本、低水平地快速生产出62部黄飞鸿系列黑白影片[①]，主要突出了黄飞鸿真功夫所支撑起来的豪侠尚义、打抱不平，到了90年代，徐克版的"高科技神幻武打"黄飞鸿系列，就开始在恒定的武打格斗情节中渐次扩大了影视文本的文化内涵：由族群扩大为民族，由岭南扩大到京华乃至美国、加拿大，由个人在异国他乡谋生的艰辛到为中国人和中华武术争回尊严，从而完成"社群—民族—国家"之共同体的重塑，民俗文化与社会精神的含量在蜕变中得以提升。

由此可见，在宗族、民族与个人之间，香港功夫电影对黄飞鸿银幕形象提供的角色定位是比较明确的，此外，其银幕角色几乎没有太多的选择空间。黄飞鸿与梁赞、霍元甲、叶问、李小龙的身份定位是相同或相似的。他与后者的银幕形象的不同之处就是具有更浓的中华地域特征、民间节庆风俗特色，以及传统乡镇到现代城市嬗变中的人文情味与矛盾困惑。

时隔22年的两次"出洋"都没有达到成功赢得海外世界的目的，而两次的编剧、导演和出品人都是影坛大腕。这是否说明了一个问题：黄飞

[①] 《少林寺》导演张鑫炎谈他当年为关德兴主演的黄飞鸿影片做剪辑工的情景："电影当时拍得很多，也比较粗糙。黄飞鸿的系列影片我至少剪了几十部。那时候还没有成龙和李连杰，当时主演黄飞鸿的演员叫关德兴。他演了将近100部（集）的黄飞鸿的影片。当时我是做剪辑，一个礼拜要剪好几本。当时条件没有现在好，都是通过底片来剪接，一剪刀下去，就不容易再修改，再修改的话会很麻烦。当时也没有剪接机，都是靠肉眼看底片来剪接，工作量很大，有时候几天几夜都不睡觉。"（参见贾磊磊著《中国武侠电影史》，文化艺术出版社2005年版，第282页）

鸿功夫影视题材只具有中国意义或华人意义？如果仅仅从这两部故事情节张力不大、人物性格也不鲜明的影片来看，可能会令人产生华语功夫片能否走向世界的疑问。但是，如果从整个功夫影片在西方世界的反响来看，情形则恰恰相反，功夫影片早就风靡世界了。

第五节　宗族信义

现在的岭南地区，每村依然有社庙，每族都有宗祠，对逝去的祖先特别尊崇，这是一个宗法制社会特征比较显著的地域。每有纠纷发生，人们会习惯地说"简姓的谁谁与刘姓的谁谁怎么样"，而很少讲"地主的儿子和贫农的女儿如何如何"。这里固然有阶级差别、贫富分化，但更多的却体现为宗族观念。岭南功夫影视片中也有表现富人优越生活的镜头，但是并没有多少仇富的情结，反而比较多地体现出富庶、祥和的氛围。从画面上看，这里的百姓很希望发财致富，无论选择漂洋出海还是在本地发展，都以"民生"为主要目的，改善生活处境是他们很现实、很具体的愿望。

黄飞鸿影视系列中也出现过贫富对立的场景，如电视连续剧《我师傅是黄飞鸿》里，就展示了黄飞鸿父子流落佛山，暂时借居外婆家的情景，也展示了卖猪肉的小摊主林世荣等不断被地痞恶少简氏收"保护费"的场景。片中透露给观众的潜在信息是：少年黄飞鸿与林世荣对"地痞简"等人的反抗，主要问题不在于收保护费，而是剧中林世荣所说的："你们收了保护费却不能保证我们安心卖肉活命。你们收我们的钱，反倒欺负我们良家妇女，打了我们的地摊。"

由此可见，岭南民间不能容忍的不是收保护费，而是欺负人的恶霸行为。不管这恶霸是贫是富，只要他害人，就要反抗他，就去锄强扶弱；反之，尽管身为富人，如果不欺负人，不仅不会遭到仇视，甚至还能以乡绅身份得到乡党的尊敬和钦羡。岭南地区的仇富情结较为疏淡，这里的人们比较注重实际，比较追求世俗的享受。

不以贫富论好坏，而以行为论正邪；少说阶层高低，多讲宗族情结。类似的价值取向不仅在黄飞鸿影视系列中多次出现，甚至在出产过黄飞鸿影视系列、李小龙电影系列，被美国全国电影院联合会选为"最杰出国际影人"的邹文怀的其他影片中都有表现。《赞先生与找钱华》、《三德和尚与舂米六》是如此，佛山老作家任流的小说《少年黄飞鸿》中的民间心理结构图式也是如此。

可见，在岭南地区，民间区分人的标准常常不是贫富对立，而是正邪不容。是否可以由正邪不容再推导出"善有善报，恶有恶报；不是不报，时候未到；时候一到，一切皆报"呢？答案是否定的。1983年热播的香港电视连续剧《霍元甲》中，霍大侠就多次忍让陈真为报师（独臂老人）仇的多次挑衅，说："冤冤相报何时了。"黄飞鸿影视系列历时半个多世纪，内容、风格、编剧、导演、演员都变了，但是，不只以武功胜人，更要以武德服人的思想却历久弥新；穷寇勿迫，留给对手反省悔悟后路的"中庸调和"处世方式也代代相传；"止戈为武"的思想在岁月的洗礼中，不仅没有褪色，反而更加增彩。《陆阿采与黄飞鸿》中，黄飞鸿在花地湾新一年度的抢花炮活动中，面对彭家武馆的门徒各个手持铁尺行凶，妄图独霸花炮的行径，他只身入虎穴，扫除凶手，救出同门师兄弟。当他压制住彭家武馆的首徒而夺得花炮时，本来可以去东道主台前领取巨额赏金，但是黄飞鸿想到了老师傅的教诲：对方每吃一次亏，心里的怨恨就会增加一倍。于是便把夺过来的花炮送回对方手里。对方本来想以性命相搏，却不曾想到这样的结果，于是大声喝令他的人马："不要抢了！"双方都露出善意的微笑。次日，彭家武馆小心眼又护短的馆主彭师傅亲自到宝芝林向黄麒英认错道歉，而且颇有武人特性地要用自己花重金定做的铁尺当众打残自己的腿，以示诚意。这就突出了一个兼具岭南价值观念和武林规矩的处世哲理：以武艺胜人，口服心不服；以武德服人，会令人心服口服。

《林世荣》里的晚年黄飞鸿，在朱砂掌赵霸天的挑衅下一边接招一边断断续续地写出"仁者无敌"的书法横匾并从容签名，不仅成为黄飞鸿武功武德的精彩写照，也是中华武学精神的生动表现。

岭南民间对官府的统治要求是，只要这个官府对民间的剥削比较节制，能够体恤民生就可以了，而乡勇们起来反抗的原因几乎都是忍受不了官府的肆意压迫，或官府与恶霸勾结共同鱼肉民众。所以，这些影片里的官民冲突就更多地赋予了伦理道德色彩，转化成了正与邪之争，而不是阶级对立和政治理念之争。这种诉诸伦理道德的评价更接近中国传统的价值标准。

自从接受了佛教文化的熏陶，中华民族就相信因果报应。岭南地区，尤其是佛山，历史上就"好鬼而信巫"（《佛山忠义乡志》），因果报应的观念在民间颇为盛行。在这里，练武者常常接受的训诫有二：一是不可好勇斗狠，而要以武止戈；二是要多种善缘，少结仇怨。这本来是儒家思想和佛教文化在民间的智慧结晶，但在功夫题材的电影里却是以多种善缘少结怨、"进一步冤家路窄，退一步海阔天空"的处世方式来消解"以血还血，以牙还牙"的复仇心理。在许多情况下，"善有善报，恶有恶报"的因果报应观念并不总是采用"以血还血，以牙还牙"的方式，而常常选择以消除怨恨、减少冲突的方式来解决问题。孔子的中庸之道，在武功大师们的叙事系列里，演变成了适可而止的忠恕之道，这也是岭南民间心理结构的一个重要特点。

综上所述，本章依据相关情节出现的多寡、分量的轻重，依次论述了岭南功夫大师叙事系列里的五种情节类型——男女情缘、擂台传奇、武功道德化、国际化困境、宗族信义。在这些叙事类型中，岭南功夫大师们被赋予了更加富有文化想象力的族群心理寄托的象征符号。曾有广东电影史家评价整个黄飞鸿系列片的历史性贡献："其一，它以武侠黄飞鸿的视角，对清末民初的广东社会的市井生活、民俗风情、吏治民疾作了真实观照和反映，一定程度揭示出当时帝国主义侵略势力威胁民族生存、官府黑暗腐败、社会不公的社会现实，克服了一些神怪武侠片过于远离历史和社会现实，一味胡编乱造、生拼硬凑的弊端；其二，它塑造了一个为岭南民众所喜闻乐见的仁义武师、济世良医形象，寄托了人民铲除凶暴恶势力的美好愿望，表现了中华民族仁爱、谦让、礼仪、忠恕等美德，弘扬了中华武学练武强身、行侠仗义、除暴安良、救国爱民的精义；其三，它勾画了真诚爱慕黄飞鸿的十三姨，这一受西方进步文化思想影响，有个性、有见解，敢恨敢爱，同情革命，勇于向封建陋习挑战的新人物形象，合情合理地为传统武侠片注入了浓烈的滚烫的时代气息；其四，它集中展览了广东武术名家的各套拳术，高超的南狮、麒麟、蜈蚣、蟠龙的舞技，保存了民间优秀的表演艺术财富，并且为影视界培养了一批武侠功夫片的著名导演和武术指导人才。"[①]如果从本选题限定比较严格的叙事类型角度来考察，上述论断所揭示的岭南民间的社会心理和精神向往也是值得称道的。

---

① 柯可著：《中国岭南影视艺术史》，中国电影出版社1999年版，第401页。

第七章　功夫题材的文化认同和产业化路径

《叶问》系列电影在近年轮番上映，反响火热，不断创造票房神话。其实，这些电影除了王家卫执导的《一代宗师》，其他都是商业片。商业片的宗旨就是调动起观众的观影热情。在当今中国，能做到这一点的，不外乎爱国主义、乡土情结、战争题材、人道主义等题材。《叶问》系列电影恰好把这些主题糅合在功夫格斗、擂台比武上，赚足票房。

因此，我们需要思考功夫题材的文化认同困境与产业化的有效途径，而不仅仅是一般评论者重复的武德主题、民族危难主题、个人利益与集体利益冲突的主题、历史正义主题等等。笔者希望借此探究功夫题材对民族文化、文化产业以及民族凝聚力的影响。

第一节　《叶问》系列电影叫座的三种牌路

一、电影中表现的"民族情感"牌

在《叶问》中，主角叶问在跟别人切磋武功的时候，总是说："咏春叶问"。此外，金山找与叶问比试失败后，说："今天北方拳输给南方拳了。"那么，咏春拳的历史由来究竟是什么呢？叶问到底师承何人？这两个问题，在第二章和第四章已分别作出了阐述与考辨，此不赘言。但是，当这种武林门派之争上升为整个民族的灾难之时，对全体中国观众的影响就大了。按照叶问的长子叶准的说法，电影《叶问》中70%的故事都是根据真实事件改编的。自明清以降，广东佛山地区尚武成风，吸引各门各派设馆授徒，促进武术文化交流，令佛山成为闻名海内外的武术之乡。影视剧中的叶问醉心于咏春，每天都对着木人桩练习。可能就是因为如此痴迷于武术，再加上命运的坎坷、时局的变幻，他"人在江湖，身不由己"，无暇顾及儿子的成长。

日本侵华后，连家境优越的叶问一家也要为是否有米下锅而烦恼了。

就是在这种民族处于危难中的时刻，千千万万的中国人更应该团结起来，一致对外、反抗侵略，并由民族认同感升华为强烈的民族凝聚力。可见，采用民族主义叙事策略，比较容易感动当代中国大众。这就是"民族情感"牌。

二、调动岭南地区族群的"地域"牌和武林行业牌

咏春拳是少林嫡传武功之一，属南拳派系，相传起源于清朝中晚期，由武术大师五枚师太创立，后传与广东人严二及严咏春父女。严咏春少而聪颖、行动矫捷，磊落有丈夫气，她对这种拳术进行了进一步的发展，因此这种拳术也被称为"咏春拳"。它是一种集内家拳法和近打于一身的拳术，基本上只有三套拳法，简单直接。咏春拳立足于实战，长处在于贴身近攻，拳快而防守严密，攻守兼备并且注重刚柔并济，气力消耗小，可以用最小的力量发挥出最大的攻击效果，是南拳中最具实用性和技击性的拳法之一。

电影中的叶问7岁就拜陈华顺为师，而陈华顺是"岭南咏春拳王"梁赞的徒弟。陈华顺一生收徒不多，一共十六个弟子，叶问则是其封门弟子。叶问聪明过人、勤奋好学且善于思考，所以备受陈华顺喜爱。

叶问虽拜陈华顺为师，但因为陈华顺年事已高，真正教授叶问咏春拳的是他的师兄吴仲素。陈华顺逝世后，叶问跟随吴仲素钻研拳技，苦练了3年。

16岁时，叶问赴香港求学，在圣士提反学校读书。后来，他因缘际会地结识了梁赞的长子梁璧，又师从梁璧学习咏春拳近四年。回佛山后，叶问回到吴仲素的武馆，与同门、同行刻苦切磋，转益多师而集其大成，叶问的武术造诣有了突飞猛进的发展。

这是武林同道的地域文化认同，可谓之为"地域"牌和武林行业牌。

三、功夫影视的"人文性格魅力"牌

叶问平时举止斯文大方，潇洒倜傥，但是他不喜欢说话，口才也不是很好。可是当他遇到不平事的时候，就会挺身而出。1910年初，叶问和表妹等人一起去参加秋色巡游，当地军阀的一个排长垂涎他表妹的姿色，欲对其动手动脚。叶问无奈，只好出手教训对方，一招就将这个排长打倒在地。对方恼羞成怒，站起身就拔出手枪。叶问迅速地握住了对方的枪管，并用大拇指发力，直压手枪枪膛，竟然将手枪枪心压弯，使其无法发射子

弹。当看到这一幕的时候，我们就会想起在电影《叶问》中廖师傅上酒楼找"造谣者"时，警察队长李钊（林家栋饰演）拿着枪"维持秩序"。但是，叶问压弯李钊手枪后，又不动声色地请李队长饮茶，自己主动买单，从而将一场纷争消弭于无形。叶问武功奇绝，却不肯依仗武力；他处事得体，留有余地，能够为对方的脸面着想，既没有得罪开武馆的廖师傅，也没有得罪李钊。通过影视作品的艺术加工，出现在荧幕上的叶问是得到大家信服的一位大师。

20世纪60年代的香港，治安状况很差，普通市民夜晚出行，常常遇到盗贼。有一次，叶问在香港弥敦道夜间散步时，几名持刀劫匪拦住了他。他们看叶问是一个身材矮小的瘦削老者，根本没有放在心上，就准备抢劫。只见叶问以疾风式的蹬踢，同时连发数拳，瞬间就将两个彪形大汉打倒在地，持刀者更是被踢出数尺之外不能动弹。叶问处世低调，言行举止均表现出谦谦君子之风，武德、人品在武林中都堪称楷模。在《叶问前传》中，有一个外国人说中国人是东亚病夫，叶问使用咏春拳与他比赛，结果只用了45秒就把对手打倒了，但叶问并没有趁机羞辱他，而是把对手扶起来。影视作品中的叶问也是一位有着儒者风范的大侠。

这可谓"人文性格魅力"牌。

我们的重点不是分析电影情节和人物性格，而是通过这种分析，寻找提升岭南文化艺术产业发展的路径。

第二节 功夫电影对民族文化认同及文化产业的影响

文化认同，用通俗的话来说，就是自我的归属感。当大家都认为自己是"龙的传人"，就会约定俗成地认为大家是同族，就会相应地对那些不认为自己是"龙的传人"的个体、群体产生排斥。这种区分"自己人"与"外人"的"圈子意识"，是文化认同的实质。

一、功夫影视作品对民族文化认同的影响

（一）心理认同

一般说来，认同是指个人或群体在社会交往中，通过辨别和取舍，从精神上、心理上、行为上将自己和他人归属于特定客体。当个体处于危难之中时，民族文化认同便会凸显。例如，在《叶问2》的"西洋拳王争霸赛"中，英国拳王"龙卷风"在擂台上侮辱中国武术，并把洪镇南打死在

擂台上，这些都是激发广大中国人的民族认同感的因素。因此，不仅仅是影片中的中国人站起来，对"龙卷风"的行为表示强烈的不满，广大观众的情绪也被剧情牵动着，因为他们有着共同的民族认同和心理归依。从观众的接受心理角度来看，这时候的矛盾已经上升为民族仇恨了。洪镇南说："为了生活我可以忍，但侮辱中国武术就不行。"这句话成了电影中让观众记得最深刻的金句，并为电影既赢得观众的认同又创造票房新纪录发挥了重要的作用。该电影于2008年的贺岁档期在全国公映，一周内票房突破7亿元人民币，这个纪录大大出乎当时影视界同行所料。直接的后果就是，叶问同题材的电影联翩而至，扎堆开拍，转化为叶问题材。功夫电影题材经过若干年的冷清后，又开始大热特热、红极发紫了。

（二）民族认同的标准

地域、语言、风俗习惯、民族文化、职业、身份、国家制度等通常是认同的媒介，所以，有着共同民族认同感的人在特定的环境下会有着强大的民族凝聚力。例如，一个有着血缘关系的家族，当本家族以外的势力侵入他们的领域的时候，就会很自然地一致对外。这表明在他们内心深处，有一种凝聚力。同样，一个民族、一个国家，当集体处于危难之中时，民族凝聚力就会自然而然地表现出来。

二、功夫影视对民族凝聚力的影响

民族凝聚力形成的基础是民族认同，也只有在民族认同的基础上形成的民族凝聚力才是稳固的。影片《叶问》受到观众的喜欢，并获得了香港第28届金像奖最佳影片奖，《叶问》、《叶问2》和《叶问前传》都具有很浓厚的号召力和感染力。2008年的中国经历了冰灾、汶川大地震等自然灾害，在这个时候，中国人很需要信心和勇气，而这些影视作品正可以给广大中国人以信心和勇气。

影片《叶问》中，中国的习武者在与侵华日军的斗争中逐渐形成了一种不畏强暴、勇敢拼搏的精神，很好地诠释了自强不息的武术精神。随着日本侵华战争愈演愈烈，中国武者挺身而出，成为抗击日军的民族中坚力量，并逐渐形成不屈不挠、英勇顽强的民族精神和爱国主义精神。

在和平年代，我们同样需要一种精神去支撑我们的民族、我们的国家。有了这股团结的力量作为主心骨，我们的民族才会兴旺发达，我们的国家才能够繁荣富强。《叶问》系列就给了我们这个呼声：我们必须站起来，捍卫我们的权益，保护我们的国家。今天，在建设社会主义社会的进程中，同样需要每一个中国人的团结，只有团结起来，社会主义建设事业才会事半功倍。

三、民族认同、民族凝聚力对文化产业的影响

作为接受主体的读者、观众是艺术家原创作品的二度阐释者，但他们对艺术品的接受不是机械、被动的接受，他们对艺术作品接受的过程正是对艺术家原创作品的体验和升华。因此，观众在品读影片《叶问》的过程中，会结合自己的经历去感悟作品。中国在 2008 年发生了许多事情，但是，中国人都可以勇敢地团结在一起，去面对并解决问题。就是因为人们有着民族认同感，有着共同的感情归依，所以才会有如此强大的民族凝聚力。

民族认同、民族凝聚力对文化产业有着重大的影响。一千个读者眼中就有一千个哈姆雷特，不同的人对《叶问》的解读都会有差异。但是值得肯定的是，影片《叶问》牵动了千万中国人的心，让我们再一次感受到团结的力量，并让我们感受到了武术的内在魅力。因此，民族认同、民族凝聚力在一定程度上促进了文化产业的发展。

影片中的叶问在个人伦理与民族兴亡中选择了民族，维护了国家利益。在动乱的时代，叶问站了出来，并且为民族的尊严而战。不管在什么年代，都需要这种成全大我、牺牲小我的精神。正是叶问的这种精神深深地感染着广大的观众，因此，《叶问》对民族团结有着重要的意义，也对相关文化产业作出了巨大贡献。

第三节 岭南功夫影视的国际文化拓展道路

一、区域的拓展

当今海外，各类中国功夫尤其是岭南地区的各功夫流派的众多武馆流传颇广，为我们进一步做好功夫电影、功夫文化产业链条的开发，打下了很有利的国际化基础。例如，分布在世界各地的咏春体育会、蔡李佛拳武馆、大洪拳武馆、精武体育会等，正是我们进一步走向国际化的良好的发展基础。

具体言之，黄飞鸿现象、李小龙现象、叶问现象等由历史到影视的拓

展，是以珠江三角洲地区为依托，逐步向外拓展的过程。例如，叶问去世后，其子叶准、叶正继承父业，致力于向海外推广咏春拳。接下来，《叶问》、《叶问2》和《叶问前传》更掀起了学习咏春拳的热潮。人们透过这几部电影，对叶问和咏春拳都有了形象的理解。

二、武术精神的深化

在关德兴饰演的《黄飞鸿》系列电影中，黄飞鸿具有传统社会伦理价值的儒侠风范。他被迫与赵霸天比武时，只用一只手击退对方的挑衅，另一只手展开宣纸，写下了遒劲有力的四个大字——仁者无敌。这一形象活在几代观众的心里，成为黄飞鸿电影里的经典。

叶问从小就接受儒家思想的教育，当遇到不平事的时候，就会挺身而出，绝不含糊。影视作品中的叶问也是如此。《叶问》中的叶问似乎每天只懂得喝茶、吃饭、玩功夫，但是，当民族处于危难之际，叶问还是站了出来，他勇敢地站上擂台，为了民族的尊严、为了国家而战，没有半点犹豫，最后把敌人打倒在地。这时候，叶问中枪了，相信所有观众的心情都是一样的，都希望这位民族英雄可以重新站起来！在这个高潮里，我们对民族团结、民族认同有了新的理解。武术，不仅仅是用来分胜负的，在关键时刻，还可以唤醒沉睡着的中国人。

总之，影视叶问的国际文化拓展不仅仅是在地域上的扩展，更重要的是对武术精神的深化。在这一点上，影视叶问表现得淋漓尽致。在民族处于危难之际，作为一个武术宗师，叶问挺身而出，用自己的实践证明中国人不是"东亚病夫"。

三、李小龙——推进咏春拳的国际拓展进程

李小龙在世界武坛和影坛上取得了辉煌的成就，并且为咏春拳的传播作出了极大的贡献，让世界对咏春拳有了一定的认识。同时，由于李小龙的巨大影响，香港的许多影视明星都因为崇拜李小龙而开始学习咏春拳，其中包括成龙、洪金宝、元彪。在李小龙的主导下以及电影媒介的作用下，咏春拳开始走进人们的视野。

佛山祖庙设有一个叶问纪念馆，里面有许多关于叶问的资料，各地的游客到佛山后，都会到祖庙看看。笔者也曾经在国内外友人来佛山时带他们到祖庙参观，因为自己是倾心于岭南功夫电影的研究者，也就责无旁贷地成了友人们参观黄飞鸿纪念馆和叶问纪念馆时的义务解说员，为他们讲

述近代岭南武功大师们，尤其是黄飞鸿、叶问、李小龙的生平故事。朋友们纷纷表示，佛山祖庙是展示中国文化的一个很好的平台，并期待着观看表现这些武功大师生平传奇的电影。功夫文化作为佛山的本土文化，可以通过观光旅游的方式传播出去，其中，通过电影这一媒介传播，也可以起到很好的效果。

第四节 打造佛山名片，提升佛山国际知名度

一、以电影为载体，把岭南功夫传播出去

中新网 2010 年 8 月 23 日电，据加拿大《世界日报》报道，随着三部以一代宗师叶问生平为蓝本的电影《叶问》、《叶问 2》和《叶问前传》在中国上映后，一度在当地掀起了学习咏春拳的热潮。而且，这股热潮甚至漂洋过海登陆加拿大多伦多，令一班原本对武术不甚了解的影迷纷纷走入武馆，感受中国传统功夫咏春拳的魅力。

电影是一个很好的载体，它可以形象生动地把各派武功的魅力展示出来。与此同时，人们可以通过影片去了解其中的人以及地域文化。第一，功夫影视的文化产业拓展有利于发展地方经济。第二，功夫影视的文化产业增加了各方的文化交流，为咏春拳的传播提供了一个很好的渠道。第三，功夫影视也对观众产生了重要的影响，让人们懂得什么是武德。

近年来热映的《叶问》、《叶问 2》以及《叶问前传》，不仅仅让影视叶问在中国各地得以传播，而且还传到了东南亚、北美等地区。

二、大型咏春拳展示活动——新的吉尼斯世界纪录

据《南方日报》报道，佛山地区民众习武的普及活动不断刷新纪录。2010 年 9 月 25 日，在佛山市南海区狮山镇的罗村举办了大型的咏春拳展示活动。这次大型咏春拳展示活动的有效人数为 3167 人，打破之前 750 人的纪录，成为新的吉尼斯世界纪录。随着吉尼斯世界纪录认证官吴晓红的宣布，咏春拳展示活动的吉尼斯纪录在叶问的故乡——南海罗村被刷新。

叶准认为，通过地方政府的大力推广，"叶问咏春"的品牌会更响亮，在产业化发展过程中，则要把叶问咏春所蕴含的爱国、民主精神和哲学道理囊括其中。是的，我们在向社会推广叶问咏春的同时，就应该把叶问的精神推广出去。创造新的吉尼斯世界纪录是为了更好地让世界人民知道咏

春、了解叶问，同时把叶问精神传扬开去。

三、旅游——让世界人民多了解佛山的功夫文化

佛山是著名的武术之乡，有大家熟悉的黄飞鸿、佛山赞师父等功夫名家。今天，咏春拳宗师叶问的故事被搬上荧幕，让更多人了解叶问和咏春拳。这是一个很好的契机，可以让更多人认识叶问、认识佛山，了解佛山还有蔡李佛拳、白眉拳、龙形拳、十形拳、节拳等等。佛山人可以抓住这一机遇，并结合当地的旅游资源，规划新的旅游路线，进而打造好这一张佛山文化名片。

综上所述，叶问从历史到影视的拓展是一个循序渐进的过程，是一个以珠江三角洲为起源，并不断向外拓展的过程。李小龙通过其在美国的影响，将咏春拳传播到国外去。2008年，讲述一代武术宗师叶问的影片终于登上舞台，并且受到广大观众的喜欢。作为一种武术精神，它深深地感染了千万中国人；作为一种文化特质，它可以成为我们的精神支柱。中国是一个人口大国，极其需要这样一种文化凝聚力，让全国人民可以团结一致，共同对抗一切敌对势力和自然灾害。而且，这种民族认同并不是狭隘的，而是在保护自己民族利益的同时，不去损害其他民族的利益。

第五节 文化认同的特定优势

在影视史上，粤港的功夫电影一直以一种独特的姿态占据着重要地位，经过半个世纪的发展和演变，既有辉煌的巅峰，也有转型时期的变革，如同一首长长的变奏曲，有惊艳的开头，有中间段的低沉，也有变奏后的激昂，一直以来受到全世界华人的热捧，也打开了欧美市场，风靡全球，掀起学习中国功夫的热潮。可以说，功夫电影是一个成功的范本，也是独一无二的文化现象，这值得我们思考。粤港功夫电影与岭南传统文化的关系是不可分割的，且渊源极深。本节试图通过对功夫电影的特点进行分析，探讨其中的岭南文化因素和影视环境，从而与广东影视文化产业的发展进行对比，从中寻求启发和可借鉴之处。

人们喜欢电影，不仅仅是因为荧屏上的光影交错，给我们带来刺激的感官享受，而是这种独特的叙述具有镜子的反射性能，仿佛巴赞所说，"电影是现实的渐近线"，它比其他艺术形式更贴近生活，也颇具纪实性。

大多数粤港功夫电影，如黄飞鸿系列，不仅塑造了武术高超、武德高尚、正气凛然的武术大师形象，还记录了处于分裂期的、内忧外患的中国，记录了传统中国文化遭遇西洋现代化的困窘。深沉的大时代感，如同揭开了伤疤，也是对民众爱国主义的检验。这些元素默默地配合着让人眼花缭乱、叹为观止的功夫元素，构成了一部符合标准的功夫片，即具有戏剧张力的剧情加上港人苦苦探索出来的武术表现。

作为一种电影类型，功夫片有着自己的独特内容，即必须是"以拳脚功夫为主，即便使用棍棒、刀剑，也同样是真人真实功夫的打斗"的表演。而在舞美表现上，则随着时代的变换而存在差异。如胡鹏导演的黄飞鸿系列，20世纪50年代的作品与60年代的作品的视觉差异就非常明显。随着电影的发展，功夫电影的叙事结构也不一样，如从早期的单一线索到徐克导演的多线交叉处理。笔者相信，在信息流动畅通、交流日益加深的今天，在电影画面的处理上，香港和广东的差距会越来越小，尽管广东影视文化产业的起步较晚，但对于电影产业而言，只要潜在的巨大市场打开了，其发展将会是井喷式的。在此，笔者将着重归纳出功夫电影在内容上的共同点，再把这些共同点放入广东的影视文化产业环境中进行反思和借鉴。

对海外华人而言，珠江三角洲有着地缘上的独特性和文化认同感，就以功夫电影、电视剧中的场景来看，优势如下。

一、功夫电影中的岭南风情画

对于粤港澳观众而言，对功夫电影的热爱，更多的是源于电影中的岭南文化和族群认同。笔者因为研究黄飞鸿功夫电影而成为第一位获得"功夫电影"博士学位的学人。依据笔者的系统清点，单单在108部黄飞鸿同题电影中，以舞狮为片名的有9部，以舞龙为题的有8部，以民间过节抢花炮为题的有3部。舞狮、舞龙都是岭南人的共同记忆，直到今天，这个传统风俗还在传承，每逢店铺开业、逢年过节、嘉庆典礼，都能看到舞龙舞狮的表演。除此之外还有武馆。据史料记载，当时广州和佛山的武馆不下百家，可谓武馆林立、习武成风。功夫影片中强烈的地方色彩，让我们感到既陌生又熟悉，陌生是因为那是昨日的，熟悉是因为那是属于我们的。现代生活环境变化的脚步很快，各种新媒介的出现，使得信息流动加速，事物的新生与死亡同时进行着。这样一来，传统文化和习俗的瓦解不可避免，也让我们对传统的思念越来越强烈。

功夫电影极力还原一幅岭南风情画，从这一点我们可以感受到，传统文化、地方特色不仅是电影文化产业的一大招牌，也是电影生命力之所在。近年来，大型电视连续剧《七十二家房客》获得的巨大成功，也是一个极有说服力的例子，剧中有包租婆、包租公、卖烟女、拉车仔这些极具时代感也有地方色彩的角色，有喝早茶、吸水烟这些岭南人熟悉的风俗，加上幽默诙谐的剧情，得到了本地观众的认同。当然，我们应该留意到的不仅是表面上的风俗形式，而是深层次的族群、地方心理认同。在影视作品的创作中，不需要刻意地对古老风俗进行纪录片式的严肃处理，而是要紧紧抓住对这种地方文化的心理认同，让观众产生共鸣。

二、功夫电影中抗暴锄奸的理想英雄

与其说每部功夫片都在塑造一个武术高超、武德崇高的英雄，不如说是在抒发一种公民理想和公民道德。很多时候我们抱怨现在的功夫片不好看，并不是因为其打斗的画面不够精彩华丽，而在于价值观上出现了落差，就如香港电影研究员蒲峰所言："每种类型都有它类型的力量，抽掉锄奸的快感，去掉狭义的抗暴虐精神，只靠漂亮的打斗设计是没有力量的。"也就是说，要让一部影片充满力量，必须保留和发扬普世价值观，即暴虐是破坏社会秩序的，但如果以牙还牙、以暴易暴，那么，对抗暴虐的暴力必须要有所约束，也就是所谓的武德。在电影中，我们常常看到，黄飞鸿的出手是懂得把握分寸的，并不置人于死地，而是表现出一种建立在暴力基础上的仁义；霍元甲更是体现了一种现代体育精神，那就是：习武不是为了打斗，而是健身强体、壮民强国的一个途径。

在功夫电影的发展历程中，对暴力的解读是变化着的，从单纯、热烈的推崇到理性、收敛的思考，这反映了几代香港电影人的价值观念和香港人的身份认同都在随着时代的步伐而渐进演变。所以，粤港的功夫电影对于粤港人民来说，有一种别人体会不到的味道。当我们探索本土影视产业的出路的时候，不禁会想，我们的影视作品到底迫切需要表达的是什么？需要塑造怎样的作品精神特质？

笔者认为，至少可以有如下三个方面的思考：

第一，善于借用香港电影界和好莱坞的电影制作与国际化营销网络的优势，要采用充分市场化的运作方式，让市场顺畅地组合、支配艺术产业的运行。政府的主要职能是事情发生中的监管以及事情发生后的调控，而不是事前的审批。

第二，在怀念乡土情怀的同时，反映现代生活的心态和价值倾向，适当地加以引导。但是，要避免生硬的说教与宣传，要体现现代的开放性和包容精神。

第三，不能闭门造车，囿于自己的行政管理或行业范围，生产"小圈子"作品。我们需要有共享意识，及时了解世界的发展趋势，制造不仅能引起本地受众的共鸣，也能走向世界的作品。在这里，需要对影视市场有清晰的判断，毕竟影视作品不仅是文学作品，也是需要消费的商品。

随着广东经济的发展，广东的影视文化产业也需要迈上一个新的阶段。可是，广东影视文化产业的发展却四处碰壁，好剧本的匮乏、观众的审美疲劳等，都成为广东影视文化产业发展的阻碍。而粤港的功夫电影一直保持着良好的势头，不仅在香港，在内地也深受观众的喜爱，其精湛的武打场面、独特新颖的剧情发展、电影产业的经营模式和电影背后所传承的文化等都值得我们去学习和借鉴。广东影视文化产业在功夫电影拍摄方面有着"地源"题材的优势。可以说，以岭南武功大师为题材的功夫电影是一个无穷的资源，对于广东影视文化界来说，带有广东气息的功夫英雄更是一种无形的资产，要利用好这宝贵的资产，在探索出光明大道的同时，也致力承担起传承功夫文化的责任。

第六节 广东影视文化产业化路径

黄飞鸿、叶问、李小龙等岭南功夫大师的功夫题材电影的实践道路，给我们提供了具有岭南特色的广东影视文化产品成功走向产业化的可能路径。

一、借鉴粤港功夫电影剧本创作让广东影视文化产业突破"好剧本匮乏"的瓶颈

随着影视作品的日益增加，广东影视文化产业陷入了低水平、低质量的困境。一部剧本的质量决定一部电影的好坏，好剧本的匮乏成为广东影视文化产业发展的绊脚石，剧本创作的良莠不齐，使广东影视文化产业停滞不前。广东影视文化产业要想突破这个瓶颈，就要借鉴香港功夫电影剧本的优胜之处。香港功夫电影作为广东影视文化产业的一个借鉴，其影响力绝不会随着时代的转变而走下坡路，反而能促使广东影视文化产业在功夫电影这一方面力求精益求精，打造出具有时代气息又不乏传承传统功夫文化的精品。粤港功夫电影的发展同时促使了武师业、演艺业、文化会展

业、文化旅游业、音像业向功夫影视方向靠拢，这些行业锻造出的精英与人才能为广东影视文化产业输入新的血液。特别是在功夫剧本的创作上，粤港功夫电影的取材大多来自广东的功夫英雄，例如，最有影响力，并一直为功夫电影创作所青睐的黄飞鸿，武功极高、受人尊敬的"广东十虎"，等等。可以通俗地说，这些广东的功夫英雄都是功夫电影剧本的养分来源，对于广东影视文化产业来说，更是一个无形的资产。广东影视文化产业的发展需要逐渐在功夫电影上下功夫，对功夫电影的剧本更要万中挑一。

在功夫电影的剧本创作中，广东创作人能寻找到更多功夫大师的第一手资源，他们比香港的剧本作家更有条件接触到功夫大师的后代，更有机会亲临大师们的故居，这些优势能促进他们灵感的迸发，进而写出优秀的带有广东本土气息的功夫电影剧本。我们在赏析一部香港功夫电影时不难发现，观众在看重武打场景的同时也沉浸于喜剧的氛围。例如，在《黄飞鸿铁鸡斗蜈蚣》中，宝芝林与官府由平和到矛盾的激发从而促使黄飞鸿的一起一落，其中也插入了黄飞鸿与敌人交手的场景，功夫愈演愈烈，剧情紧凑让人乐在其中。这部戏卖座的既是它的笑点（剧情），也是武打的场景（功夫文化的精髓），两者相得益彰，观众既能在其中感受到喜剧的元素，也能欣赏到功夫文化本身的魅力，这是一个好剧本所能呈现给观众的核心要素。由此，广东影视文化产业借鉴香港功夫电影情节，在功夫电影剧本中以武打场景为基底，加上一条爱情线和喜剧的元素，就能起到点缀的作用，这应该是好的剧本所具备的。

二、依靠影视的经济效应促进广东影视文化产业的发展

香港的功夫电影搬上荧幕前，影片的策划就已经开始了。影片的策划包括影片播出前的宣传，继而是电影的衍生产品，如宣传刊物与纪念刊物等。当一部电影公映时，除了演员之外，观众感兴趣的莫过于电影的剧情，所以影片在播出前应该尽量多地透过电视和视频网站等媒介播放预告片，加大宣传的力度，令其气势如虹。香港功夫电影在宣传方面的手段从来都是层出不穷的。例如，《黄飞鸿之二男儿当自强》上映前，李连杰就在媒体面前以剧中人物黄飞鸿的形象出现，并在宣传会上打起功夫来；在这部电影放映结束后，发行方也派发纪念刊和剧照的照片册给到电影院观看电影的观众；这部电影大获成功后，香港的"黄飞鸿"热潮再度掀起，李连杰塑造的黄飞鸿形象手办模型开始销售，该剧的海报、音像制品等也大量发行；影片进入内地后更是受到内地人特别是广东人的喜爱。这就是

"电影链条"①。

　　广东影视文化产业也应该看重这条电影链条。例如，本土出产的《大话黄飞鸿》注重前期的宣传，其影片的片段介绍吸引了不少观众的眼球，这是成功的第一步。这部剧本身以轻松诙谐、妙趣横生的故事情节为卖点，获得众多观众的喜爱。但是制作方并没有充分地利用眼球经济产业链条的综合效应。首先，播出后的宣传力度不够，制片人其实可以考虑将这部剧用普通话配音然后推广到其他省份的电视台播放，增加观众量，仅仅在本土播放，观众数量是有限的。其次，这部老少皆宜的短剧应该抓住时机，在获得好评时乘胜追击，拍摄续集。香港制作的黄飞鸿功夫电影系列已经有百余部，而广东以黄飞鸿为主题的剧集始终还是一部短剧。再次，该剧的海报、音像制品等也极少发行。因此，我们在注重剧作本身质量的同时，也应该注重"电影链条"的作用。前期的宣传起到的是引起观众兴趣与好奇心的作用，后期的再宣传和影视周边产品则能使观众加强对这部剧的印象。广东影视文化产业若能更加注重这条"电影链条"，就能得到更好的发展。

三、广东影视文化产业必须承担起文化传承的责任

　　香港功夫电影之所以有如此多的受众，是因为功夫本就是中国的国粹，香港功夫电影就是利用这种无形资产的再现吸引观众，说到底就是利用了中华文化的吸引力。赏析功夫是一种审美过程，观看功夫电影，其实也是文化传承的过程。对于自己国家的传统文化，我们乐于去继承并学习个中精粹。广东这一个文化色彩丰富的地域，是广东影视文化产业发展的温床。广东影视文化产业应该好好地利用本地文化资源，借助自身优势制作出具有本土特色的文化作品。香港的功夫电影把黄飞鸿塑造成一个神化了的人物，其背后的文化意义是十分深厚的。我们喜欢观看黄飞鸿电影，除了被个中的打斗场面所吸引外，还有电影中寓含的文化传统，这种文化除了武术文化和舞狮文化外，当然还有历代岭南武功大师身上那种侠义精神以及忧国忧民的情怀。广东影视文化产业在功夫电影制作方面应该承担起文化传承的责任，融入更多的功夫文化元素，让中国的国粹——功夫文化得到传承。

　　综上所述，借鉴香港功夫电影的成功，广东影视文化产业的发展需要从剧本创作、运营模式（电影链条）以及传承功夫文化三方面下功夫，借助以功夫为主题的电影，走出一条具有国际竞争力的道路。

---

① 参见黎芳著《经济与文化的隐形关系》，中国人民大学出版社 2003 年版，第 86 页。

第八章 创建"岭南功夫影视城"的构想

黄飞鸿、李小龙、叶问功夫影视作品在世界范围的横向扩张与纵向渗透,为佛山创建"中国功夫影视城"带来了极大的品牌效应、观众认同基础、创意文化产业化的便利。我国近现代功夫文化最著名者,当属霍元甲武功系列、兼跨美国和中国香港的李小龙系列,岭南功夫中更有庞大的铁桥三—陆阿采—黄飞鸿—林世荣、洪熙官—方世玉、梁赞—陈华顺—叶问等叙事系列。任意一个系列铺展开来都极具先天的文化资源优势! 当今中国影视界在世界上令好莱坞、迪士尼望其项背的,是武功电影及其衍伸产品。① 创建"中国功夫影视城"应当是文化升级规划里最闪亮而浓墨重彩的一笔!

以电视剧、电影以及电视化的粤剧为主打媒介,侧重开发以中国南派功夫民俗影视艺术产业为核心竞争力和王牌产业链的一整套文化产业国际化拓展道路,为佛山市在未来的三至五年里形成文化产业出口的强势地位,在物质产品层面的贸易之外,开拓出文化产品、文化精品、文化拳头产业的国际扩展之路,是迫在眉睫的任务。

第一节 历史条件和现实基础

佛山在近二百年里形成了中国的"武术之乡"、"功夫重镇"、"南派武功中心",逾百家武术门派集一时之盛,声势誉满华夏,威风横扫寰宇! 无论是至善禅师、洪熙官、方世玉、铁桥三、林福成、黄麒英、黄飞鸿、林世荣、朱愚斋一系名满粤港澳、东南亚的洪拳大师,还是严咏春、梁赞、陈华顺、叶问、李小龙一系享誉全球的咏春拳高手,抑或以陈享、张

---

① 参见姚朝文《黄飞鸿功夫电影海外传播路线及影响力分析》,《文艺研究》2010 年第 7 期。

鸿胜①、陈盛、雷灿、谭三、刘忠为代表的蜚声世界的蔡李佛拳名家，他们的共同特点都是从佛山起家，移居广州、香港、海外而功成名就，在大众传媒时代成为举世闻名、声势煊赫的"中国功夫代言人"、"二十世纪世界名人"、"武之圣者"。

佛山是岭南武术的发祥地，也是咏春拳、洪拳、蔡李佛拳等南派重要武功门派的立足地。黄飞鸿、叶问、李小龙等佛山武术家的名字随着展示其英雄事迹的影视作品的出现而闻名海内外。然而，"武术之乡"佛山却没有把握好历史机遇，乘势而上地建成全国乃至世界级的"功夫影视基地"。

佛山的人文自然景观本身就存在着制约佛山吸引更多影视作品进驻的因素。首先，佛山的自然风光还不能与国内其他名山大川相媲美。即使是最美丽的西樵山也无法与五岳、张家界、九寨沟等得天独厚、久负盛名的自然风景区相提并论。其次，佛山现存的古建筑多为清代所建，既没有诸如南京、西安、北京等历朝古都的厚重，也没有开平、梅州等南粤侨乡独具一格的特色；就算是祖庙、东华里，也是以民居为主，虽然保存完好，但不可能跟周庄、丽江等地的建筑相等同，更没有达到当时建筑艺术的最高峰。

但佛山拥有任何城市都无法匹敌的优势，那就是武术资源。佛山武术不仅仅立足佛山，更是辐射全国、全世界的一种文化，港台影视作品已经捧红了黄飞鸿、李小龙、梁赞，现在正热捧着叶问、铁桥三等，佛山应该在这个功夫片拍摄热潮中，寻得一席之地。

当佛山功夫界的高手在世界各地培养出几十万甚至上百万洋弟子、功夫产业炙手可热的时候，这个被笔者专门论证过的"功夫之乡"②的高手祖居地却十分冷清；尽管门派林立，也不断地涌现出咏春拳国际公开赛的冠军、拳王，但是佛山本地的功夫产业链却不完整或不够壮大！关键原因在于，我们没有意识到传统功夫可以采用现代经营管理方式变成"摇钱树"，发展为渗透力可跨越五湖四海的"文化产业"③。这种影视文化产业远比实物经济贸易的扩张力量巨大且持久得多，其贸易形式所受到的外在自然条件的限制也比实物经济少得多！

---

① 参见佛山炎黄文化研究会、佛山市政协文教体卫委员会编《佛山历史人物录》，花城出版社2004年版，第109页。

② 参见姚朝文《武术之乡的武功大家》，载《佛山历史人物论丛》，广东人民出版社2012年版，第296页。

③ 参见姚朝文《论影视民俗艺术产业的研究方法创新——以黄飞鸿影视民俗诗学研究为例》，《城市文化评论》2011年第6期。

构建一个有岭南特色的环境，其实在功夫电影中早有先例可援，其中最为人熟知的莫过于创造了吉尼斯世界纪录的黄飞鸿系列电影。在这些"反映岭南社会民俗风情的粤港功夫影视"作品中，"有大量对传统自然经济条件下水乡渔猎文化的呈现"，包括"武馆与社区群落"、"宝芝林药铺与岭南民系的生计"、"舞狮、舞龙、抢花炮与行业帮会"等。① 就是在电影《叶问》里，也都复现了桑园、联昌纱厂的旧貌，体现了当年"武馆街"的盛况。独具岭南风貌的特色建筑还有很多，如广州的"竹筒屋"、"西关大屋"、"骑楼"，客家的"围龙屋"，潮州的"四点金"和"下山虎"，黎族的"船形屋"，水上居民疍民的"连家船"，等等。构建具有岭南特色的佛山功夫影视城，还可以系统、有机地融入佛山的剪纸、香云纱、秋色扎作、粤剧、木版年画、石湾公仔等传统技艺，甚至是行通济桥、拜祖庙、生菜会等民间风俗。② 这个影视拍摄地会成为佛山一个很有特色的旅游景区，对岭南传统文化也能起到很好的活化保护作用。

由于香港的岭南功夫电影，尤其是黄飞鸿系列电影里，反映佛山或岭南民俗的几乎都是舞龙、舞狮、采高青、放花炮、喝米酒、吃粤菜，却很少将陶瓷、秋色巡游、木鱼歌、龙舟歌③、木版年画、剪纸、刺绣、灰塑等浓墨重彩地加以表现，还远远没有发掘完佛山与岭南的文化资源、文化要素、文化产业的潜力。国家对文化产业应该大胆放手，减少行政限制，尤其应该降低或破除许多非市场化的审批限制。而对于中央电视台等传媒巨无霸，对各地优秀影视作品的入选、播出加入了非营利性的附加条件，增大了各地方影视作品入驻中央电视台的成本。

佛山以岭南文化特色为侧重点的影视艺术产业，完全可以加强与香港传媒产业的优势互补，实现强强联合，增进共赢效果，借势提升佛山的影响力。

第二节　岭南影视传媒创意产业基地落户何处

佛山的岭南影视传媒创意产业基地目前的落户选择有祖庙、梁园、中山公园、顺德均安李小龙故居博物馆、西樵山南麓黄大仙影视城景区、中

---

① 参见姚朝文《粤港功夫影视中舞狮与舞龙的非文本诗学意义》，《佛山科学技术学院学报》（社科版）2008 年第 4 期。
② 参见江佐中、吴英姿《佛山民俗文化》，广东人民出版社 2009 年版，第 251～257 页。
③ 参见姚朝文《龙舟说唱的非文本诗学价值》，《文化遗产》2009 年第 3 期。

央电视台南海南国桃园影视城、佛山电视台影视制作基地、1506 创意产业园等若干家。

创建岭南功夫影视城是佛山创意文化产业崛起的第一品牌和拳头产品，能够极大地提升佛山的文化经济效能。以莲花路、升平路、永安路旧城改造为基础，还原武馆街（百余家门派各挂出招牌）、中药客栈（宝芝林、杏济堂、冯了性、黄振龙等）、香云纱店、木板年画铺、剪纸铺、花铺、花炮行、灯饰店、丝绸庄、古董文物店、书画店、龙狮演练场、粥粉店，旁及咏春拳馆、中山公园精武会馆，可以组成具有现代商业营销功能和传统社区氛围的功夫影视城场景区；再加上西樵山的名山景观、观音文化，凭借黄飞鸿狮艺武术馆、黄大仙电影梦工厂、黄飞鸿武术学校，构成三足鼎立的功夫影视观赏、培训、拍摄的产业化基地；复以南国桃园的古城堡建筑群为依托，结合祖庙的黄飞鸿纪念馆、梁园、东华里、清晖园、荷花世界、大卧佛景观区，以及南海罗村的叶问咏春拳训练基地、顺德均安的李小龙故居，构成旅游一条龙服务网络、游览观光一条龙景点，组建成汇集影视产业链、武功培训与展演产业链、旅游连锁经营一条龙，集宗教认同、休闲养生、购物娱乐、爱国主义教育于一体的文化产业共同体。配套建设纪念馆、专业性武功博物馆、武馆、中医跌打诊所、功夫电影电视剧演播中心、南派功夫文化网站、功夫文化图书城、功夫文化综合超市（售卖功夫器械、功夫服装、功夫道具、功夫旗帜、功夫徽标、功夫纪念品、功夫书报杂志）、功夫饮食茶点销售中心、笑尘寰大酒店，等等。整合各自的优势资源，协调发展，区分定位，资源共享，信息共有，这种以产业为先导，兼具社会文化事业功能和部分公益服务特征的产业同盟，是继佛山成为岭南制造业第一大市之后，继续提升综合服务功能，由第二产业为主导向"第二产业和第三产业齐头并进"发展模式转型的一个重要的战略步骤，可以营造出"岭南功夫文化圣地"的品牌。

理性且科学的分析要建立在如下制约因素基础之上：现有地理环境的有利因素、现有设施的成熟配套状态、问卷调查的统计结构分析、高速公路游览指示牌的宣传与标识效应等等。为此，笔者在 2012—2013 年的暑假期间，组织了 351 人次的田野调查和综合问卷调查。调查的各项数据比较枯燥，此处从略。

综合上述各种因素和问卷调查结果，比较南海西樵山功夫影视城、伦教长鹿农庄、南海南国桃园与均安李小龙乐园的营业数字、经营理念、产业化规模和景观条件、道路交通条件、综合潜力，初步确定了两家最有优势的地址，即西樵山南麓的黄大仙影视城景区和南海南国桃园中央电视台影视城。香港投资家兼咏春拳练习者沈自林在 2009 年宣布，将投资 50 亿港元（首期12亿港元）在西樵山建成功夫影视城。① 在访问冼国林董事长、梁旭辉会长、佛山传媒集团制片人黄东等人，以及佛山科学技术学院的二级学院体育学院、位于西樵山的民间机构黄飞鸿武术学校等院校后，笔者得出结论：

佛山受到土地资源紧缺的限制，无法像杭州的横店影视集团那样营造出宋城影视拍摄基地，也无法像无锡那样划出专门的土地营建唐城，而只能采用现有环境和场景的优势组合策略，完成单一场地无法完全具备的岭南风情与武功影视拍摄基地的组合，从而实现优势互补，达到宋城、唐城无法获得的集聚复合优势。

总之，采用禅城区中山公园作为岭南园林和精武体育会场景的优选基地，采用西樵山功夫影视城、黄飞鸿狮艺武术馆和天湖公园国家级龙狮训练与国际大赛场地作为擂台比武的绝佳场景，采用西樵山白云宾馆附近的民居、松云里及禅城区的祖庙和梁园，顺德大良清晖园、均安李小龙乐园，三水区芦苞祖庙的武当行宫，作为佛家武功、道家武功、儒家文化和近代乡村生活风情的表现场地。如此集成，最具备现实可操作性和发展的时空条件，又不影响现有场景和居民的日常生活，还可以盘活当地经济，带旺旅游人气。

坐落于佛山市禅城区西南侧的西樵山，是广东四大名山之一，也是国家5A级风景区，有"南粤第一名山"之美誉。

笔者在2012年提交给佛山市政府的年度重点决策咨询研究课题报告《城市升级中岭南文化元素的系统有机融入》里提出，目前佛山已经形成的"佛山旅游文化节"、"佛山秋色欢乐节"、"佛山武术文化节"、"中国陶瓷博览会"、"亚洲文化艺术节"、"行通济桥"、"首届佛山中国雕塑大展"等活动，除了"行通济桥"是禅城区的风俗，与西樵山无涉外，其余的几乎都与西樵山有关。当然，西樵山现在最负盛名的除了"南粤第一名山"、世界最高的观音坐像、黄飞鸿狮艺武术馆之外，就是每年五一和国庆期间举办的世界级"黄飞鸿狮艺争霸擂台赛"。

西樵山旅游景观区将西樵山梦工场、黄飞鸿狮艺武术馆、黄飞鸿武术训练学校、天湖"黄飞鸿狮王争霸赛"与佛山禅城区祖庙的黄飞鸿纪念馆、精武体育会、各大武馆历史古迹、罗村叶问咏春拳训练基地、均安李小龙乐园、佛山鸿胜馆祖馆及当代名家联系起来，形成佛山功夫影视的功夫依托、景观联盟，设立段位晋级制度，共同举办大型国际赛事，再现佛

---

① 参见《西樵引资12亿建"樵山梦工场" 年收益45亿》，http://www.citygf.com/FS-News/FS_002003/FS_002003002/201009/t20100928_774099.html。

山在国际武坛的号召力,擦亮佛山国际名片,条件独具,众望可期。

因为有了西樵山梦工场,西樵山的游览区也扩大为西樵山梦工场、南海博物馆、石景宜纪念馆、三湖书院、松塘历史文化名村、西岸旅游产业园、山南旅游接待中心等多方位的文化旅游工程的建设。再加上南海影视城、中山公园、祖庙、梁园、清晖园、李小龙乐园的配套服务,佛山营造国家级的"中国功夫影视城"的软件、硬件条件已经满足了科学论证所必备的充要条件。正所谓万事俱备只欠东风了。这个东风,就是能否抓住国家当前规划"一带一路"的国际拓展大战略的有利时机,占领国内外的文化产业市场。

佛山没有意识到传统功夫可以采用现代经营管理的方式而变成"摇钱树",可以发展出渗透力跨越五湖四海的文化产业。现在,我们站在新的历史高度、新的经济实力基础之上,以全新的视野、文化产业的经营意识、非物质文化遗产保护的资源优势,乘上国家提倡文化艺术大发展、大繁荣的东风,先行先试、勇闯新路,突破现有文化管理条块分割、功能交叉、重控制轻服务的障碍,以大部制改革和行政服务功能升级的创新管理为先导,为文化产业前端充实内容产业、中段扩大岭南文化元素横向嫁接的潜能、末端延伸产业链条服务。

未来的佛山文化产业将发挥出它本来应有的巨大能量,从而前程似锦,建立功夫影视城,在实现巨大的产业经济和文化品牌国际性影响的同时,也会提振民心,增强社会认同感。

第三节　产业经营建议与对策

中国影视作品在世界上最有竞争力的既不是战争片、科幻片、爱情片,也不是宫廷剧、伦理片、卡通片,而是凭真实功夫征服了全世界的功夫片。功夫片与虚构的武侠片其实是两种类型的艺术梦想。而佛山有最深厚的历史积淀和品牌效应来做好自己的"中国功夫影视梦",从而在"中国梦"大合唱中,找到自己的"梦想"定位、步骤、路径和对策。

令人吊诡的现状是:一方面,我们惊叹于佛山作为"武术之乡"、"岭南历史文化重镇",无论是武术还是其他历史文化资源都极其丰厚,这是其他地方难以媲美的;另一方面,当铁桥三、苏乞儿、梁赞、叶问、黄飞鸿、李小龙等一代武术名家通过影视方式而街知巷闻时,佛山却无法打造属于自己的功夫影视产业,佛山的武术及其他传统文化元素迟迟不能步入市场运作轨道，以产业化的形式来进行保护和开发，而面临被边缘化或为他人所用的尴尬局面。

经营功夫影视文化产业，归根到底是经营城市的文化产业，体现了城市发展过程中外在形象与内在精神的人格化统一。建立一条完善的产业链，对于佛山功夫影视文化产业的运作具有关键性的意义。

花木兰的故事在中国，通过戏剧、歌曲、杂剧、现代舞，甚至邮票、书画等表现形式来传播，却比不上采用影视形式传播的迪士尼版《花木兰》来得有效。究其原因，影视传播快、覆盖面广、综合影响力强，虽然投入高，风险也很高，但与发行网络的持续收益相比，其摊平价格低廉，比起戏剧，普通老百姓更容易消费得起，当然更重要的一点是电影《花木兰》具备了一条成熟的文化产业链。这警示我们：丰富的历史文化资源当然是佛山的优势，但在全球化的市场里，如果没有有效的国际推广，被国外企业抢走只是迟早的事，而有效的推广需要一条完善的产业链。

创建岭南功夫影视城是佛山创意文化产业崛起的第一品牌和拳头产品，能够极大地提升佛山的文化经济效能。我们可以先从非物质文化遗产保护层面入手，将各门各派武功以"一本源流、一册拳谱、一种传记、一部纪录片、一部电影、一部电视连续剧、一所培训中心、一家分级晋升认证机构、一家擂台竞赛场、一支精英选手国内外巡回表演比赛队伍"的方式建立起"十个一"工程。由政府文化产业办公室牵头，由宣传部、文化广电新闻出版局、体育局、佛山科学技术学院相关专家、佛山科学技术学院体育学院全体师生组成决策和领导机构，统合各民间组织、各地设施、各种社会机构，废弃传统的门户之见，以影视传媒为主导，以影视剧本为依托，以影视剧作品为主打产业，拍摄纪录片、教学片、影视剧，开展培训机构、学历学位教育、段位竞赛制、擂台举办竞标制，经营功夫队进行国内外巡回表演，举办政府权威机构认证的国家级与国际级功夫争霸赛。同时，从小学体育课直到大学体育课和公选课程均开设中国功夫，则不出十年，环视我佛山青年，个个身强体健、智勇双全，皆可成为素质教育与传统国粹相结合的楷模。"以武止戈，爱我中华"的教育深入民间，文化产业将优势循环渗透到每一位佛山民众，团结友爱、侠义正直的国民性格即可得以强化。

基于上述思考，笔者特提出三点建议和三点对策，力争在佛山城市升级中引领岭南文化元素，形成有世界级竞争力的文化产业。

三点建议是：

（1）整体着眼点。成立市一级的"文化创意产业指导与协调委员会"，由政府牵头，但一定要由产业运营者、投资者、规划者、志愿者群体共同组成指导委员会，以西樵山的名山景观、观音文化、黄飞鸿功夫影视文化为品牌龙头，以南国桃园的古城堡建筑群为依托，结合祖庙、梁园、东华里、咏春拳训练基地、李小龙故居等景点，打造文化产业共同体，提升佛山的综合服务功能，采用新的战略定位，营造出"岭南功夫文化圣地"的品牌！

（2）建设权威的"世界功夫影视文化产业论坛"。如今，会展经济是一个名利双收的，充满创意、设计、动力与协同性而又影响广泛的朝阳产业。佛山举办国际级创意文化产业有着深厚的历史积淀和相对成熟的配套设施，拥有众多的博物馆、风景名胜、宗教文化场所、武功训练场所、影视传媒机构、民间艺术百业，加上优良的精品酒店、国际会议论坛，发达的交通服务，底蕴深厚的岭南城市布局，佛山在城市升级转型中借助深厚广博的岭南文化元素和国际前沿视野，一定能够实现华丽转身。

（3）深入挖掘特色文化资源。提炼富有佛山特色的文化资源，是能否具有竞争力、吸引力、可持续性的成败关键！西樵山景区应该在康有为三湖书院上多做文章、做大文章；南国桃园不能退化到只剩休闲度假的基本生存状态；祖庙黄飞鸿纪念馆内收藏的黄飞鸿系列电影，以及有关黄飞鸿研究的各类文献资料，应该善加利用；而李小龙乐园既然以李小龙为名，就可以开展武功表演项目，鼓励民间习武练武的热情，开办武术培训班。佛山完全可以依托功夫文化，建立培训基地，颁发功夫等级证书，定期举办功夫比赛，在小学生、中学生、大学生中培养基干力量，将中国武功依次列入镇、县、市、省四级教育机构的课间操、才艺班、选修课中。这种普及和提高并重的武功教学、民俗文化产业并举的方式，除了强身健体、增强族群认同和民族自豪感等基本功能外，还有精神修炼、增强社团之间良性互动、减少对抗性事件的诸多好处！地方政府支持民间组织、社会团体的良性发展和互助互动，是一项可以深入持久地"增强民族凝聚力"的工程，也是培养起战时有血性男儿保家卫国，和平时能够和谐相处、友爱互助的"和谐社会"工程！

三大对策是：

（1）面向世界招标，引进国际级战略投资者，吸引产业设计与投资领域的大师级文化产业巨子前来拓展佛山的文化事业。

（2）完善配套设施。完善商旅设施和公共服务设施，重点要放在特色文化资源和品牌国际化上，从顶层设计开始，高屋建瓴、自上而下地实现"五个做"——做大、做强、做深、做厚、做广！在这个基础上，再加强配套星级酒店、商务会议中心、休闲购物城、"粤菜甲天下美味餐饮联合国"、民俗文化风情长廊、星级民间工艺收藏画廊、超级影视体验一条街、回到古代时光隧道等设施。佛山有丰富的创造力、想象力、设计能力和运作谋划能力，一定能够形成产业链的系统配套设施。

（3）调整经营战略定位以及拓展市场与项目的策略与手段。电子商务与网络经济、传媒与影视产业、手机游戏与娱乐产业和会议展览经济是高效、节能、环保的经济，是品牌塑造与营销的经济，是减少运输与仓储而赢得眼球和美誉的"体验经济"！佛山已有的文化服务设施中粗糙、简陋的"假古董"要进行更新换代，实现文化要素转型：或者向高、新、精、尖转型，实现"人无我有，人有我新，人新我优，人优我全"；或者向天然环保、古朴自然、民风淳厚的方向发展。有个性、有特色、有内涵、有产业依托，同时也一定要有艺术含量和独创性！

中国迄今尚无一家功夫影视城！全国各地有不少武术学校，但是没有功夫影视城。如果说，建立国家级的武术训练学校，佛山的政策条件比不上北京，武术渊源比不上河南嵩山少林寺，但是如果建设"功夫影视城"而非"功夫城"，则佛山绝对是全国最有资格、最具备条件的，也是在国际上最容易获得认可、赢得口碑与品牌效应的。佛山毗邻港澳的区位优势、名满天下的武术基础、雄厚的经济实力、世界影视界的认可度，都是其他城市所无法匹敌的，可以直接转化为可观的票房价值和美誉度！

佛山当急起直追，佛山本应勇立潮头，佛山可以也能够再度敢为天下先！

土地资源日渐耗尽的佛山，未来的发展方向就是"智慧城市"道路。让一座城市"智慧"起来，有两条可行的道路：一条为高新技术创新与孵化及先进的装备制造业，另一条就是具备岭南文化传统优势的创意文化产业。在后一条道路中，岭南功夫文化的影视创意产业、教育产业、国际赛事产业、综合旅游观光体验经济产业链等，完全可以赢得品牌、赚足银子，既长面子又得里子，既叫好又获利。如此得天独厚的金矿，如果佛山自己不下大力气去开采，就会贻误历史性的大商机，被其他地区甚至其他国家抢去，可能是分分钟的事！

第九章 岭南功夫影视名人资源开发的多重向度

中国的地域文化题材十分广阔，地域文化的特征也非常突出。从事地域文化研究既是十分有意义的事情，也是人文社会科学学者的安身立命之本。[1] 当前，"国学热"虚火正盛，"中国文艺复兴"等研究对象宽泛无当。20 年来，笔者始终坚持这样的学术主张：研究对象一定要具体明确，不可大而无当；研究任务一定要有针对性，不可好大喜功、泛泛而谈；研究依据一定要从具体的历史事实和公众传播活动的实际情况着手，而非为了某种先验的假设；学术研究的结论力求客观、符合事实并经得起历史发展的检验，而非急功近利地为了眼下的稻粱谋、出风头、抢饭碗。

就历史条件和现实基础而言，岭南文化研究实在需要和京派文化研究、海派文化研究错位发展、扬长避短，才有可能形成与京、沪鼎足而立的局面。[2] 就广义的文化研究而言，这样做会不会引发不同的理解甚至争议呢？譬如，有人会说，当今中国，长三角、珠三角、京津唐地区是中国经济领域的三大增长极，三地经济规模约占中国经济规模的一半，岭南经济的规模确乎可以稳坐我国经济的第二把交椅，可是岭南的学术文化、教育投入、科技创造力是不是就能"鼎足而三"呢？广东的经济总量是全国第一，可是人均收入却不及浙江；广东的教育投入在很长一段时期内都不及全国的平均水平，去哪里妄言"鼎足而三"？

这是一个大问题与大课题，本书仅仅提出命题。要准确回答这个问题，超出了笔者的能力。但是，如果将命题缩小到电影领域，香港影视文化产业是可以和内地、台湾相颉颃的，至于广东的影视文化产业，却无法在全国"鼎足而三"。如果就体育比赛中的武术来比较，南拳、南派武术自清代中叶以来就是与北派武术相对举的一个大类别，这个大门类里又有数十个武林门派。[3] 至于说到中国电影在国际影坛的影响力，那就是另一

---

[1] 参见姚朝文著《文学研究泛文化现象批判》，上海三联书店出版社 2008 年版，第 11 页。
[2] 参见姚朝文《广州亚运会创意产业战略布局前沿报告 2009》，载《城市文化评论》（第 9 辑），花城出版社 2013 年版。
[3] 参见马志斌著《岭海武林》，广东人民出版社 2000 年版，第 11 页。

番风光了。在中国盛行的宫廷剧、家庭剧、时政剧,在国际上根本就无法打响,由于历史、文化及价值观的差异,西方世界无法理解或接受上述题材的影视作品。但是,中国电影中的功夫片和武侠片却是征服好莱坞、赢得世界赞誉的强势品牌,甚至香港电影界首创的功夫导演体制,也成为西方电影界采用的功夫电影类型的通行标准和电影类型里的特例。[①]

因此,笔者认为,岭南功夫影视作品不仅可以在全国"鼎足而三",甚至早已经名声在外了。

如果再深入探究过往七八十年的岭南电影,尤其是港产功夫片,各门派的武功几乎都涉及佛山,甚至以师傅、宗师来自佛山为荣。在那里,无论清代中叶盛行的南拳五大门派洪、刘、蔡、李、莫,还是近代以来盛名天下的大洪拳、蔡李佛拳、咏春拳等,都是从佛山盛行起来后传至海外的。这是中国国粹中,典型的"墙内开花墙外香"的历史范例。

为什么会形成这种貌似奇特却又十分常见的现象呢?想说清楚这个复杂的问题,既要考查其表面原因,也要弄清楚这些历史人物所处的岭南的地域族群价值观念和心理状态。表面的原因也不是依赖单一的动因就可以完全解释得清的,还要从宏观和微观两个方面来作出解释。

就宏观视野而言,这是岭南民众面对国破家亡的近现代历史命运作出的艰难选择,是数代岭南武林人士和电影人面临存亡续绝、荣辱升沉、悲欢离合的历史性选择。其中的每一个人、每一家武馆、每一脉武林门派,未必能够自觉意识到这种时代潮流的变迁,但是他们都无法抗拒或不知不觉地被裹挟到这一历史洪流中,或者成为其中的浪花、泡沫,或者怨沉江心海底,只有极少数出类拔萃、功业显赫或运气上佳者,浮上了潮头浪尖,成为家国荣辱、历史盛衰的标志性符号。[②]

就微观层面立论,其中有一小部分功业显赫、特立独行者,在因缘际会中,恰恰遇到徒子徒孙中有文武双全又与传媒界名家大腕交游者,他们的传奇业绩就会成为新媒体包装或打造的好题材,其徒子徒孙也就拥有了发扬门派、光宗耀祖而借以自我光大或标榜的好由头、好资源。这具体的题材和由头五花八门,留待笔者在后面的章节详加分析。

这些历史人物所处的岭南地域族群的价值观念和心理状态又是怎样的呢?岭南地处亚热带,与南洋文化联系密切,是海洋文明与大陆文明的结合点,因为特定的地缘关系,岭南呈现出独特的文化特征和显著的对外开

[①] 参见姚朝文《黄飞鸿功夫电影海外传播路线及文化影响力分析》,《文艺研究》2010年第7期。

[②] 参见陈硕《经典制造——金庸研究的文化政治》,广西师范大学出版社2004年版,第138页。

放性，构成了岭南艺术极其浓郁的民间特征和对外发展的价值倾向。"本土化"与"向海外发展"的双重价值指向，导致了岭南族群文化价值观念的诸多二律背反悖论：一方面是安土（祖地、祖居、祖祠不可丢），另一方面又重迁（但凡有点本领，就应该下南洋、上金山）；一方面强调舍近求远即"树高千丈"，另一方面又讲求族群聚合即"叶落归根"。岭南民间信仰里，一面是实用功利、急功近利，另一面又温情宽容、心怀善良，淡于意识形态纷争；对政治退避三舍，对经济兴趣浓厚；既追求富贵平安、合家团圆，又笃信宗教，"信鬼而好巫"，逢年过节、迎来送往很讲"意头"、"利是"和"礼数"。因此，研究岭南文化艺术中的人文习性和精神认同，既具有人文学术的价值，也具有深入认识岭南现实的实践意义。学术意义在于艺术精神、文学传承、民俗嬗替、学科建设，实践价值则在于深入理解岭南，把握岭南人文地理风情，保护岭南文化艺术遗产，开发建设出适宜岭南民众精神趣味和文化认同的文化艺术产品，增强民族向心力和凝聚力，做好文学与艺术的继承与创造工作，发展创意文化，促使文化艺术产业的增殖、整合和壮大。这一切，都需要选择一个具体的研究对象来加以体现，而这个对象必须满足如下条件：它既是最本土、最独具特色的，又是最容易走向世界的；它必须是最传统的，又是最现代的，而且是未曾中断的、活在当代民众心里的；它必须具有岭南民间特质，又是拿到国际上叫得响的，能够成为岭南文化的品牌和标志；它必须能够承载厚重的中华民族历史文化积淀，又能够在当代中国和国际文化市场上具有广阔的发展潜力，在世界上各种文化艺术形态竞争中具有强大的竞争力，能够提升民族文化产业的软实力。

笔者经过反复的选择与比较、证明与证伪，选中了岭南功夫影视传播中的黄飞鸿民间传说、叶问题材电影、"武影双栖一代巨星"李小龙的电影作为综合研究的对象，这几位功夫大师题材与现代影视创作的结合，形成了功夫影视的经典作品。这些经典作品和跟风而起的大量同题探索片、商业片，共同形成了近百年来持续不断的大众传播热潮。这个庞大的叙事传播与演变的过程，就是本书的研究目标和写作的切入点。

这个复杂多变的过程与庞大的叙事系统本身就够让人终身研究甚至需要代代相传了，但是学术研究不能仅仅停留在对现象的描述，以及对书面文献与历史活文献的发掘、校勘与梳理层面，这仅仅是研究的第一步。我们还需要继续深入下去，探讨现象背后深刻的"意义世界"，而这也不完全是研究者的主观理解，更是现象本身必然具有的客观意义和历代研究者的不断"发现"与"去蔽"、"敞亮"的过程。

因为研究对象跨越了民间故事、小说、报纸、粤剧、电影、广播、电视剧、网络文艺、动漫等样式，因此，这项研究体现出极为显著的跨文体研究性质；因为研究对象大量涉及武术、中医跌打伤科、民间文艺、民俗学、人类学、大众传播学、美学等传统与现代学科，因此，本研究不同于一般意义上的名人传记，笔者也不满足于写好一位或数个电影名人或武林高手的生平本事，而是采取多学科交叉的综合性研究；与那些纯学术、元理论、元概念的理论研究的道路相比，本研究更呈现出学科边缘特质，更具有学术成果向实践环节转化的性质，更接近于理论研究层面的应用性研究。

第一节 探讨领域及研究依据

前文论述了选择研究对象的学理价值与实践意义，现在需要再进一步追究"具体研究对象的研究依据"。

本书以佛山历史文化名人原址的区位特色为出发点，立足粤港澳及黄飞鸿、叶问、李小龙等出生于佛山而盛名远播海外的功夫影视名人们的叙事活动在长达百年的时间里渐次走向全球的文化地理传播图，在严谨的文献整理与史迹考辨的基础上，上升为影视民俗诗学的系统研究，再完成民俗文化向产业链转化的整体设计与规划，将学术研究和地方文化产业建设进行有机结合，避免仅仅满足于纯学术的坐而论道。因此，课题具有"岭南文化名城建设研究"设定的三个主要内涵：粤港为主的岭南历史文化的系统研究、非物质文化遗产的保护与研究、"三跨"（跨媒体、跨样式、跨文化）的多方位文化产业综合研究诸特征。

文化品牌是文化精神影响力和文化企业核心竞争力的标志，文化产业的发展需要品牌意识、品牌策划、品牌定位、质量控制、品牌传播、品牌保护等配套竞争措施。中国电影在世界范围的品牌提升正在加剧，文化品牌和文化竞争力正在显著增强。但在海外，说到中国电影，人们首先想到的就是黄飞鸿系列电影和李小龙电影。因此，李小龙、成龙、李连杰等功夫巨星已经成为中华武术的标志。他们建立起来的非凡品牌，使得中国功夫电影在世界范围内备受推崇、赞誉极高。

百余年来，有关洪拳大师黄飞鸿的武侠传奇叙事活动影响深远，成为和新派武侠小说及影视系列、霍元甲小说及影视系列并列的三大中国现代武功文化叙事系列之一。黄飞鸿已经从单纯的民间历史人物转化为海内外华人群落的标志性文化品牌，世界范围内，有关于黄飞鸿的民间小说30多部、电影 108 部、电视连续剧 18 部 344 集、报纸连载传奇故事 1500 集以上、无线电广播 1300 余集、有关其生平的专著 2 部（参见附录）。

当代海外华人社区一提到岭南文化，首先想到的是黄飞鸿、李小龙、叶问，其次才是陶瓷、粤剧、舞狮、龙舟及历史人物孙中山、康有为、梁启超、陈白沙等等。但是，学术界一直无视黄飞鸿现象的接受群落文化生态，除了肖海明博士在 2001 年发表的一篇论文[①]，姚朝文在 2007 年以黄飞鸿武侠传奇叙事活动为题完成的博士学位论文[②]、北京大学出版社于 2009 年出版的姚朝文等著《都市发展与非物质文化遗产传承》、暨南大学出版社于 2014 年出版的姚朝文主持完成的教育部规划基金项目成果《黄飞鸿叙事的民俗电影诗学研究》之外，对于这一"中国南派功夫在海外最响亮的名片"，学术界和产业界尚未作出系统总结。本书依据笔者长期研究的学术成果，适应地方文化产业建设的需要，结合设计者历经十一国考察发现的岭南文化产业国际化比较优势，希望先擦亮黄飞鸿、叶问、李小龙这张"岭南文化标志"的名片，再努力设计出具有较强可操作性的岭南功夫文化产业链实施方案。

突出一个世纪以来中国应对外来挑战的紧迫性、民众适应外来挑战的心理变迁图式，凸显学术的原创、严谨、系统性，在国际化视野下探索中国岭南民俗产业、电影产业化带给大众趣味的巨变，乃是高质量的学术成果向现实成果转化的内在灵魂，也是影视艺术产品与岭南地域民俗走向国际化的纲举目张之策。

第二节　开发的定位和策略

中国近现代民间武术大家之中，从历史人物转化为具有跨国度影响并持续半个多世纪之久者，以黄飞鸿和霍元甲为最。至于金庸先生的新武侠小说及其影视作品，乃是纯属虚构的文人个体创作，与基本反映岭南武功领域真实人物的门派传播行藏或以真实人物为题材与背景的岭南真功夫影视剧具有很大的差异。后者的表演者甚至导演几乎都是真实的武功高手。他们要么是黄飞鸿的三传、四传弟子，如刘家良兄弟组成的刘家班；要么是咏春拳高手甚至自己开宗立派、独创截拳道，如李小龙的电影和截拳道

---

① 参见肖海明《黄飞鸿其人和黄飞鸿现象》，《佛山科学技术学院学报》2001 年第 4 期。
② 参见姚朝文《黄飞鸿叙事的民俗诗学研究》，中山大学博士学位论文，2007 年。

技法、武功笔记；要么本身就是响当当的武术高人，如袁小田、袁和平父子、成龙、洪金宝、李连杰、甄子丹、赵文卓。更有甚者，主要演员虽然原本不会武术，却因为承担了这种重任而拜师学艺，王家卫执导《一代宗师》几停几续，专门让扮演叶问的梁朝伟、扮演宫二小姐的章子怡去学习咏春拳，尤其是扮演马三的张晋，经过刻苦学艺而终成全国武术冠军。1982 年香港和内地合拍《少林寺》时，甚至得到中央高层重视，香港导演张鑫炎到内地挑选在 20 世纪 60 年代全国武术比赛中以表演醉剑一举成名的于承惠、螳螂拳名家于海、蝉联六届全国武术（套路）赛全能冠军的李连杰、鹰爪门高手计春华等武林权威人士来加盟电影。

黄飞鸿和霍元甲都有大量的民间传说做支撑，两者均成功地转化为影视传播中的民族英雄形象。以霍元甲为题材的影视剧，数量上不及以黄飞鸿为题材的影视剧，其影响也主要在内地。黄飞鸿叙事系列则从民间传说起步，20 世纪初叶从广州发端，50—80 年代在香港形成黄飞鸿电影文化高潮，然后向东南亚和北美播散，改革开放后又返回内地，获得文化认同。

迷踪拳大师霍元甲只有徒弟刘振声，并无陈真这个人物。陈真这个角色出自科幻小说家倪匡。倪匡应电影制作人邹文怀之约，编写了电影剧本《精武门》，邹文怀邀请到当时从北美返港的李小龙担任主演。李小龙把陈真这个角色表演得淋漓尽致，创造了口碑、票房的双重奇迹，香港电影界由此出现了多部表现陈真的电影、电视剧。霍元甲有生之年从来没有到过佛山、广州、香港等地，更别提他身后被香港影视界虚构出来的徒弟陈真了。据张雪莲著《佛山精武体育会》一书的描述，与霍元甲一起创建上海精武体育会的出资人陈公哲，偕同胞妹陈士超等"精武五使"，在 1919 年创建了广东精武体育会。[①] 前广东武术队总教练马志斌《岭海武林》更准确地记载，广东精武体育会是在 1919 年 4 月由国民党福军司令李福林筹划，请陈公哲、陈铁笙、姚蟾伯等精武会骨干和霍元甲之子霍东阁、弹腿名师赵连和、螳螂门名师罗光玉、鹰爪门名师陈子正、罗汉门名师"五省刀王"孙玉峰，以及广东五虎中的林荫棠、黄啸侠和回民塔光国术社的名家孔昌执教[②]。《岭海武林》记载："广州河南精武会，1925 年成立，1938 年结束。对推动精武精神和北拳南传，亦颇有贡献。"[③] 又据佛山精武体育会的二代传人、广东体育学院教授李佩弦《精武体育会简史》记载："国内外所建精武体育会共达 57 所之多，会员多达 40 万人左右。"

笔者撰写本书的目的是考查并列明佛山、岭南地区的南派功夫名家产

---

① 参见张雪莲著《佛山精武体育会》，广东人民出版社 2009 年版，第 15～16 页。
② 参见马志斌著《岭海武林》，广东人民出版社 2000 年版，第 77 页。
③ 马志斌著：《岭海武林》，广东人民出版社 2000 年版，第 88 页。

生的国际影响。那么，精武体育会对后世和国际社会的影响又如何呢？罗啸璈在1925年编撰的《精武粤传》里有如下记载："精武男女分会共43所，分布于国内八省、东南亚地区十一埠。"①霍元甲之子霍东阁是否来过佛山，笔者尚未查到第一手资料，但是依据当时精武体育会繁荣到各处开花的情景，可以推想，霍东阁是极有可能在佛山精武体育会成立周年大会或有重大表演的时刻，来佛山助阵、表演，带动地方学迷踪拳、发扬精武精神的。至于他后来南下印度尼西亚传授中华武功，最终终老于斯，也说明了中华武术、岭南武术对国际传播所作出的重要贡献。

有了上述当年岭南武林状况的历史文献做支撑，我们就可以从面的铺叙进入各个重点名人的国际传播这些"点"的主题，展开进一步的探讨。

20世纪90年代，在徐克导演和李连杰、关之琳的合作下，有关黄飞鸿的功夫叙事活动迎来了新的高潮。进入21世纪后，又陆续拍摄出《新少年黄飞鸿》、《大话黄飞鸿》、《我师父是黄飞鸿》等电视连续剧。甚至佛山祖庙北侧的一条街道就被命名为"飞鸿天地"，还曾经复制了百年前非常有名的笑尘寰大酒楼。

这里不能不插叙笑尘寰大酒楼与佛山武林、粤剧之间的情缘。李小龙的父亲李海泉少年时代到佛山谋生时，租了山紫村的一家民宅居住，后来就在笑尘寰大酒楼里做了数年跑堂，直到被经常来酒店"叹早茶"（粤语方言，即喝早茶）的粤剧大佬倌白驹荣相中，收为弟子。李海泉经过刻苦学艺，终于成长为新一代的粤剧名伶。

佛山祖庙内的黄飞鸿纪念馆二楼设有"飞鸿影院"，但因播出的大多是20世纪晚期的彩色影片，很难吸引人静下心来逐一观赏。但佛山的互联网影视频道设有电子媒体的"飞鸿影院"，佛山电视台还开设了"飞鸿茶居"。这些电视媒介下的栏目一直保持到现在，并且分别成为各自领域的品牌栏目和特色化经营的标志。

黄飞鸿题材功夫电影与电视连续剧的影响的持久性和世界范围的家喻户晓程度，远超过霍元甲。在佛山祖庙黄飞鸿纪念馆大堂几乎占据了整个地面的硕大青铜板上，刻有如下中英文："世界最长的同题电影纪录"。

叶问是咏春拳的一代宗师，也是佛山近代"岭南咏春拳王"梁赞最有国际影响力的徒孙。门规戒条里一直坚持密行练功、不开馆公开收徒的咏春拳，当时在岭南的传播已经受到显著的影响。叶问到香港谋生时，遍尝百业而饿倒三次，在好友李民的反复劝导下，最后不得不放弃师门遗训，开始以授徒为生。却不曾想到，这种无奈至极的选择竟然结出了硕果。叶

---

① 转引自张雪莲著《佛山精武体育会》，广东人民出版社2009年版，第16页。

问弟子无数，这些徒子徒孙又将咏春拳传到了世界各地。身前低调而声名不彰的"现代咏春宗师"叶问，竟然因为弟子中人才济济、扬名立万者众而终成武林敬重的长者，因为李小龙的"武影双栖"带来了学习咏春的热潮，再因浸会大学的梁挺博士以现代企业管理的连锁加盟方式，在60多个国家拥有200余武馆和200余万咏春徒子徒孙。当梁挺带着生徒回佛山寻圣、认祖、归宗的时候，叶问的声威盛极一时。

黄飞鸿、叶问题材的电影与电视剧，具体而有时间性和层次感地体现出地域族群在社会组织构成上由传统社会向现代社会变迁的历程。从这个角度来看，这一论题兼具霍元甲系列的民族与时代主题和李小龙系列的跨国文化沟通之长，而避免了霍元甲题材在海外传播不广与李小龙题材乡土民俗趣味甚少的问题。这就为本论题的民间——大众娱乐表演形态的探索，以及建立在这种探索基础上的民间——大众娱乐的叙事研究，确立一个比较明确、具体的研究对象和稳妥可靠的研究层面。

既要以文学与文化艺术史领域与本选题相关层面的文献考证为支撑，又不能满足于就事论事，而要提升到文化产业理论的层面加以深入剖析、抽象概括，这种民俗文化产业的研究更多地依据民间活动着的文化艺术想象的完成品（口头文学、通俗小说、广播故事、粤剧、电影、电视连续剧、互联网络传播）来建构民间——大众现场表演与口头流传着的、具有区域独特性的、大众文艺产业的经典。从文化语境出发，不再把文本作为文体的实体存在，而是分析文本中蕴含的各种文化意象要素，对它们的抽取、分析需要上升为反复呈现的母题研究。这种整合各要素的"形象学"研究的目的是将散落在各种叙事文本中的文化因子经过研究整合为特定文化群落的"文化图像"，从而发现黄飞鸿叙事系列蕴藏着的当代岭南文化的特定语境、活性的意识形态、具体的民俗风物。这种研究定位构成了本研究显著的特色——"特型电影艺术+中国岭南文化特色+商业化运营"。

本研究采取从文献史料、小说、粤剧、影视剧的文本梳理入手，爬梳出其中积淀与升华的岭南民众的集体无意识和精神寄托，然后探讨粤港文化漂移与文化再认同的族群文化建构，再从这样的岭南民俗特征中概括出功夫叙事的六类情节类型。基于从特定区域现象的具体整理和分析，以实证描述为基础，进而升华为功夫民俗影视传播谱系。这种由民俗个案之具体探究渐次提升为传播谱系的研究框架，要比审美理论式的研究道路切实有益得多，也为文化产业、艺术产业的开发奠定了坚实的学术基础和文化涵蕴。

为什么要将本书的研究定位于功夫大师电影的传播谱系研究呢？主要依据两个层面的设定：第一个层面是立足于摄取岭南（主要是佛山、广州、香港）地域发源或流行的功夫现象中体现出的，经过民间文学叙事形态的传播、渲染，最终依赖功夫电影、电视剧而产生跨越国界的巨大影响。这种影响，绝对不是民俗学家们对民俗现象做一些采录、整理、校订的工作所可以比拟的。第二个层面是更加侧重于研究由岭南地域现实的文学叙事形态转化为文学形象与电影电视形象的想象活动的叙事系列，这既非民俗学所能涵括，也有别于纯文艺的经典诗学。

在黄飞鸿系列叙事活动中，可能某一部作品很成功或很糟糕，也不能保证每一部作品的艺术性都很高，但它保留下来了当时的民间工艺制作过程，或者记录了民间叙事的一些程序、母题，展现了某些民俗。我们通过或真实或想象的方式，创造出似曾相识的风物、情景，可以强化生活真实感，建立和保护人类生活与艺术的多样性，增强社会族群的认同感、凝聚力，以及维持文化创造活动的承续性。其最大的优势在于，掌握了某些民俗精髓之后的影视化创作，可以做到离形得似、聚形绘神，将民俗艺术富有生命活力的灵气、魂魄拍摄到手，并予以再现。这个工作实施起来比较艰难，但完成后的成果将非常便于转化为文化产业开发的实际价值，将赢来经济效益和社会效益的同步共进。

本研究在"功夫大师影视传播谱系研究"方面的新意，在于为这个理论范畴、理论领域作出了具有岭南民俗和传播特色的个案梳理与论证。然后，引入西方民俗学影视、影视民俗领域的研究成果①，对具有岭南民俗特色的民俗文化美学建设提供可资借镜的学理依据。通过研究观念、研究对象、研究范式的转变，注意甄别通俗小说与大众影视制品中，何者是历史原型，何者是编者的合理或奇幻的文化想象，何者是原汁原味的民俗，何者是在时间、空间、族群关系、生活方式已经发生漂移甚至变异后残留的民俗要素；有多少是读者或观众对逝去或即将逝去的原乡民俗的追忆、再现和怀恋，又有多少是新创造出来的城市民俗或影视世界里才有的"民俗"。因而有利于我们把握怎样创造小说与影视中的民俗叙事活动，增强对佛山背景下影视创作中特定社区、特定族群文化认同的变迁状态进行较清楚的感受和区分。

有关黄飞鸿的口头传说激发了黄飞鸿传奇故事的流传，其中的许多传说后来表现到了通俗文学和电影剧本中，进而成为后世编创同题材电影、电视连续剧的母本。可以说，大量有关黄飞鸿传奇经历的系列叙事活动的口语或书面语版本，乃至社会活动文本，都直接或间接地参与到后世的影视生产中，这是一个持续百年、于今更为重要的文化产业资源宝库！

---

① 参见张举文《民俗学电影》，《民间文化论坛》2005年第6期。

第三节　深度模式

本书探讨了黄飞鸿、叶问、李小龙系列叙事活动如何提升了香港电影或岭南电影在海内外的知名度，及其对文化产业的巨大增值效应。

第一层面的任务由第一至四章构成，分别描述、考证、阐释佛山籍武功大师黄飞鸿、叶问、李小龙、铁桥三、梁赞、林世荣的生平行状，以及相关功夫电影系列的庞大叙事活动的国际传播轨迹，分别涉及历史传说、小说、粤剧、无线电广播、电影、电视连续剧、互联网评说等多样化的传播媒体，我们以功夫电影的传播为主轴，以点带面地聚焦反映粤港民间族群的文化想象轨迹。

第二层面深入剖析以佛山、广州、香港为代表的岭南民系的民俗风情、心理结构与谋生策略、庆贺方式，然后概括出影视剧的五类情节类型。论证了岭南武功大师及其伴随群体的武馆文化[①]、武功名人的生计问题[②]、舞狮、舞龙与抢花炮[③]、粤港民俗漂移，辨析有关功夫大师叙事系列的岭南地方语境和当地族群的生存状态——宗族聚居、乡俗认同、务实尚用。其中的五类功夫叙事情节类型为：男女情缘，擂台传奇，武功道德化，国际化困境，宗族信义。

第三个层面是分析以佛山武功大师为主体的粤港功夫电影的艺术产业化和文化产业的现状、方向、路径、策略与目标。以佛山武功大师作为整个岭南功夫名人影视化、国际化传播的标志性案例，从中国功夫文化国际化传播中形成的功夫文化品牌和功夫名人品牌，作为带动岭南文化产业整合开发的牵动力量，提升岭南文化产业的国内外竞争力。例如，可以动员国际力量，吸引国内外投资，建设"黄飞鸿影视艺术制作中心"、"精武会岭南国术院"、"咏春拳文化传播总公司"、"李小龙功夫文化体验中心"。其中，琼花剧院是演出中心，新建艺术制作中心，形成产业链条互动增殖效应；在现有精武体育会大殿（中山公园内东侧）的基础上，扩建为新的

[①]　参见姚朝文《宝芝林意象与影视中的岭南城市民俗》，《城市文化评论》2007 年第 2 期。
[②]　参见姚朝文《宝芝林意象のイメジとラしビ・映画における中国岭南の都市民俗》，（东京）《都市民俗研究》2007 年 3 月号。
[③]　参见姚朝文《粤港澳舞狮、舞龙民俗的诗学意义》，香港中文大学《二十一世纪》2006 年 10 月号（总第 55 期）；姚朝文：《粤港功夫影视中舞狮、舞龙的非文本诗学意义》，《佛山科学技术学院学报》2008 年第 4 期。

"岭南国术院";利用李小龙、黄飞鸿、叶问的盛名,便于扩大我国各派武术产业输出到世界各地。主要是利用现成名牌,转化出国际文化产业效益,而非门派相斥,2007年国庆节在西樵山天湖公园举办的"黄飞鸿杯"中华武术大赛就是卓有成效的发展道路。兴建黄飞鸿旅游景观、武术器械、陶艺联合产业集团,将粤港各类旅游景观、武术器械、陶艺联合产业加以整合,形成横向协作联合体,创造出"4+1＞5"的经济效益、文化效益和社会整体效益,带动相关产业大发展。粤港澳缔结旅游与文化产业互惠协作联盟,将武功观光、武术学校培训、功夫片影视、传统武术器械制作和销售、传统文化用品、粤剧、武侠陶瓷公仔、饮食产业统合起来,形成文化产业强强联合的"大文化产业"圈,建成拥有比较优势的岭南"大文化产业带"。成立黄飞鸿文化品牌与创意研究院,在品牌意识、品牌策划、品牌定位、质量控制、品牌传播、品牌保护等方面形成一系列配套的产业开发体系。

第四个层面是使本书的研究成果具有传播意义及推广价值。

本书以"民间文化与大众娱乐文化复合而成的历史性经典影视资源"为切入点,以在中国南派武术之乡佛山起家的功夫大师黄飞鸿、叶问、李小龙、梁赞、陈盛、林世荣的功夫传奇及黄飞鸿电影系列为研究对象,为具有岭南特色的"佛—穗—港—澳—东南亚—北美文化产业带大开发"建设规划提供信实可靠的理论研究框架,以及具有实践性的艺术产业链条的整体思路,为体现中国电影的世界影响和巨大成就提供一个富有历史意义的纪念文案。这种纵向研究对新世纪"中国电影如何走向世界",甚至是"中国文化产业如何提升国际竞争力",具有重要的经验性参照意义。

最具有中国特色和当代传播意义的则是武功文化、岭南地域民俗和高科技媒体的联姻方式,于是,"功夫名人的影视传播"的历史重任就呼之欲出了。笔者曾于自己的博士学位论文《黄飞鸿叙事的民俗诗学研究》中首次提出创建"影视民俗诗学"的命题。美国已经有学者提出了"电影民俗"的概念,其研究涉及了这个对象,但尚未自觉地上升为一门学科理论来系统地作出建构。本书的研究任务是将其进一步推进至岭南"功夫名人影视传播谱系"层面,希望拓展出新的、有益于我国文化国际竞争的基础支撑性成果。

本书的研究力求避免为了主观推导的逻辑自洽和概念上的自圆其说而硬去铺展所谓的"理论"。笔者认为,只有从具体而有延展性的典型研究对象出发,才可能切实形成一种新的研究模式、研究领域甚至新的研究学科。苏联时代巴赫金的"复调小说理论"和"狂欢化诗学"如此,美国哈佛大学"帕里－洛德口头诗学理论"亦如此,笔者建构的"影视民俗诗学"和现在努力尝试着的"功夫名人影视传播谱系"复如是。

第四节 研究方法

一、研究视角:"功夫电影"不同于"武侠电影"

中国的艺术作品和影视艺术产业最具有国际竞争力和标志性的品牌产业,就是功夫电影、电视剧。这是中国最传统、最独特,可以和世界接轨并广受欢迎的强势影视种类,具有杀手锏的效力。值得特别强调的是,"功夫电影"不同于"武侠电影":"功夫电影"是凭演员真实而有门派传承的武功表演来完成的电影,是具有历史性、民俗性、武术文化传承性的表演艺术,是可以和真实历史或传说图谱相互印证的书面文本或社会文本;"武侠电影"则是文人作家们虚构的个人想象。

二、研究方法:功夫叙事类型概括法

课题由民俗诗学意象、粤港民俗在叙事中的漂移特性、六类情节类型这三个层面构成功夫名人影视传播谱系研究的深度模式。具体地分析功夫电影之武馆文化、武功名人的生计问题、舞狮、舞龙与抢花炮、粤港民俗漂移,辨析有关功夫大师叙事系列的岭南地方语境和当地族群的生存状态——宗族聚居、乡俗认同、务实尚用。其中,六类功夫叙事情节类型为:①英雄比武和与才女相爱;②除暴安良和抵抗外侮;③惩恶扬善与扬名立万;④民族意识与生存危机;⑤悬壶济世与止戈为武;⑥官民对立与弘扬武德。这种类型概括法,类似于普洛普《民间故事形态学》从上万个民间故事中概括出三十一种角色的功能,便于纲举目张地统揽笔者统计到的至少 750 个功夫影视的叙事传说文本。

三、功夫大师影视传播谱系法

这种武功叙事路线图的研究更多地依据民间活动着的文化艺术想象的完成品(口头文学、通俗小说、广播故事、粤剧、粤剧电影、电影、电视连续剧、互联网传播)来建构民间—大众现场表演与口头流传着的、具有区域特性的、民族艺术产业之路。这种谱系研究的目的是将散落在各种叙事文本中的文化因子经过研究,整合为特定文化群落的"文化图像",从

而发现黄飞鸿叙事系列蕴藏着的当代岭南文化的特定语境、活性的意识形态、具体的民俗风物。

第五节　区域文化和国际传播意义

本书因为是交叉学科的研究，形成了跨学科的综合研究特点，其学术价值概而言之，主要体现在如下三个方面。

一、选题填补空白

黄飞鸿、叶问、李小龙是中国岭南武功三大宗师，对他们的功夫电影系列化叙事的系统研究，填补了国内学术界研究的空白。本书以"民间文化与大众娱乐文化复合而成的历史性经典影视资源"为切入点，以佛山籍的功夫大师黄飞鸿、叶问、李小龙、梁赞、陈盛、林世荣的功夫传奇及黄飞鸿电影系列为研究对象，为具有岭南特色的"佛—穗—港—澳—东南亚—北美文化产业带大开发"的建设规划提供信实可靠的理论研究框架，以及具有实践性的艺术产业链条的整体思路，为体现中国岭南电影的世界影响和巨大成就提供一个富有历史意义的纪念文案。这种纵向研究对新世纪里"中国电影如何走向世界"，甚至是"中国文化产业如何提升国际竞争力"，具有重要的经验性参照意义。

二、研究视角新和定位高

"功夫大师影视传播谱系"研究，是将各种功夫电影系列叙事活动上升为传播谱系的研究，属于拓荒性研究。最具有中国特色和当代国际传播竞争力的就是中华武功文化。岭南地域民俗和高科技媒体的联姻方式，为具有岭南特色的"功夫大师影视传播谱系"建设提供一种象征性的个案，为艺术理论形态的多样性揭橥新的研究视角和领域。基于历史与现存的民俗技艺之底蕴，具有和当代大众消费文化对接，又可以借助影视媒体加以产业化开发，使得以黄飞鸿电影系列为代表的中国功夫影视产业，不仅具有一般的学术价值、文化战略意义，更具有创造中国文化产业品牌的实践价值和广阔前景。

三、成果以完整性与系统性见长

除了系统地统计出半个多世纪里有关黄飞鸿叙事的 108 部电影、18 部 344 集电视剧、20 余部小说、1500 余集报纸连载、750 余万条互联网信息之外，笔者又将各大家的各项中英文文献资料绘制出附录，完整地作出全景观呈现。黄飞鸿、叶问、李小龙系列的功夫叙事景象，作为一个中国岭南区域武功传承与发扬活动在影视作品中的经典性表现，成为具有中国岭南区域民俗色彩的民俗文化诗学的研究个案和岭南优势文化产业开发的宝贵资源，除了具有影视艺术学、文艺学直接的拓展意义外，也具有城市民俗学、文化人类学，特别是影视文化产业竞争的延展意义。

第六节　推广价值

佛山武功大师影视叙事活动是一个民间叙事与大众传媒叙事结合得历久弥新而影响深广，产生了跨时代、跨国度影响的华语电影强势品牌，是关于由族群认同迁移为民族认同、国家认同的文化产业强势品牌。黄飞鸿叙事活动经过半个多世纪的广泛流传后，使黄飞鸿成为兼具民间文化与流行文化双重特征，突破华人、华语圈限制而率先实现全球化的华人英雄之标志，成为粤港影视乃至华语影视界的"跨时代经典资源"。李小龙于 1969—1973 年异军突起，成为世界电影史上"武影双栖"的一代"功夫之王"，其影响延续至今，多部李小龙题材的电影、电视剧成为票房或收视的热点。

其实，不仅仅是黄飞鸿、叶问、李小龙具有浓厚的岭南武功文化及民俗的研究价值，曾经在这片热土叱咤风云，迄今依然影响着岭南地区甚至华人圈的电影艺术形象，还有至善禅师、洪熙官、方世玉、铁桥三、严咏春、梁赞、陈盛、林世荣、谭三等，都可以作为研究南派武功与岭南民间社区群落与城市化发展的案例和脉络。只不过黄飞鸿叙事系统是最持久、最集中、影响最广泛、本土性与国际化结合得最好的一个，李小龙是在美国、欧洲备受推崇的中国功夫"世纪偶像"，叶问则是将咏春拳由佛山播散到世界各地的现代宗师，也是本研究既要深入中国的文化传统，又要紧密拥抱岭南文化的地气，更要体现当前文化热潮的前沿之所在。

从佛山起家并产生了世界性影响的武功大师群体中，在影视界得以最充分表现的例证就是黄飞鸿。他从历史人物到民间传说、小说、粤剧、电影,最终成为整个华人圈标志性的文化象征,这个衍变过程鲜明、丰富、生动而有力地表现出了中国武功影视文化的多元性、开放性、流动性和可再生性。有关黄飞鸿的银幕艺术形象和相应的文学想象,既有活灵活现的世俗情怀,又刻意于神韵的一再升华;既负载儒家"仁者无敌"的民族精神依归,又富有浓郁厚重的岭南乡间韵味。黄飞鸿的银幕形象所表现出的南派武术、中医跌打专科、舞狮与舞龙的中国节庆狂欢文化,既是十分典型的民间文化艺术,又形象地体现出中国南方沿海怎样由封闭的渔猎农耕文化生态向近代社会变迁、向城市化转型。有关黄飞鸿现象的讨论,是华人日常生活中的一个频繁而显要的话题,成为互联网上的"人气王"。笔者 2012 年 5 月 30 日采用 3721 搜索引擎在网络上搜索"黄飞鸿"的有关词条、网站,竟然达 753 万余条。但是时至今日,除了笔者的十余篇论文之外,学术界竟然只有一篇发表在高校学报上的论文[1]对他有所关注。有关黄飞鸿的介绍烦杂又简略,大多彼此重复,有关学术性的研究也仅有姚朝文、袁瑾的《都市发展与非物质文化遗产传承》[2]和高小康先生的《霓虹下的草根:非物质遗产与都市民俗》[3]作出了比较系统的梳理。这种现象不能不令人作出深刻的反思,不仅仅是反思影响如此广泛的"中国大众文化传播第一品牌"受到学术界的忽视,更需要反思的是,为什么学术界会对民众喜闻乐见甚至视为偶像的文化艺术现象数十年来视而不见?是"视"过却未见出什么有价值的东西吗?显然不是,准确地说,传统的学术界根本就没有去"视",又何谈发现呢?[4] 如果细心推敲一下"影视黄飞鸿"持久而广泛的观众群体,就会发现,无论是追星族或发烧友[5],还是普通的欣赏者乃至于消费者群体,除了少部分依据民间传说而虚构的黄飞鸿小说外,很少有人把这种文化形式当作文学现象来看,更不会看其为"文本"——我们的经典文学艺术理论就是这样坚持着的。现在,我们把"影视黄飞鸿"现象、影视武功大师系列视为反复呈现的"超文本"来观赏的时候,探寻它在什么样的具体历史风俗语境下会出现相似的意象、相似的故事、相类的人物命运,在怎样的条件下,不同的意象要素、情节构成发生了相互组合、相互变异并由此产生民俗的漂移,将是十分有意义的

---

[1] 肖海明:《黄飞鸿其人与黄飞鸿现象》,《佛山科学技术学院学报》(社科版) 2001 年第 4 期。
[2] 姚朝文、袁瑾著:《都市发展与非物质文化遗产传承》,北京大学出版社 2009 年版。
[3] 高小康著:《霓虹下的草根:非物质遗产与都市民俗》,江苏人民出版社 2008 年版。
[4] 参见姚朝文《马克思文艺理论的批判性否定之思》,《审美文化丛刊》2004 年第 3 期。
[5] 参见高小康著《时尚与形象文化》,百花文艺出版社 2003 年版,第 101 页。

课题。

笔者的研究适当兼顾了小说家、电影编剧或导演的创作意图。我既不愿意重现把文学视为"作者传记化"的老套，也不会像威姆萨特等那样主张"意图说的谬误"①。要视民俗文化诗学研究的需要来兼顾那些意图与文本实际表达比较接近的创作动机。请看下面一段创作谈：

> 在构思这部小说时，我一直在想：黄飞鸿在佛山的时间不长，为什么他对佛山的影响如此重大？反过来又想：为什么佛山对黄飞鸿的一生有着如此深远的影响？后来，在整理我的三十年前的旧笔记中发现：当年的佛山是岭南的武术之乡，镇内设有多家武馆，各地武林高手都聚集在这里，本土也孕育了一批武林精英。同时，佛山是岭南的中成药之乡，制药店铺和作坊达百家，飞鸿父亲的祖传秘方，都是在佛山研制成功的。……
>
> 作品不光是描写黄飞鸿的除暴安良与见义勇为的精神，也不光是描写黄飞鸿卓越的武艺和高尚的武德，而是通过黄飞鸿和他身边的几个人物的命运，描绘他少年时的聪颖、勤奋、真诚、正直和机智——我想，这不但是当时少年黄飞鸿的品格，更是我们当代人应有的品格。②

这说明，创作者和欣赏者们，都是欣赏当代人心目中的那些理想化的英雄人物黄飞鸿、叶问、李小龙等③。来自民间的文学想象，促成了有关黄飞鸿的双重吊诡：一方面是民间历史上的武术总教习黄飞鸿，但见于地方志、专门史的实录文字无多，另一方面是后世惊人的"文化英雄"象征，让人们言说不尽、拍摄无限；一方面不能不认可他在其生活的时代里影响非凡且威名赫赫，另一方面由于绝技"密不外传"的祖训，不利于我们写出一部纯粹实证性的《武林奇侠黄飞鸿全传》之类的专著。但是严格意义上的文献研究所面临的这种问题，丝毫不影响黄飞鸿在当今影视文化产业中的广泛影响和深远的民众基础。

本课题阶段性成果有二：《黄飞鸿叙事的民俗电影诗学研究》、《城市文化教程》。前者是国内第一部将电影民俗美学与文化地理学相结合，描述并绘制出岭南民间技艺与影视艺术媒介相结合并传播到全世界的传播图

---

① 参见（美）威·库·威姆萨特、门·比尔兹利《意图说的谬误》，载戴维·洛奇《二十世纪文学评论》，上海译文出版社1987年版，第568页。
② 任流著：《少年黄飞鸿》，天津社会科学院出版社1998年版，第1～2页。
③ 参见姚朝文《黄飞鸿功夫电影海外传播路线及文化影响力分析》，《文艺研究》2010年第7期。

谱式著作，着重从民间武功技艺与族群文化认同的历时态传承、共时态泛化的矛盾纠结处圈定非电影电视艺术形态的经典资源，建构出"功夫影视叙事国际传播谱系研究"的理论框架，出版后赢得中国、日本、美国、东南亚学术界较广泛的反响和高度的评价，被同行誉为"国内外同行从事本领域后续研究的有益参照系和坐标点"。另有论文《珠三角城市创新的文化再认同难题——以黄飞鸿、霍元甲、叶问、李小龙影视的国际认同为例》参加2011年广东省社会科学年会，获得省委宣传部、省社科联颁发优秀论文三等奖。

  对上述一个个武功大师电影电视传播谱系的研究，将使岭南珠江三角洲地区真正成为"历史悠久、底蕴深厚、文化灿烂、魅力无限"的南国名城。这样的研究对象也为具有创新价值的高质量的学术专著的产生，奠定了有发掘深度的底气，为扩大岭南地区在国内外的影响力并提升其文化品牌提供了支撑。

附 录

附录一

论香港功夫电影的大众文化特征

20世纪70年代,香港影坛刮起了"李小龙旋风",香港的功夫电影开始走向世界。当然,文化产业离不开社会环境,回归前的香港受英国政府统治,大众文化受到特殊环境背景的影响,呈现出中西合璧的别样风采。香港的功夫电影在这种特殊的大众文化氛围中发展起来,仍然完全体现出大众文化的一般特征。香港功夫片已经风行了大半个世纪,在国内外都有很多人研究香港功夫电影,主要针对影片的风格、拍摄手法、美学造诣、历史文化等方面进行探讨;另外,学术界也有不少关于大众文化的论作,前人也曾研究过香港其他类型电影的大众文化特征。但总体来说,关于香港功夫电影这一类型电影的大众文化特征分析研究仍不够全面,并且对商品经济发展的今天作用不大。当今电影市场上,功夫电影早已不复当年的风采,佳作越来越少,所占的市场份额也越来越小。进入新世纪后的功夫片面临着重重的困难。本论题意在通过分析有关香港功夫影片及其发展史,进一步探寻香港功夫影片反映的大众文化特征,进而发掘香港功夫影片的发展趋势及寻找其突围发展措施。

一、大众文化的定义及香港的大众文化

(一) 概述大众文化

什么是大众文化?这个词历来众说纷纭。中国著名学者金元浦先生在《定义大众文化》一文中对比西方各学术派别对大众文化的不同定义后作出了自己对大众文化的界定:"我们今天所说的大众文化是一个特定范畴,

它主要是指兴起于当代都市的，与当代大工业密切相关的，以全球化的现代传媒（特别是电子传媒）为介质大批量生产的当代文化形态，是处于消费时代或准消费时代的，由消费意识形态来筹划、引导大众的，采取时尚化运作方式的当代文化消费形态。它是现代工业和市场经济充分发展后的产物。是当代大众大规模地共同参与的当代社会文化公共空间或公共领域，是有史以来人类广泛参与的、历史上规模最大的文化事件。"[1]由此得出，大众文化与我们的现代生活事实上存在着很大的关联，它是一种符合社会的发展规律的、被人们大众所熟识的文化。

（二）香港大众文化产生的背景

大众文化，起初产生于西方，兴盛于20世纪初的欧美发达国家。鸦片战争之后，香港被英国占领，受英国的资本主义发展和工业革命的影响，香港的生产力飞速发展，香港社会也不断地进步，最终成为工业化和城市化高度发达的国际型大都市。20世纪四五十年代开始的第三次工业革命使信息化技术席卷全球，文化产业也开始成为全球支柱产业。工业化和城市化高度发达的香港充分具备了培育大众文化的有利条件。

随着香港工业化和城市化的高速发展，香港的大众文化以不可遏止的速度迅猛地发展与扩张，它逐渐注重大众的口味，并且随着大众的需求进行调整，使得各种各样的大众影片不断产生。一些着重感官刺激的商业性娱乐片，逐步成为香港电影制作领域的主流，因此慢慢衍生出门类齐全的各种类型片，有家庭伦理片、鬼片、喜剧片、爱情文艺片、武侠功夫片等等。与此同时，香港功夫片的出品数量也达到一个巅峰，并影响到社会的各个方面。

二、概述香港功夫电影的发展历程

功夫片是何时发展的，电影史学界好像没有确实的回应，而著名导演袁和平曾经说过这样一番话，或许能带给我们一点启发："是《黄飞鸿》电影带起了功夫片潮流，功夫片是从黄飞鸿开始的。"[2]受落后的片场条件的限制，20世纪五六十年代《黄飞鸿》系列功夫片制作粗糙，到六七十年代，取而代之的是李小龙《猛龙过江》、《龙争虎斗》式的打斗更真实、技艺更高超的功夫片。

香港功夫片随着李小龙的去世曾经进入一段低迷期。到了20世纪七八十年代，喜剧片盛行，刘家良、"七小福"等人结合喜剧元素在功夫片的领域潜心摸索，刘家良的《少林搭棚大师》、《少林三十六房》和袁和平导演、成龙主演的《醉拳》等影片改变了李小龙时代的主角不苟言笑、正气凛然的悲剧英雄风格，这才终于探索出了功夫喜剧的发展道路。

由于时代的进步，在影片中，都市气息逐渐浓郁起来，功夫片里做不出来的动作，通过电脑特技也可以在动作片里面做出来。许冠杰主演的《最佳拍档》系列和成龙主演的《警察故事》，是这个时期最受欢迎的时装动作片。

20世纪90年代以来，《黄飞鸿》旧瓶装新酒，凭着《黄飞鸿》、《黄飞鸿之二男儿当自强》、《黄飞鸿之三狮王争霸》三部曲，李连杰成了功夫巨星。从2005年的《杀破狼》到2008年的《叶问》，人们开始从武打明星甄子丹身上看到了久违的香港传统功夫片的回归。

三、香港功夫电影所展现的大众文化特征

（一）商品性——以票房论英雄

大众文化的商业性，即它伴随着文化产品的大量生产和销售，大众文化活动属于一种伴随商品买卖关系的消费行为。[3]从这一层面上看，它属于商业文化范畴。

随着大众文化生活的丰富多彩，电影早已融入人们的生活当中。功夫电影的商品性主要体现在票房上。当一部功夫电影的票房能够达到一定的高度，那么，它就会被公认为是一部出色的电影。功夫电影可以说是投资方用来获利的一种方式。当"功夫"一词成为吸引大众眼球的噱头，那么，它的商品性就会远远大于电影本身的艺术性。电影的场面设计、拍摄的内容和手法、人物的造型等等都会成为被模仿的对象，因为符合广大观众的欣赏趣味。周星驰的《功夫》在全球56个国家和地区上映，叫座又叫好，全球总票房达到约1亿美金，堪称功夫片历史上的"神作"，其场景照搬了20世纪70年代邵氏经典喜剧《七十二家房客》的"猪笼城寨"，人物的造型亦不脱邵氏影片巅峰时期的形迹。李小龙《龙争虎斗》中出现的白衣黑裤的经典造型设计，也在《功夫》的角色表演中得到延续和模仿，迎合了广大观众的怀旧趣味。

有观众追捧，票房就会高涨，自然而然就会有更广阔的市场。所以，功夫电影受观众欢迎的程度会体现出电影本身的商业价值，在电影的场面的设计、拍摄的内容和手法、人物造型等方面不断地创新和变化，则显示出商家对利益的追逐，也直接反映出文化和市场经济之间的紧密关系。尤其是在商品经济发展时期，文化的使用价值常常成为商业运作的一种谋取

利益的手段。

（二）文化世俗性

大众文化也具有世俗性的特点，它取材于人们的日常生活，诠释着人类的内心感情世界。继《杀破狼》、《龙虎门》等重武戏而轻文戏的影片后，演员甄子丹主演的《导火线》在武戏的基础上，新增了一些亲情、爱情的感情戏路设计。影片不仅通过几个细节刻画出了马军与华生的兄弟情义，还加大了华生与秋堤的感情戏份，同时，还呈现了越南两兄弟虽穷凶极恶但孝顺的双面人格，无疑是为生硬的功夫片添上了靓丽的色彩。《导火线》除了票房大卖以外，还以真情打动了观众，让观众能换位思考，领悟"俗世情真"的真正含义，让我们看到了大众文化世俗性的特征。

（三）产品娱乐性

娱乐性堪称大众文化特征的核心。无论其结局是悲是喜，总是追求广义上的愉悦效果，使公众的消费、休闲或娱乐渴望获得轻松的满足。[3]83 作为国际大都市的香港，随着现代经济的发展，人们的生活压力也在加大，生活节奏越来越紧凑，人们也亟须放松，得到精神上的愉悦和满足，为了满足大众的消费，功夫电影越来越追求感官的娱乐效果。此时，功夫喜剧正好给观众提供了一个自我减压和放松的机会。在20世纪80年代成龙功夫影片中，常常借助扇子、板凳、绳索、箩筐、自行车等营造肢体语言的轻松诙谐和愚人之美，他还在慌乱的追逐赛中（如《A计划续集》中受斧头帮追打）、紧张的拼打中讲求突如其来的笨拙的表现，如拿起一个热水壶却被烫、被东西夹痛了身子和手等等，配合他脸部丰富的表情，确实让观众哗然大笑。在《蛇形刁手》和《醉拳》这类喜剧电影里融入插科打诨的喜剧元素，也很好地结合了传统的喜剧片和功夫片的特长，结合现实的生活和语言的趣味，加上极强的动作性，使得这些影片幽默搞笑、情节生动，让观众在欣赏功夫带来的紧张刺激之余还能开怀一笑，还吸引了许多对武打动作没有多大兴趣的女性观众，满足了普通观众的欣赏趣味。上述影片大部分满足了大众消费文化的商业化以及娱乐性的要求，让大众各个阶层取得轻松、快乐、狂欢的欢愉，突出了大众文化产品娱乐性的特征，迎合了大众文化背景中的审美趣味。

（四）强大的技术性

现代科学技术的发展，给予电影艺术以肥沃的土壤，同时也为大众文化的传播提供了有效的载体，从这个程度看来，电影艺术具有非常鲜明的技术性特征。如今,电影与电脑特技如影随形,其中最典型的香港功夫电影莫过于周星驰导演的电影《功夫》。《功夫》中出现持续不断的"特效大战",把电脑特技的效果发挥得淋漓尽致。诸如完全不会武功的周星驰在最后模仿《黑客帝国》,威风凛凛、强大无比、以一敌百地大战黑衣人的经典段落,打斗时漫天飞舞的砖头与损坏的建筑,影片最后如来神掌和蛤蟆功的决斗、六指琴魔与三大高手的大战,都是较为典型的数字动作场景,《功夫》让观众惊叹:原来功夫片也可以这样拍。由甄子丹主演的《龙虎门》,也实现了真人武打拳拳到肉式的实战格斗与电脑特技震撼效果的完美结合。

四、香港功夫电影的发展趋势

近几年,香港出现了不少优秀的功夫电影,如成龙的《新警察故事》、周星驰的《功夫》、李连杰的收山之作《霍元甲》、甄子丹的《叶问》系列电影等。2009 年,《叶问》为功夫影坛掀起一阵短暂的旋风,但这也是进入新世纪的功夫片的一种假象。如今,功夫电影市场上的好作品越来越少,功夫电影再也回不到李小龙时期的繁盛,进入新世纪的功夫片依然面临着重重的困难。功夫电影相对于其他类型片,市场份额也越来越小,李小龙时期那种全球瞩目中国功夫的年代已然流逝。新世纪以来,好莱坞动作电影不断冲击亚洲功夫电影市场,加上其凌厉惊险的打斗风格,都让中国电影人防不胜防、胆战心惊。

香港功夫电影曾经风行一时,现在却成了明日黄花,呈现衰落之势。

(一)香港功夫电影没落的原因

1. 人才闹饥荒

人才荒是香港功夫电影没落的一个最重要的原因。香港功夫电影整整持续了 60 年,当年,李小龙旋风席卷全球,而在刘家班、洪家班、成家班、袁家班为功夫电影的付出和努力下,更是让中国功夫大步走上世界电影舞台。如今,一批功夫明星如成龙、李连杰、甄子丹等已是"廉颇老矣",风采不再,无法给观众带来新鲜的东西,观众也已经对他们审美疲劳了。香港功夫电影若求生存之道,须大力培育接班人,培养可以名扬世界的李小龙般的功夫明星。如今,太多功夫电影的担纲主演是完全不具备武术功底的明星,他们主演的仅仅依靠电影特效制作出来的功夫影片自然就不那么引人入胜了。虽然电影画面变漂亮了,却让人眼花缭乱、应接不暇,在打斗效果上,长期依赖于电脑特技等高科技手段,必定缺乏真实的对战和有效的攻击性。而一旦有导演想要挖掘新人，受到的现实阻力往往比想象中大得多，真正能拍大片的人，往往需要较长时间的培养。另外，众所周知，武行训练苦、待遇差，长相耐看而有较强武术功底的演员越来越少。

2. 盗版严重

盗版问题是一个对香港功夫电影的发展极为不利的问题。很多观众宁愿在家看盗版，也不愿意花更多的钱到影院看电影。投资方投资了大量金钱拍出来的影片，到最后却被盗版商轻易获取，这无疑对电影市场造成巨大的冲击。投资方在面对盗版泛滥成灾的形势下，不得不减少对大制作功夫电影的投资，这一举动显然对功夫电影的发展是极其不利的。

3. 西方功夫片的入侵

在全球文化大众化的今天，香港功夫电影面临着重重挑战。在中国功夫片风靡全球之后，好莱坞有样学样，善于把各种武术、格斗的元素加入电影之中，好莱坞动作电影不断冲击着亚洲市场，甚至对于动作的研究程度和打斗风格远远胜于中国。近年来，好莱坞影星们纷纷玩起了中国功夫，像《黑客帝国》、《霹雳娇娃》等经过打包修饰后进入了中国市场并票房大热。除此之外，进入新世纪后，《拳霸》的入侵，让世界明白了功夫电影不再是中国人的专利。2008年6月在中国内地上映的《功夫熊猫》的全球票房总收入达6亿多美元，而在中国内地独揽1.7亿元人民币，位居内地当年电影票房排行榜第5位。2011年5月《功夫熊猫2》在首映当天就获得了5400万元人民币的票房，并在上半年的票房统计中以6亿元人民币轻松夺冠。《功夫熊猫》系列拥有了令人惊叹的票房收入，获得了巨大的商业成功，在全球取得的惊人票房无疑给中国电影人敲响了警钟。

4. 其他类型片的兴盛

在大都市文化多元化的发展形势下，香港电影除了功夫片以外，其他类型片如《窃听风云》等警匪片、《单身男女》等都市爱情片的兴起，逐渐瓜分了功夫片的市场份额。2009年，香港功夫电影只有一部《十月围城》成气候，《十月围城》在内地虽取得首周票房超过7000万元的好成绩，但难免受到同时期的香港警匪片《窃听风云》的冲击。《窃听风云》虽不及《十月围城》那般火热，但在内地也取得首周票房2400万元的相当不错的成绩，这无疑在一定程度上影响了功夫片的市场份额，从而使得功夫片的观众渐渐减少。

由于以上种种原因，近年香港的功夫片变得沉寂。那么它的突破口在哪里？怎样才能再次吸引大众的眼球呢？

（二）香港功夫片的突围措施

1. 功夫电影要发扬中国传统武术，讲述中国故事

首先，拍摄一部好的、观众喜爱的电影，必须要有包容性的心胸，要学会利用他人之所长。20世纪六七十年代李小龙旋风席卷全球，他曾在海外接受教育，其思想和个性深受西方文化影响，同时，李小龙在电影中展现给观众的功夫是他自创的，是一种集拳击、咏春拳、空手道和跆拳道等功夫于一身的中西合璧的格斗体系，叫截拳道。李小龙的功夫电影刚猛凌厉，以民族精神为主题，外行可能只觉得角色打斗相对而言比较真实，而真正懂得功夫的观众，一定会对其中的细节仔细揣摩并大加赞叹。

其次，我们要学会发扬自己的文化品牌。回想20世纪六七十年代，红了足足10年的《黄飞鸿》系列影片就是一个很好的例子。在这些影片中，武打的场面非常逼真、精彩。功夫也是用的硬桥硬马、真刀真枪的南派真功夫，式式俱备，拳拳到肉，表现了黄飞鸿及其弟子匡扶正气、锄强扶弱的精神，让观众们感觉更为真实，也形成了一种独到的港式功夫片风格，对香港电影的视觉习惯产生了革命性的影响。而新世纪风行的《叶问》系列电影，与成龙电影主张诙谐喜剧的功夫、李连杰电影主张俊逸舒展的功夫相比，甄子丹追求的实战格斗技巧，融中国功夫、巴西柔术于一身，开始成为21世纪功夫片的新潮流，人们看到了久违的香港传统功夫片的回归。

所以，要拍好的动作电影，就要坚守自己的文化。我们要在吸收别人文化的同时，学会把自己的文化品牌打出去。不要一味地迎合别人的口味，而要守住自己的文化底线。

2. 香港功夫电影的宣传、推广、包装亟须创新

当今世界已进入商品化时代，电影是一种艺术形态，也是一种文化产品，但艺术需要人观赏，文化也需要传播，就是要走向市场。当今国内外电影的高度市场化和产业化已是不争的事实。例如，好莱坞大片《黑客帝国》、《星球大战》的全球化市场营销和宣传推广是铺天盖地的，2008年上映的《功夫熊猫》也是靠市场开发和行销策略与智慧才获得了成功。在中国申办奥运会成功之后，美国的制片人动用美国商会的力量，与有关部门达成协议，获得了在2008年的暑期档播放一部美国动画电影的机会。大片的续集现象体现的则是一种营销策略，如《功夫熊猫2》就是尽量挖掘已开发的市场空间、锦上添花，尽可能地把这个空间的利润价值最大化。香港功夫电影要想打入世界市场，除了在制作时推陈出新外，还必须在创意策划方面花更多的精力和财力。周星驰的《功夫》在全球取得过亿美元

的票房就得益于其铺天盖地的宣传。

3. 实现实战格斗与电脑特技的完美结合

与李小龙时代相比,当今的电影已经具备世界水准的技术和人才。香港功夫电影在这样的环境下,必须把功夫片的传统和当今世界动作片的潮流结合起来,如特技的运用、新的拍摄手段等等,使功夫电影得到多元化的发展。20世纪90年代以来,香港影业在社会外部大环境和文化影视业小环境下出现减产,但关于黄飞鸿的故事仍然历久弥新。《黄飞鸿》、《黄飞鸿之二男儿当自强》、《黄飞鸿之三狮王争霸》系列影片的动作新颖,借助特技和技巧的剪接,对舞狮、打斗等传统功夫片的动作进行了更具有现代气息的创新和改造,制作出了90年代的"动作神话"。21世纪的到来意味着科技的进一步发展,这也给一些靠场景取胜的功夫电影提供了更加优良的制作条件。《功夫》中出现了持续不断的"特效大战",就把电脑特技的效果发挥得淋漓尽致。

4. 随着大众文化的发展,香港功夫片要内外兼修

电影在注重娱乐性的同时,更应该加强其文化内涵和精神力量。20世纪七八十年代,香港经济略有下滑,所有人的心态都有一点担忧,许多老板开始改革电影戏路,试拍喜剧,希望观众看完哈哈大笑。这时期喜剧片盛行,刘家良、"七小福"等人结合喜剧元素在功夫片领域潜心摸索,走出了功夫喜剧的发展道路。这类喜剧电影融入了插科打诨的喜剧元素,使得影片幽默搞笑、情节生动,还吸引了许多对武打动作没有多大兴趣的女性观众,满足了普通观众的欣赏趣味。

在西方人看来,中国功夫深邃而神秘,电影有着深厚的文化内涵和精神力量。无论是李连杰主演的《黄飞鸿》系列,还是甄子丹主演的《叶问》系列,无不透露着化动为静、以柔克刚的核心理念,同时,"以和为贵"是中国传统武学的永恒追求。在中国武学界看来,真正的武林高手可能是一个平民或者痞子,不一定要有高贵的血统或者出身,弱者可以以弱制强,凭着内心强大的精神力量战胜一切。2008年的功夫片《叶问》将故事背景设在战乱时期,影片透过描写爱好传统武术、谦卑待人的叶问,在那个国难当前、中国人备受外国人欺凌和鄙视的年代,不负亲人、朋友以及国家所望,在列强面前英勇不屈、捍卫民族尊严的故事,阐释了深厚的文化内涵和精神力量。

因此,为了更好地发扬中国武学,中国功夫电影只能由中国武术影星来拍。所以要挖掘具有尊严、具有美感、具有气质的新生代力量,传播中华武术,达到寓教于乐的效果。

5. 关注盗版问题,营造健康文化市场

香港电影市场盗版严重,包括票房大卖的《功夫》也深受其害,上映不久,盗版光碟就满街都是。盗版光碟虽然画面欠佳,有时还能听到影院里观众的声音,但由于价钱便宜,迎合了一部分观众贪求便宜和方便的心理。因此,香港特区政府对此现象必须严肃处理,并出台政策措施扶持本地电影制作业,在全社会加大反盗版的宣传力度,给本土电影营造一个健康的市场。

香港功夫电影以往光辉的成绩足以让我们相信,它绝不会是像流星般稍纵即逝,只要在影视界娱乐化与商业化称王的21世纪重新整顿和创新,它照样能突破重重的困境,再续辉煌。

参考文献:

[1] 金元浦. 定义大众文化 [N]. 中华读书报, 2001 – 07 – 25（B20）.
[2] 李道新. 中国电影文化史 [M]. 北京:北京大学出版社, 2005.
[3] 刘自雄, 闫玉刚. 大众文化通论 [M]. 北京:中国广播电视出版社, 2007.
[4] 黄会林主编. 当代中国大众文化研究 [M]. 北京:北京师范大学出版社, 1998.
[5] 杨玲. 从网络流行语看大众文化特征 [D]. 华中师范大学, 2006.
[6] 刘旭京. 功夫电影的历史回顾、发展及对中国武术的影响 [J]. 大家, 2011（26）.
[7] 吴夏曦. 中国功夫电影在北美地区的跨文化传播 [J]. 电影文学, 2011（12）.
[8] 陈志凌. 后现代语境下的成龙功夫电影研究 [J]. 当代电影, 2006（1）.
[9] 孙丽萍, 肖春飞. 中国功夫电影如何"杀出重围" [N]. 西部时报, 2005 – 06 – 24（B10）.
[10] 桂渝芳. 现代影视艺术传播的大众化走向 [J]. 电影评介, 2007（21）.
[11] 马友平. 文化势差:同质到多元 [J]. 重庆师范大学学报（哲学社会科学版）, 2008（1）.

附录二

1949—2013 年中国香港、美国、中国广东产黄飞鸿、叶问、李小龙电影资料图片

图 1 黄飞鸿唯一的照片（莫桂兰提供，梁挺捐赠，现存于佛山市博物馆）

图 2 第一部黄飞鸿电影《黄飞鸿传上集之鞭风灭烛》剧组人员照

图 3 关德兴（左）在电影《黄飞鸿大破马家庄》中的武打剧照

图 4 成龙主演的《醉拳》展现了年轻黄飞鸿的形象

图 5 《黄飞鸿之王者风范》（赵文卓主演）

图6 莫桂兰晚年照

图7 关之琳在《黄飞鸿》系列中饰演的十三姨

图8 位于佛山市祖庙内的黄飞鸿纪念馆

图9 位于佛山市南海区西樵山西侧的黄飞鸿狮艺武术馆

图10 黄飞鸿狮艺武术馆内的宗师铜像（立式）

图11 黄飞鸿纪念馆内的黄飞鸿坐像

图12 黄飞鸿纪念馆和黄飞鸿狮艺武术馆均有以1:1的比例仿制的宝芝林

图13 依照历史旧址以1:1的比例再现的黄飞鸿、莫桂兰为民众治病的场景

图 14　黄飞鸿纪念馆二楼的黄飞鸿生平图片展室

图 15　在北京拍摄《黄飞鸿之狮王争霸》时的主要演员与场景

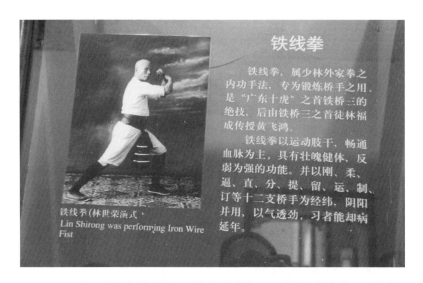

图 16　黄飞鸿纪念馆一楼北侧的铁线拳介绍，图中武师为黄飞鸿的衣钵传人林世荣

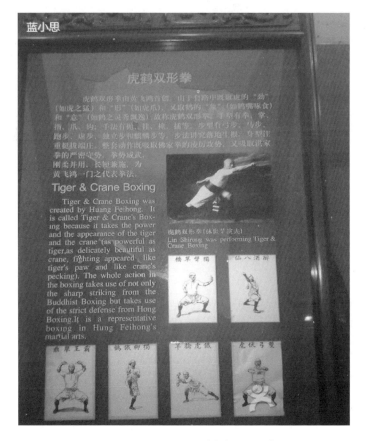

图 17　林世荣演示，朱愚斋绘制的《虎鹤双形拳》功架（祖庙）

图18 地方历史文献之一

图19 黄飞鸿传记之一

图20 香港研究功夫电影的著作

图21 中国内地研究武侠片与功夫片的著作之一

图22 中国内地研究武侠片与功夫片的著作之二

图23 岭南地区唯一一部地域电影史

图 24　笔者实地考察佛山当地武馆

图 25　黄飞鸿狮艺武术馆"一代宗师"铜像（坐式）

图 26　黄飞鸿练功休息室（原样仿制）

图 27　黄氏家族历史照片与牌匾

图 28　林世荣表演的虎鹤双形拳

图 29　两丈高的梅花桩上舞瑞狮

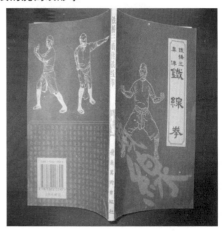

图 30　笔者珍藏的《铁桥三真传铁线拳》

图 31　笔者珍藏的《黄飞鸿嫡传工字伏虎拳》

图 32　舞狮扎作之黑狮子，行业里称霸王狮

图33　晚清上海《点石斋画报》刊刻佛山祖庙群众围观"燃炮明心"的场景

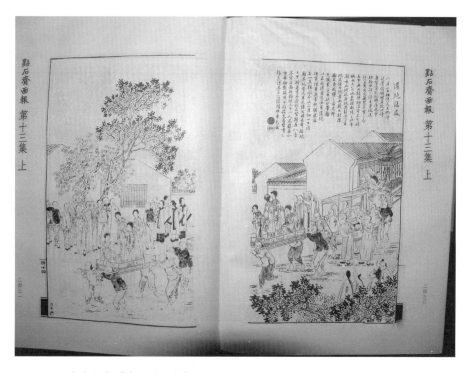

图34　晚清上海《点石斋画报》刊刻佛山三月三土地诞万人空巷观抢花炮的场景

图35　关德兴在20世纪50年代塑造的黄飞鸿银幕形象　　图36　关德兴在20世纪60年代初塑造的黄飞鸿银幕形象

图37　电影《黄飞鸿》片尾　黄飞鸿率民团操练武功

图38　电影中舞狮的背景与佛山祖庙外景相似

图39 《黄飞鸿之王者之风》剧照（赵文卓主演）

图40 《黄飞鸿之西域雄狮》海报（李连杰主演）

图41 黄飞鸿纪念馆北门屋顶镬耳山墙将民间流行的黑色墙壁改饰棕红色，硬山顶镬耳式封火山墙的功能有三绝：防风、防火、防盗

图42 咏春拳现代宗师叶问与弟子、截拳道创立者李小龙的合影

图43 叶问与李小龙师徒合影

图44 叶问与李小龙练习咏春拳黐手

图45 佛山祖庙系民间宗教建筑，黄飞鸿纪念馆在其内东北部，叶问堂在北侧

图 46　广东陶瓷博物馆南侧石湾陶瓷一条街，采用了近代武馆和客栈的建筑格局

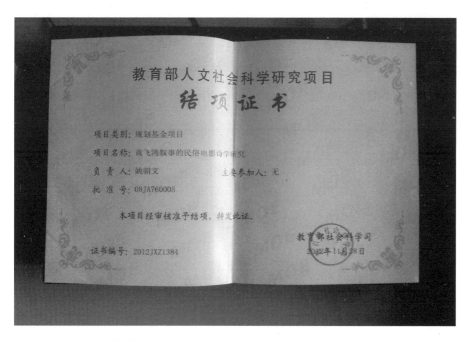

图 47　笔者完成的教育部规划项目"黄飞鸿叙事的民俗电影诗学研究"结项证书

图48 笔者第17部著作《黄飞鸿叙事的民俗电影诗学研究》的封面

附录三

香港与内地制作的 108 部黄飞鸿功夫影视一览
（对本专业同行或有参考价值）

序号	片　　名	首映日期	导　演
1	黄飞鸿传上集之鞭风灭烛	1949－10－08	胡鹏
2	黄飞鸿传下集之火烧霸王庄	1949－10－12	胡鹏
3	黄飞鸿传第三集血战流花桥	1950－04－13	胡鹏
4	黄飞鸿传第四集梁宽归天	1950－04－16	胡鹏
5	黄飞鸿传大结局	1951－03－15	罗志雄
6	黄飞鸿血染芙蓉谷	1952－11－09	胡鹏
7	黄飞鸿一棍伏三霸	1953－11－28	胡鹏
8	黄飞鸿义救海幢寺（上集）	1953－07－16	王天林、凌云
9	黄飞鸿义救海幢寺（下集）	1953－07－19	王天林、凌云
10	黄飞鸿初试无影脚	1954－07－21	胡鹏
11	黄飞鸿与林世荣	1954－10－29	胡鹏
12	黄飞鸿正传	1955－01－13	丁零
13	续黄飞鸿传	1955－07－26	丁零
14	黄飞鸿花地抢炮	1955－11－13	胡鹏
15	黄飞鸿威震四牌楼	1955－11－23	胡鹏
16	黄飞鸿长堤歼霸	1955－12－11	胡鹏
17	黄飞鸿擂台比武	1956－01－01	胡鹏
18	黄飞鸿大闹佛山	1956－01－14	胡鹏
19	黄飞鸿火烧大沙头	1956－01－28	胡鹏
20	黄飞鸿花艇风云	1956－02－17	胡鹏
21	黄飞鸿大战双门底	1956－02－22	胡鹏
22	黄飞鸿大闹花灯	1956－02－28	胡鹏
23	黄飞鸿七狮会金龙	1956－03－04	胡鹏
24	黄飞鸿独臂斗五龙	1956－03－25	胡鹏
25	黄飞鸿三戏女镖师	1956－04－08	胡鹏
26	黄飞鸿义救龙母庙	1956－04－18	胡鹏
27	黄飞鸿七斗火麒麟	1956－04－25	陈国华
28	黄飞鸿怒吞十二狮	1956－04－29	胡鹏
29	黄飞鸿神鞭伏二虎	1956－05－09	胡鹏

序号	片名	首映日期	导演
30	黄飞鸿醒狮会麒麟	1956－05－16	胡鹏
31	黄飞鸿铁鸡斗蜈蚣	1956－05－26	胡鹏
32	黄飞鸿龙舟夺锦	1956－06－13	胡鹏
33	黄飞鸿水底三擒苏鼠廉	1956－06－20	胡鹏
34	黄飞鸿沙面伏神犬	1956－07－19	王天林
35	黄飞鸿横扫小北江	1956－07－22	胡鹏
36	黄飞鸿红船歼霸	1956－07－29	胡鹏
37	黄飞鸿义救卖鱼灿	1956－09－05	胡鹏
38	黄飞鸿观音山雪恨	1956－09－13	胡鹏、凌云
39	黄飞鸿天后庙进香	1956－09－14	胡鹏
40	黄飞鸿官山大贺寿	1956－10－20	胡鹏
41	黄飞鸿古寺救情憎	1956－11－17	胡鹏
42	黄飞鸿河南浴血战	1957－02－20	胡鹏
43	胭脂马三斗黄飞鸿	1957－02－23	胡鹏
44	黄飞鸿夜探黑龙山	1957－03－21	胡鹏
45	黄飞鸿狮王争霸	1957－04－07	胡鹏
46	黄飞鸿喋血马鞍山	1957－04－17	胡鹏
47	黄飞鸿大破飞刀党	1957－05－22	胡鹏
48	黄飞鸿血溅姑婆屋	1957－07－17	胡鹏
49	黄飞鸿二龙争珠	1957－12－01	胡鹏
50	黄飞鸿五毒斗双龙	1958－01－26	胡鹏
51	黄飞鸿龙争虎斗	1958－02－13	胡鹏
52	黄飞鸿大破金钟罩	1958－02－14	胡鹏
53	黄飞鸿西关抢新娘	1958－03－30	胡鹏
54	黄飞鸿大闹凤凰岗	1958－04－15	胡鹏
55	黄飞鸿擂台斗五虎	1958－06－01	胡鹏
56	黄飞鸿大破马家庄	1958－08－14	胡鹏
57	黄飞鸿夫妻除三害	1958－08－24	任彭年
58	黄飞鸿铁鸡斗神鹰	1958－09－21	胡鹏
59	黄飞鸿虎穴救梁宽	1958－10－27	胡鹏
60	黄飞鸿义贯彩虹桥	1959－02－01	胡鹏
61	黄飞鸿被困黑地狱	1959－06－07	胡鹏
62	黄飞鸿戏棚伏虎	1959－07－01	胡鹏

序号	片　名	首　映　日　期	导　演
63	黄飞鸿擂台争霸战	1960 – 01 – 27	胡鹏
64	猩猩王大战黄飞鸿	1960 – 06 – 16	胡鹏
65	黄飞鸿大破五虎阵	1961 – 01 – 15	胡鹏
66	黄飞鸿虎爪会群英	1967 – 11 – 09	胡鹏
67	黄飞鸿威震五羊城	1968 – 02 – 03	王风
68	黄飞鸿醒狮独霸梅花桩	1968 – 04 – 02	王风
69	黄飞鸿醉打八金刚	1968 – 07 – 03	王风
70	黄飞鸿肉搏黑霸王	1968 – 09 – 06	王风
71	黄飞鸿拳王争霸	1968 – 11 – 15	王风
72	黄飞鸿巧夺鲨鱼青	1969 – 02 – 23	王风
73	黄飞鸿神威伏三煞	1969 – 04 – 30	王风
74	黄飞鸿虎鹤斗五狼	1969 – 07 – 16	王风
75	黄飞鸿浴血硫磺谷	1969 – 10 – 08	王风
76	黄飞鸿勇破烈火阵	1970 – 08 – 05	罗炽
77	黄飞鸿	1973 – 09 – 12	何梦华
78	黄飞鸿少林拳	1974 – 01 – 22	郑吕和
79	黄飞鸿义取丁财炮	1974 – 05 – 25	王风
80	陆阿采与黄飞鸿	1976 – 05 – 07	刘家良
81	黄飞鸿四大弟子	1977 – 10 – 06	魏海峰
82	醉拳	1978 – 10 – 05	袁和平
83	林世荣	1979 – 12 – 19	袁和平
84	黄飞鸿与鬼脚七	1980 – 12 – 18	刘丹青
85	勇者无惧	1981 – 03 – 05	袁和平
86	武馆	1981 – 08 – 20	刘家良
87	黄飞鸿	1991 – 08 – 15	徐克
88	黄飞鸿之二男儿当自强	1992 – 04 – 16	徐克
89	黄飞鸿92之龙行天下	1992 – 05 – 28	徐克
90	黄飞鸿笑传	1992 – 08 – 08	李力持
91	黄飞鸿系列之一代宗师	1992 – 12 – 04	李别
92	黄飞鸿之三狮王争霸	1993 – 02 – 11	徐克
93	黄飞鸿对黄飞鸿	1993 – 04 – 01	李力持
94	黄飞鸿铁鸡斗蜈蚣	1993 – 04 – 01	王晶
95	黄飞鸿之男儿当报国	1993 – 05 – 20	刘国伟

序号	片　名	首　映　日　期	导　演
96	黄飞鸿之四王者之风	1993－06－10	元彬
97	少年黄飞鸿之铁马骝	1993－09－03	袁和平
98	黄飞鸿之少林豪侠传	1993	张鑫炎
99	醉拳 2	1994－02－03	刘家良
100	醉拳 3	1994－07－02	刘家良
101	黄飞鸿之五龙城歼霸	1994－11－17	徐克
102	黄飞鸿之西域雄狮	1996	徐克
103	黄飞鸿之理想年代（上集）	1997	王晶
104	黄飞鸿之理想年代（下集）	1997	王晶
105	黄飞鸿之八大天王	1998	王晶
106	黄飞鸿之少林故事（上）	1999	王晶
107	黄飞鸿之少林故事（下）	2000	王晶
108	黄飞鸿之英雄有梦	2014	周显扬

注：以上资料是笔者在www.21cn.com和香港电影资料馆、佛山市祖庙博物馆之黄飞鸿纪念馆二楼馆藏电影名录，以及笔者历时10余年搜集的电影文献基础上增补而成。

附录四

香港制作的 98 部黄飞鸿功夫电影英文一览
List of Wong Fei-hong films

This is a list of films featuring the Chinese folk hero, Wong Fei-hong, where possible alternative titles have been included, particularly the official English language titles or literal translations.

1940s
- Huang Fei-hong zhuan: Bian feng mie zhu (1949)
- Huang Fei-hong zhuan (1949)

Story of Huang Fei-hong (Hong Kong: English)

1950s
- Huang Fei-hong zhuan di san ji xue zhan Liuhua qiao (1950)

Huang Fei-hong's Battle at Liu-hua Bridge (Hong Kong: English)
- Huang Fei-hong zhuan da jie ju (1951)
- Huang Fei-hong xue ran Furong gu (1952)

Huang Fei-hong's Blood Battle in Furong Valley (Hong Kong: English)
- Huang Fei-hong yi gun fu san ba (1953)

How Huang Fei-hong Defeated Three Bullies with a Single Rod (Hong Kong: English)
- Huang Fei – hong yi jiu Haichuang si shang ji (1953)

How Huang Fei-hong Redeemed Haitong Monastery Part 1 (Hong Kong: English)
- Huang Fei-hong yi jiu Haichuang si xia ji (1953)

How Huang Fei-hong Redeemed Haitong Monastery Part 2 (Hong Kong: English)
- Huang Fei-hong chu shi wu ying jiao (1954)

Huang Fei-hong Tries His Shadowless Kick (Hong Kong: English)
- The True Story of Wong Fei-hung (1955)
- Huang Fei-hong wei zhen si pai lou (1955)

Huang Fei-hong's Victory at Fourth Gate (Hong Kong: English)
- Huang Fei-hong Huadi qiang pao (1955)

Huang Fei-hong Vied for the Firecrackers at Huadi (Hong Kong: English)
- Huang Fei-hong chang di jian ba (1955)

Huang Fei-hong Vanquished the Bully at Long Dike (Hong Kong: English)
- Huang Fei-hong yu Lin Shi-rong (1955)
- Wong Fei-hung's Battle at Mount Goddess of Mercy (1956)
- Huang Fei-hong hua ting feng yun (1956)

Huang Fei-hong and the Courtesan's Boat Argument (Hong Kong: English)
- Huang Fei-hong heng sao Xiao Beijiang (1956)

Huang Fei-hong's Victory at Xiao-Beijiang (Hong Kong: English)
- Huang Fei-hong fu er hu (1956)

How Huang Fei-hong Conquered the Two Tigers (Hong Kong: English)
- Huang Fei-hong da nao Foshan (1956)

Huang Fei-hong's Fight at Foshan (Hong Kong: English)
- Huang Fei-hong da nao hua deng (1956)

Huang Fei-hong and the Lantern Festival Disturbance (Hong Kong: English)
- Huang Fei-hong da zhan Shuangmendi (1956)

Huang Fei-hong's Battle at Shuangmendi (Hong Kong: English)
- Huang Fei-hong du bi dou wu long (1956)

How Huang Fei-hong Fought 5 Dragons Single-handed (Hong Kong: English)
- Huang Fei-hong hong chuan jian ba (1956)

How Huang Fei-hong Vanquished the Bully at the Red Opera Float (Hong Kong: English)
- Huang Fei-hong Guanshan da he shou (1956)

Huang Fei-hong Goes to a Birthday Party at Guanshan (Hong Kong: English)
- Huang Fei-hong gu si jiu qing seng (1956)

How Huang Fei-hong Saved the Lovelorn Monk from the Ancient Monastery (Hong Kong: English)
- Huang Fei-hong lei tai bi wu (1956)

Huang Fei-hong at a Boxing Match (Hong Kong: English)
- Huang Fei-hong huo shao Daoshatou (1956)

How Huang Fei-hong Set Fire to Dashatou (Hong Kong: English)
- Huang Fei-hong long zhou duo jin (1956)

Huang Fei-hong Wins the Dragon-Boat Race (Hong Kong: English)
- Huang Fei-hong nu tun shi er shi (1956)

How Huang Fei-hong Vanquished the Twelve Tigers (Hong Kong: English)
How Wong Fei-hung Vanquished Twelve Lions
- Huang Fei-hong qi dou huo qi lin (1956)

Huang Fei-hong's Seven Battles with the Fiery Unicorn (Hong Kong: English)
- Huang Fei-hong qi shi hui jin long (1956)

How Huang Fei-hong Pitted 7 Lions Against the Dragon (Hong Kong: English)

How Wong Fei-hung Pitted Seven Lions Against the Gold Dragon
- Huang Fei-hong san xi nü biao shi (1956)

How Huang Fei-hong Thrice Tricked the Girl Bodyguard (Hong Kong: English)

How Wong Fei-hung Thrice Tricked the Lady Security Escort
- Huang Fei-hong Shamian fu shen quan (1956)

How Huang Fei-hong Vanquished the Terrible Hound at Shamian (Hong Kong: English)

How Wong Fei-hung Vanquished the Ferocious Dog in Shamian
- Huang Fei-hong tian hou miao jin xiang (1956)

Huang Fei-hong Attends the Joss-Stick Festival at Heavenly Goddess Temple (Hong Kong: English)

Wong Fei-hung's Pilgrimage to Goddess of Sea Temple
- Huang Fei-hong shui di san qin Su Shu – lian (1956)

How Huang Fei-hong Thrice Captured Su Shu – lian in the Water (Hong Kong: English)
- Huang Fei-hong xing shi hui qi lin (1956)

How Huang Fei-hong Pitted a Lion Against the Unicorn (Hong Kong: English)
- Huang Fei-hong tie ji dou wu gong (1956)

Huang Fei-hong: The Iron Rooster Versus the Centipede (Hong Kong: English)
- Huang Fei-hong yi jiu long mu miao (1956)

How Huang Fei-hong Saved the Dragon's Mother's Temple (Hong Kong: English)
- Huang Fei-hong yi jiu mai yu can (1956)

Huang Fei-hong Rescues the Fishmonger (Hong Kong: English)
- Huang Fei-hong xue jian gu po wu (1957)

How Huang Fei-hong Fought a Bloody Battle in the Spinster's Home (Hong Kong: English)
- Huang Fei-hong ye tan hei long shan (1957)

How Huang Fei-hong Spied on Black Dragon Hill at Night (Hong Kong: English)
- Huang Fei-hong er long zheng zhu (1957)

Huang Fei-hong: Duel of the Two Dragons for the Pearl (Hong Kong: English)
- Huang Fei-hong da po fei dao dang (1957)

How Huang Fei-hong Smashed the Flying Dagger Gang (Hong Kong: English)
- Huang Fei-hong die xue ma an shan (1957)

Huang Fei-hong and the Battle of Saddle Hill (Hong Kong: English)
- Huang Fei-hong Henan yu xue zhan (1957)

Huang Fei-hong's Fight at Henan (Hong Kong: English)
- Huang Fei-hong lei tai dou san hu (1958)

Huang Fei-hong's Battle with the Bullies in the Boxing Ring (Hong Kong: English)
- Huang Fei-hong long zheng hou dou (1958)

Huang Fei-hong's Greatest Fight (Hong Kong: English)
- Huang Fei-hong da nao feng huang gang (1958)

How Huang Fei-hong Stormed Phoenix Hill (Hong Kong: English)
- Huang Fei-hong da po jin zhong zhao (1958)

How Huang Fei-hong Erased the Golden Bell Trap (Hong Kong: English)
- Huang Fei-hong da po Ma jia zhuang (1958)

Huang Fei-hong's Victory at Ma Village (Hong Kong: English)
- Huang Fei-hong Saved the Bride at Xiguan (1958)
- How Huang Fei-hong and His Wife Conquered the Three Rascals (1958)
- Huang Fei-hong tie ji dou shen ying (1958)

How Huang Fei-hong Used an Iron Fowl Against the Eagle (Hong Kong: English)
- How Huang Fei-hong Saved Liang Kuan in the Tiger's Cave (1958)

Wong Fei Hung Saves the Kidnapped Liang Kuan
- How Huang Fei-hong Conquered the Two Dragons with the Five Snakes (1958)
- Huang Fei-hong yi guan cai hong qiao (1959)

Huang Fei-hong on Rainbow Bridge (Hong Kong: English)
- Huang Fei-hong hu peng fu hu (1959)

How Huang Fei-hong Defeated the Tiger on the Opera Stage (Hong Kong:

English)
- Huang Fei-hong bei kun hei di yu (1959)

How Huang Fei-hong Was Trapped in the Dark Inferno (Hong Kong: English)

Wong Fei Hung Trapped in Hell

1960s

- Huang Fei-hong lei tai zheng ba zhan (1960)

Huang Fei-hong's Combat in the Boxing Ring (Hong Kong: English)

- Wong Fei Hung's Battle with the Gorilla (1960)
- Huang Fei-hong da po wu hu zhen (1961)

How Huang Fei-hong Smashed the 5 Tigers (Hong Kong: English)

- Huang Fei-hong hu zhao hui qun ying (1967)

Huang Fei-hong Meeting the Heroes with the Tiger Paw (Hong Kong: English)

- Huang Fei-hong zui da ba jin gang (1968)

Huang Fei-hong: The Eight Bandits

- Huang Fei-hong quan wang zheng ba (1968)

Huang Fei-hong: Duel for the Championship

- Huang Fei-hong rou bo hei ba wang (1968)

Huang Fei-hong: The Duel Against the Black Rascal

- Huang Fei-hong xing shi du ba mei hua zhuang (1968)

Huang Fei-hong: The Invincible "Lion Dancer"

- Huang Fei-hong wei zhen wu yang cheng (1968)

Huang Fei-hong: The Incredible Success in Canton

- Huang Fei-hong hu he dou wu lang (1969)

Huang Fei-hong's Combat with the Five Wolves

- Huang Fei-hong qiao duo sha yu qing (1969)

Huang Fei-hong: The Duel for the "Sha-yu-qing"

- Huang Fei-hong: The Conqueror of the "Sam-hong Gang" (1969)
- Huang Fei-hong yu xue liu huang gu (1969)

Huang Fei-hong in Sulphur Valley

1970s

- Huang Fei-hong yong po lie huo zhen (1970)

Huang Fei-hong: Bravely Crushing the Fire Formation (Hong Kong: English)

- Huang Fei Hong (1973)

Death Kick

The Master of Kung-Fu

Wong Fei Hung yung poh lit feng chan（Hong Kong：Cantonese）

- Huang Fei-hong shao lin quan（1974）

The Skyhawk

- Huang Fei Hong yi qu ding cai pao（1974）

Rivals of Kung Fu（International：English）

Wong Fei Hung yee chui ding choi dei（Hong Kong：Cantonese）

- Huang Fei-hong yu Lu A Cai（1976）

Challenge of the Masters

Lu A Cai yu Huang Fei Hong（Hong Kong：Cantonese）

- Huang fei hong si da di zi（1977）

The Four Shaolin Challengers（International：English）

Wong Fei Hung sei daai dai ji（Hong Kong：Cantonese）

- Jui kuen（1978）

Drunken Master

Challenge（India：English）

Drunken Fist（Hong Kong：English）（literal）

Drunken Monkey in the Tiger's Eyes

Eagle Claw, Snake Fist, Cat's Paw, Part 2

The Drunken Master（Philippines：English）

Zui quan（Hong Kong：Mandarin）

- Lin shi rong（1979）

Magnificent Butcher

Butcher Wing

Ren zhe wu di

1980s

- Huang Fei Hong yu gui jiao qi（1980）

The Magnificent Kick

Kick Without a Shadow

- Wu guan（1981）

Martial Club

Instructors of Death

- Yong zhe wu ju（1981）

Dreadnaught

Yung che miu gui（Hong Kong：Cantonese）
- Long xing tian xia（1989）
The Master
Wong fei hung

1990s
- Wong Fei Hung（1991）
Huang Fei-hong（Hong Kong：Mandarin）
Once Upon a Time in China Ⅰ
- Huang Fei Hong xiao zhuan（1992）
Once Upon a Time a Hero in China
- Huang Fei-hong xi lie zhi yi dai zong shi（1992）
Great Hero from China（Hong Kong：English）
Martial Arts Master Wong Fei Hung
Wong Fei Hong '92
- Wong Fei Hung ji yi：Naam yi dong ji keung（1992）
Huang Fei-hong zhi er nan er dang zi qiang（Hong Kong：Mandarin）
Once Upon a Time in China Ⅱ
- Huang Fei Hong zhi nan er dang bao guo（1993）
Fist from Shaolin
- Huang Fei Hong dui Huang Fei Hong（1993）
Master Wong vs. Master Wong
Once Upon a Time a Hero in China Ⅱ
- Wong Fei Hung ji saam：Si wong jaang ba（1993）
Huang Fei-hong zhi san shi wang zheng ba（Hong Kong：Mandarin）
Once Upon a Time in China Ⅲ
The Invincible Shaolin
- Wong Fei-hung zhi si：Wang zhe zhi feng（1993）
Once Upon a Time in China Ⅳ
- Wong Fei-hung tit gai dau neung gung（1993）
Huang Fei-hong tie ji dou wu gong（Mandarin）
Last Hero in China
Claws of Steel（UK）
Deadly China Hero（USA）
Iron Rooster vs. the Centipede
Tie ji dou wu gong

Wong Fei Hong's Iron Rooster vs. Centipide
- Siu nin Wong Fei Hung ji Tit Ma Lau（1993）

Shao nian Huang Fei-hong zhi tie ma liu（Mandarin）

Iron Monkey（USA / UK）

Iron Monkey：The Young Wong Fei Hong

Wong Fai Hong：The Formative Years（Hong Kong：English）（literal）

- Wong Fei-hung zhi wu：Long cheng jian ba（1994）

Once Upon a Time in China V

Wong Fei-Hung V

- Jui kuen Ⅱ（1994）

Drunken Fist Ⅱ（literal English）

Drunken Master Ⅱ

Legend of the Drunken Master（USA）

  Sui ken 2

The Legend of Drunken Master（USA）（new title）

Zui quan Ⅱ（China：Mandarin）

- Drunken Master Ⅲ（1994）
- Wong Fei-hung chi saiwik hung si（1997）

Huang Fei-hong zhi xi yu xiong shi（Hong Kong：Mandarin）

Once Upon a Time in China Ⅵ

Once Upon a Time in China and America

2000s

- Kungfu Master（direct-to-video anime，2008）

Wong Fei Hong vs. Kungfu Panda

（资料来源：https://en.wikipedia.org/wiki/Wong_Fei_Hung_filmographg）

附录五

内地、香港、台湾制作的18部黄飞鸿功夫电视剧一览
（对本专业同行或有参考价值）

序号	片名	集数	产地
1～8	黄飞鸿故事大全等8部	170集以上	台湾
9	少年黄飞鸿	30集	北京电视台、上海电视台、北京电视艺术中心、广州东方明珠联合制作
10	大话黄飞鸿	25集（2005年）	广东电视台
11	我师傅是黄飞鸿	25集（2005年）	香港翡翠台
12	新少年黄飞鸿（动画）	36集（2000年）	广州统一数码
13	仁者黄飞鸿	约20集	香港
14	黄飞鸿新传	22集（2001）	山东电视台
15	我是黄飞鸿		石坚主演
16	奸人坚		林嘉华主演
17	女拳		姜大卫主演
18	女拳		李天翔主演

附录六

姚朝文功夫影视论著成果一览

一、论著（论文19篇，著作4部，散文1篇）

序号	成果名称	成果形式	署名人	刊物年期、出版社和出版日期、使用单位
1	都市发展与非物质文化遗产传承	著作	姚朝文 袁瑾	北京大学出版社2009年版
2	黄飞鸿叙事的民俗电影诗学研究	著作	姚朝文	暨南大学出版社2014年版
3	城市文化教程	著作	姚朝文	南京大学出版社2014年版
4	中国功夫电影海外传播路线图及影响力分析	论文	姚朝文	《文艺研究》2010年第7期
5	乡土中国创造文化想象的世界奇观——百部黄飞鸿电影吉尼斯纪录的启示	论文	姚朝文	《学术研究》2013年第3期
6	珠三角城市创新的文化再认同难题——以黄飞鸿、霍元甲、叶问、李小龙影视的国际认同为例	论文	姚朝文	《创新城市社会管理文集》2011年12月，获广东省社科成果三等奖
7	宝芝林意象のイメージとラビビ・映画における中国岭南の都市民俗	论文	姚朝文	《都市民俗研究》（日本）2007年第3期
8	岭南武功题材电影的新界碑——《叶问2》对《叶问》的继承与超越	论文	姚朝文	《城市文化评论》2012年第5期
9	岭南城市化历程中黄飞鸿影视形象的民俗文化想象	论文	姚朝文	《中外论坛》（East West Forum，纽约）2005年第4期
10	粤港澳功夫影视中珠三角民众的习俗与精神寄托	论文	姚朝文	《21世纪》（香港中文大学）2006年第10期（网络版）
11	黄飞鸿叙事的民俗诗学研究	博士学位论文	姚朝文	中山大学，2007年

续上表

序号	成果名称	成果形式	署名人	刊物年期、出版社和出版日期、使用单位
12	城市升级中岭南文化的有效融入	咨询报告	姚朝文	佛山市政府2012年度重大课题关键决策咨询报告
13	论影视民俗艺术产业的研究方法创新——以黄飞鸿影视民俗诗学研究为例	论文	姚朝文	《城市文化评论》2011年第6期
14	从黄飞鸿功夫影视看文艺生态多样性的重建	论文	姚朝文	《佛山科学技术学院学报》（社科版）2014年第1期
15	创建"岭南功夫影视城"的构想	论文	姚朝文	《佛山科学技术学院学报》（社科版）2013年第3期
16	黄飞鸿影视民俗研究的定位与策略	论文	姚朝文	《佛山科学技术学院学报》（社科版）2009年第3期
17	粤港功夫影视中舞狮舞龙的非文本诗学意义	论文	姚朝文	《佛山科学技术学院学报》（社科版）2008年第4期
18	乡土中国的视觉想象	论文	姚朝文	《中华儿女·书画名家》2010年第1期
19	广州及珠三角的观音信仰	论文	姚朝文	《广州文艺》2014年第1期
20	佛山历史人物论丛	合著	姚朝文	广东人民出版社2012年版
21	岭南功夫电影大家谈	论文	姚朝文等	《佛山科学技术学院校报》（社科版），2013年第1期
22	建设岭南功夫影视城	论文	姚朝文	《学习天地》2013年第5期
23	实现现代化宜居幸福城市的路径	论文	姚朝文	《学习天地》2013年第2期
24	佛山民俗故事集锦	散文	姚朝文	《佛山侨报》2014年6月30日第11版

二、立项（6项）

1."都市发展与非物质文化遗产传承"，2006年教育部人文社会科学重大攻关项目，主要参加者，完成。

2. "黄飞鸿叙事的电影民俗诗学研究",2008年教育部人文社会科学规划项目,主持人,以优秀成绩(90分)通过鉴定(2012年5月)。

3. "黄飞鸿、叶问、李小龙影视艺术综合研究",2010年广东省普通高校人文社科一般项目,主持人,完成。

4. "城市升级中岭南文化的有效融入",2012年佛山市政府重大课题关键决策咨询报告,主持人,完成。

5. "岭南功夫的文化母题研究",2013年广东省广府文化研究基地自主招标课题,主持人,完成。

6. "佛山功夫名人影视传播研究",2014年佛山市委宣传部"佛山市人文和社科研究丛书",主持人,完成。

三、获奖(3项)

1. 《现代化新型城市——服务至上,设施完备》,论文,获广东省社会科学联合会颁发"广东省社会科学年度优秀论文"二等奖,2013年12月。

2. 《珠三角城市创新的文化再认同难题——以黄飞鸿、霍元甲、叶问、李小龙影视的国际认同为例》,论文,获广东省委宣传部、省社会科学联合会颁发"广东省社会科学年度优秀论文"三等奖,2011年12月。

3. 《城市升级中岭南文化的有效融入》,决策咨询报告,获广东省委宣传部"广东社会科学优秀成果"二等奖,2014年12月。

附录七

姚朝文著作、论文、研究课题、获奖、文艺创作一览

（一）著作

1. 姚朝文著：《文学研究泛文化现象批判》［国家哲学社会科学基金项目，2006 年结项，等级：良］，上海三联书店 2008 年版。

2. 姚朝文、袁瑾著：《都市发展与非物质文化遗产传承》［教育部人文社科重大攻关项目］，北京大学出版社 2009 年版。

3. 姚朝文著：《黄飞鸿叙事的民俗电影诗学研究》［教育部规划项目，2012 年结项，等级：优］，暨南大学出版社 2014 年版。

4. 姚朝文编著：《城市文化教程》，南京大学出版社 2014 年版。

5. 姚朝文著：《文艺逻辑学》，远方出版社 2004 年版。

6. 姚朝文著：《华文微篇小说学原理》，中国文联出版社 2002 年版。

7. 姚朝文著：《佛山功夫名人影视传播研究》，中山大学出版社 2015 年版。

8. 姚朝文著：《思想创新之光》，黑龙江教育出版社 1999 年版。

9. 姚朝文著：《城市现代化升级中岭南文化元素的系统有机融入》，主持完成广东省政府、佛山市政府重大咨询决策关键项目，2012 年。

10. 姚朝文著：《非文本诗学与文艺生态的和谐建构》，广东省社科基金项目结项成果，2011 年。

11. 姚朝文编著：《文化产业与文化事业比较研究》，中山大学中国非物质文化遗产研究中心硕士研究生教材，2009—2010 年使用。

12. 《文学引论》第二作者，黑龙江教育出版社 2001 年版。

13. 《文学写作教程》参编，高等教育出版社 2003 年版。

14. 《美学原理》参编，花城出版社 2001 年版。

15. 马梓能、姚朝文等著：《佛山陶瓷文化》［佛山市十五规划重大项目］，广东经济出版社 2003 年版。

16. 《佛山历史人物论丛》（主要执笔人之一），广东人民出版社 2012 年版。

17. 姚朝文编撰：《全国中学生优秀作文点评·说明》，长春出版社 1993 年版。

18. 姚朝文编撰：《全国中学生优秀作文点评·演讲》，长春出版社 1993 年版。

19. 姚朝文编撰：《全国中学生优秀作文点评·记事》，长春出版社 1993 年版。

20. 姚朝文编撰：《全国中学生优秀作文点评·状物》，长春出版社1993年版。

21. 姚朝文编撰：《全国中学生优秀作文点评·游记》，长春出版社1993年版。

22. 姚朝文编撰：《全国中学生优秀作文点评·写景》，长春出版社1993年版。

（二）论文

1. 《黄飞鸿功夫电影海外传播路线及其影响力分析》，《文艺研究》2010年第7期。

2. 《新理性精神与文化诗学批判》，《文艺理论研究》2006年第6期。

3. 《日常生活审美化与文艺学边界问题》，《文艺争鸣》2007年第1期。

4. 《文学泛文化化与研究者立场的迁移》，《文艺理论批评》2006年第4期。

5. 《乡土中国创造文化想象的世界奇观——百部黄飞鸿电影吉尼斯纪录的启示》，《学术研究》2013年第3期。

6. 《世界华文微篇小说在21世纪初的发展指向》，《学术研究》2002年第10期。

7. 《经典文学语境与民间化的表演诗学》，《人文杂志》2005年第4期。

8. 《关于21世纪中华文论的构想》，《文艺理论》1999年第7期。

9. 《中国文学走到怎样的世界里？》，《中外论坛》（West East Forum）2003年第4—5期。

10. 《从女权主义到都市性别的复杂生态》，《中外论坛》（East West Forum）2005年第1期。

11. 《文学历史的扭曲与多样性的重建——以岭南城市化历程中黄飞鸿影视形象的民俗文化想象为个案》，《中外论坛》（East West Forum）2005年第4期。

12. 《粤港澳舞狮舞龙民俗艺术的诗学意义——粤港澳功夫影视中珠三角民众的习俗与精神寄托》，《二十一世纪（网络版）》（香港中文大学）2006年第10期。收入中山大学中国非物质文化遗产研究中心、《文艺研究》杂志社主办《双三角论坛：当代城市发展与文化传承学术研讨会》论文集，2007年3月。

13. 《宝芝林意象のイメlジとラしビ·映画における中国岭南の都市民俗》（《宝芝林电影形象与中国岭南的都市民俗》）（日文版），《都市民

俗研究》（日本都市民俗学研究会，东京）2007年第3期。

14.《宝芝林意象与影视中的岭南城市民俗》，《城市文化评论》2007年第2期。

15.《黄飞鸿叙事的民俗诗学研究》，博士学位论文，中山大学，2007年。

16.《大众叙事程式、古典文化疑韵与岭南民间信仰的三重组合——林三伟著〈少年伦文叙〉序》，花城出版社2008年版。

17.《粤港功夫影视中舞狮舞龙的非文本诗学意义》，《佛山科学技术学院学报（社科版）》2008年第4期。

18.《词宗情圣唐后主　至义至性小周后——观第五届羊城国际粤剧节〈小周后〉演出有感》，《佛山艺术》2008年第12期。

19.《龙舟说唱的非文本诗学价值》，《文化遗产》2009年第3期。

20.《黄飞鸿影视民俗研究的定位与策略》，《佛山科学技术学院学报（社科版）》2009年第3期。

21.《乡土中国的视觉想象》，《中华儿女·书画名家》2010年第1期。

22.《黄飞鸿功夫电影海外传播路线图及文化影响力分析》，《文艺研究》2010年第6期。

23.《论影视民俗艺术产业的研究方法创新——以黄飞鸿影视民俗诗学研究为例》，《城市文化评论》2011年第6期。

24.《珠三角城市创新的文化再认同难题——以黄飞鸿、霍元甲、叶问、李小龙影视的国际认同为例》，《创新城市社会管理》2011年12月。

25.《武术之乡的武功大家》，《佛山历史人物论丛》，广东人民出版社2012年版。

26.《功夫电影的文化认同》，《佛山科学技术学院校报》2013-01-15。

27.《渡边晴夫在中日超短编小说比较研究》（日文版），（日本东京）《国学院大学大学院纪要》平成18年第38卷（2006年12月）。

另有文学艺术评论110余篇，此从略。

(三) 研究课题

1. 主持完成国家社会科学基金项目"文学研究泛文化现象批判"（2006年2月通过国家社科基金委全国课题结项鉴定，等级：良）。

2. 教育部人文社科2008年度规划项目"黄飞鸿叙事的民俗电影诗学研究"。

3. 广东省社科基金2007年度一般项目"被文本诗学遮蔽的非文本诗学与文艺生态的和谐建构"，研究岭南非书面文本的文学作品形态，如客家山歌、木鱼书、龙舟歌等民俗文艺生态及产业化的可能道路。

4. 广东省普通高校人文社会科学基金 2010 年度一般项目"黄飞鸿、叶问、李小龙影视艺术综合研究"。

5. 佛山市委宣传部人文和社科研究著作出版项目"佛山功夫名人影视传播研究",2014 年度。

6. 天津市"十五"社科规划一般项目"八十年代和九十年代中国大陆小说创作比较研究"。

7. 佛山市社科重大项目"佛山陶瓷文化","十一五"规划首项重大课题,2002—2003 年。

8. 佛山市政府决策咨询关键项目"城市升级中岭南文化的有效融入",2012 年度。

(四) 获奖

曾获黑龙江省第九届优秀图书二等奖、广东省"南粤优秀研究生"荣誉称号、中山大学"光华教育"基金优秀博士生奖、佛山市"五个一"工程著作奖、论文二等奖、《广州日报》"成长杯"新闻征文大赛第一名及《写作》杂志"全国超精短文学大赛优秀奖"。

1. 《文学引论》获黑龙江省第九届优秀图书二等奖(2001)。

2. 博士学位论文《黄飞鸿叙事的民俗诗学研究》获广东省"南粤优秀研究生"荣誉称号(2007)。

3. 《黄松坚大师"春夏秋冬"对中国仕女陶塑艺术的继承与创造》获广东省委宣传部 2010 年社科优秀论文二等奖。

4. 《新型城市:服务至上功能完备》获广东省委宣传部 2013 年社科优秀论文二等奖。

5. 《珠三角城市创新的文化再认同难题——以黄飞鸿、霍元甲、叶问、李小龙影视的国际认同为例》获广东省委宣传部 2011 年社科优秀论文三等奖。

6. 《华文微篇小说学原理与创作》获佛山市"五个一"工程著作奖(2013)。

7. 《文学研究泛文化现象批判》获佛山市优秀社科成果著作二等奖(2009)。

8. 《黄松坚大师"春夏秋冬"对中国仕女陶塑艺术的继承与创造》获佛山市优秀社科成果论文二等奖(2009)。

9. 《新理性精神与文化诗学批判》获佛山市优秀社科成果三等奖(2007)。

10. 《黄飞鸿功夫电影海外传播路线及其影响力分析》获佛山科学技

术学院人文社科论文一等奖（2013）。

11.《绑架大师》获中国作家协会、《散文选刊》全国征文一等奖（2012）。

12.《东北人参与皮大衣》获中国作家协会中篇小说二等奖（2008）。

13.《我们共同成长》获《广州日报》"成长杯"征文大赛第一名（2007）。

14.《最后一计》获中国小说学会"文华杯"全国短篇小说大赛三等奖（2014）。

15.《校庆抒怀》获中国老年报书画院、北京华夏博学国际文化交流中心"相约北京·全国中老年文学艺术大奖赛诗歌一等奖"（2014）。

16.《基督之悲》获《写作》杂志（中国写作学会会刊）"全国超精短文学大赛优秀奖"（1995）。

17.《广告写作要诀》获吉林省写作协会论文一等奖（1993）。

18.《小说的线索与结构之间的单值对应关系》获东北师范大学研究生院论文二等奖（1993）。

（五）文艺创作

1.《中国新文学大系（1976—2000）·微型小说》（入选），上海文艺出版社2008年版。

2.《中国当代幽默微型小说选》（入选），上海人民出版社2002年版。

3.《佛山诗人诗选》（入选），天津社会科学出版社2005年版。

另发表小说、散文、诗歌、剧本120余篇，此从略。

（六）讲座

1.《世界功夫电影奇观（上）——吉尼斯纪录"百部黄飞鸿电影"的百年传播与影响》，中山大学中国非物质文化遗产研究中心讲座，2009年4月9日。

2.《世界功夫电影奇观（下）——吉尼斯纪录"百部黄飞鸿电影"的百年传播与影响》，佛山市图书馆公开讲座，2009年9月18日。

3.《世界功夫电影奇观（上）——吉尼斯纪录"百部黄飞鸿电影"的百年传播与影响》，佛山电视大学"岭南风"文化艺术沙龙系列讲座，2012年4月28日。

参考文献

1. 易中天. 读城记 [M]. 上海：上海文艺出版社，1997.
2. 王兴中，等. 中国城市社会空间结构研究 [M]. 北京：科学出版社，2000.
3. 叶裕民. 中国城市化之路——经济支持与制度创新 [M]. 北京：商务印书馆，2000.
4. 陈立旭. 都市文化与都市精神——中外城市文化比较 [M]. 南京：东南大学出版社，2002.
5. 张鸿雁. 城市形象与城市文化资本论——中外城市形象比较的社会学研究 [M]. 南京：东南大学出版社，2002.
6. 马梓能，姚朝文. 佛山陶瓷文化 [M]. 广州：广东经济出版社，2003.
7. 张鸿雁. 城市·空间·人际——中外城市社会发展比较研究 [M]. 南京：东南大学出版社，2003.
8. （美）刘易斯·芒福德. 城市发展史——起源、演变和前景 [M]. 宋俊岭，倪文彦，译. 北京：中国建筑工业出版社，2005.
9. 李燕凌，陈冬林. 市政学导引与案例 [M]. 北京：中国人民大学出版社，2006.
10. 高小康. 城市文化评论（第1辑）[M]. 广州：花城出版社，2006.
11. 欧阳友权. 文化产业通论 [M]. 长沙：湖南人民出版社，2006.
12. 高小康. 城市文化评论（第2辑）[M]. 广州：花城出版社，2007.
13. 老枪. 中国城市口水战 [M]. 北京：当代中国出版社，2007.
14. 周薇，田根胜，夏辉，等. 铸就城市之魂：东莞文化软实力研究 [M]. 广州：广东人民出版社，2008.
15. 桂勇. 邻里空间：城市基层的行动、组织与互动 [M]. 上海：上海世纪出版集团，2008.
16. 高小康. 霓虹下的草根：非物质遗产与都市民俗 [M]. 南京：江

苏人民出版社，2008.

17. 姚朝文. 文学研究泛文化现象批判［M］. 上海：上海三联书店出版社，2008.

18. 陈宇飞. 城市文化概论［M］. 北京：文化艺术出版社，2008.

19. 姚朝文，袁瑾. 都市发展与非物质文化遗产传承［M］. 北京：北京大学出版社，2009.

20. 黄忠顺，田根胜. 城市文化评论（第3辑）［M］. 广州：花城出版社，2009.

21. 黄忠顺，田根胜. 城市文化评论（第4辑）［M］. 广州：花城出版社，2009.

22. 姚朝文. 黄松坚大师《春夏秋冬》对中国陶艺仕女造型的传承与创造［J］. 中华儿女·书画名家，2010（4）.

23. 黄忠顺，田根胜. 城市文化评论（第5辑）［M］. 广州：花城出版社，2010.

24. 黄忠顺，田根胜. 城市文化评论（第6辑）［M］. 广州：花城出版社，2010.

25. 于一凡. 城市居住形态学［M］. 南京：东南大学出版社，2010.

26. 鲍宗豪. 国际大都市文化导论［M］. 上海：学林出版社，2010.

27. 奚洁人，等. 世界城市精神文化论［M］. 上海：学林出版社，2010.

28. 包亚明. 文明与后现代亚太都市［M］. 上海：学林出版社，2010.

29. 吴莉娅. 城市化动力：城市与产业［M］. 哈尔滨：黑龙江人民出版社，2010.

30. 张鸿雁. 城市文化资本论. 2版［M］. 南京：东南大学出版社，2010.

31. 曾一果. 想象城市：中国当代文学与媒介中的"城市"［M］. 哈尔滨：黑龙江人民出版社2010.

32. 喻国明. 中国传媒发展指数报告（2010）［M］. 北京：人民日报出版社，2010.

33. 李兰芬. 女性发展与城市性格［M］. 哈尔滨：黑龙江人民出版社，2010.

34. 赵刚，肖欢. 国家软实力：超越经济和军事的第三种力量［M］. 北京：新世界出版社，2010.

35. 商学兵. 佛山读本［M］. 广州：广东人民出版社，2010.

36. 林雄. 广东省建设文化强省规划纲要辅导读本［M］. 广州：南方日报出版社，2010.

37. 黄忠顺，田根胜. 城市文化评论（第7辑）［M］. 广州：花城出版社，2011.

38. 李志刚，顾朝林. 中国城市社会空间结构转型［M］. 南京：东南大学出版社，2011.

39. 徐俊忠，顾涧清. 中国广州文化发展报告（2011）［M］. 北京：社会科学出版社，2011.

40. 姚朝文. 珠三角城市创新的文化再认同难题——以黄飞鸿、霍元甲、叶问、李小龙影视的国际认同为例［J］. 创新城市社会管理文集，2011（12）.

41. 佛山市社会科学界联合会. 佛山科学发展蓝皮书（2011）［M］. 广州：南方日报出版社，2012.

42. 王兴中，等. 城市社区体系规划原理［M］. 北京：科学出版社，2012.

43. 李贤毅. 智慧城市开启未来生活——科学规划与建设［M］. 北京：人民邮政出版社，2012.

44. 李建盛. 北京文化发展报告（2011—2012）［M］. 北京：社会科学出版社，2012.

45. 黄忠顺，田根胜. 城市文化评论（第8辑）［M］. 广州：花城出版社，2012.

46. 黄忠顺，田根胜. 城市文化评论（第9辑）［M］. 广州：花城出版社，2013.

47. 姚朝文. 岭南文化产业发展战略前沿报告（2009）［C］//黄忠顺，田根胜. 城市文化评论（第9辑）. 广州：花城出版社，2013.

48. 姚朝文. 黄飞鸿叙事的都市民俗诗学研究［M］. 广州：广东人民出版社，2013.

后　　记

少年时代听到许多武林传奇故事，也亲眼见识了不少武林奇技，尤其是观看了全国武林大会，更是对武术神往之至。随着年岁的增长，不得不全力以赴考大学、考硕士、攻读博士，除了由断断续续地练武功转为练养生功外，阅读武林传奇小说，观赏功夫电影、电视剧成了我的主要爱好。尤其是1996年在泰国、1999年在马来西亚参加世界华文微型小说国际研讨会期间，当地华侨问我来自唐山的哪里，我回答：广东佛山。他们不假思索地脱口而出："佛山黄飞鸿。"这对我启发甚大。在海外华人的民间社会里，香港功夫电影中塑造的传奇英雄黄飞鸿、李小龙、霍元甲等武林宗师形象，比历史人物孙中山、康有为、梁启超、洪秀全更具体地活在当代民众的心目中。这除了影视艺术的影响力之外，也说明中国和海外华人民间社会对中华武功的敬重与向往。我们岭南学者，尤其是佛山学者有什么理由对此视而不见呢？中原文化传统重文轻武，导致古代的中原、近代的中国屡屡遭受外来侵略。恰恰是晚清至近代以来的武林，谱写了一出出破解"东亚病夫"魔咒的浩然正气之悲歌、壮歌！每当搜集到历史文献底层的这些奇迹，已近知天命之年的我，屡屡被先祖们的英雄壮举和吞吐宇宙、叱咤风云的大无畏气概感动得夜不能寐，禁不住要奋笔疾书。本书既是一本岭南（主要涉及粤港澳台）功夫电影与武功大师向国际社会播散的学术著作，也是一部讴歌中国武林先辈，向他们致敬的颂歌。宋朝以前，中国的民族精神里有两个支撑物，一个是担当整体社会正义与公平使命的"士"阶层，一个是担当个体正义、"路见不平拔刀相助"的"侠"阶层。后来的历史发展长河中，士与侠的精神虽然呈现波状起伏的发展态势，但总体而言是在被不断地削弱。当今，中国的国力正在追赶美国，在创造并努力实现"中国梦"的过程中，吸取并创造性地转化中国传统文化中那些能够"强种保国、自强强国"的民族生命力的精髓，就显得十分迫切且必要。

21年来，我编写的每一本书，都经过再三推敲、润色、修改，直至比较满意，才肯交付出版社正式出版。尤其值得一提的是主持完成的国家社科基金项目成果《文学研究泛文化现象批判》，字斟句酌地大修大改了六遍才感到十分满意；教育部规划项目成果《黄飞鸿叙事的民俗电影诗学研究》也反复修改达六次之多；《华文微篇小说学原理与创作》更是在13年的时间里修改了十三遍才正式出版。岁月的年轮滚滚向前,当笔者以今天的学术视界和新眼光回顾陈年旧作、一一对照审读并打扫尘埃的时候,就会发现,凡是那些字斟句酌、反复推敲、呕心沥血、惨淡经营之作,基本上能够经得起岁月的销蚀冲洗、学术思潮的砥砺考核。请想一想,当你10年前的著作提出的研究框架、前沿论点或提供的翔实论据现在依然不过时,依然被同行征引、评议的时候,你的心里是否会有一种充实感?是否产生了一种无法言喻的学术苦功没有白废之感呢?相反,当我在15年前编写的诸种大学文科教材,因为需要适应出版社的出版进度与教材发行档期而日夜不停地赶写,尽管也很尽力,可是那些一年之内就完成的参编教材,虽然及时地适应了教学研究、教材开发的需要,但是,教材开发终究不是原创性的创造与发现,窃以为,是不大经受得了时间的检验的,其普及意义大于原创性。

　　笔者在日本的大学任客座教授时,日本汉学界大家渡边晴夫教授对我说:"中国大陆20世纪后半期的小说家当中,最值得推崇者,老一代作家是孙犁,中生代的是汪曾祺。"孙犁先生在1995年1月30日完成他改革开放以来创作的十部著作后,为他的《曲终集》写后记曰:"人生舞台,曲不终,而人已不见;或曲已终,而仍见人。此非人事所能,乃天命也。孔子曰:天厌之。天如不厌,虽千人所指,万人诅咒,其曲中能再奏,其人则仍能舞文弄墨,指点江山。细菌之传染,虮虱之痒痛,固无碍于战士之生存也。"20年过去了,先生所云,言犹在耳,观以当今,可谓言之凿凿。孙犁先生在当年的6月7日写下的绝笔云:"人到老年,最好不问世事,少写文章,这部散文出版,也不再印书。"(参见《难忘的书与人》,生活·读书·新知三联书店2014年版)我尚未达到孙犁先生那样的年龄与境界,但先生的体会却让我感同身受;我尚未步入写自己的曲终集的时日,但现在回顾自己已经正式出版的十七部著作,却越来越感到莫名的孤独。我的学术高度远未企及苏轼在《水调歌头》里抒发的"高处不胜寒",但越来越强烈地觉悟到,在人生的某些阶段,可能真的已经多言无益。

　　学术界他人编撰而收录了我论文之五部论文集,文学界名家编选作品选集中收录我的文学创作作品的另五部(如由王蒙、王元化总主编的《中国新文学大系1976—2000》第16卷《微型小说卷》,又如凌鼎年编选《中国幽默微型小说精选》、《世界华文微型小说作家微自传》,彭乐田、张况主编的《佛山诗人诗选》等)都不在前述十七部之列。我感谢那十部论文集的编著者们,但不敢掠美,因为这些著作是他们编撰而成的。

　　我并未追求过今生今世要著作等身。孔子云:"己所不欲,勿施于人。"我愿意终身践行孔夫子的这一教导。自己写出的作品,自己要费心写;完成后自己能够费心温习三遍尚有阅读的激情和动力,就说明这本书拥有了推荐给读者阅读的本钱与资格。至少没有亵渎鲁迅先生的教导:

"浪费别人的时间等于图财害命！"

本书是在我主持完成广东省普通高校人文社科基金一般项目"黄飞鸿、叶问、李小龙影视艺术综合研究"（批准号：10WYXM006）终结成果基础上的扩充与改编。感谢该基金的支持，成为督促我减少懒惰的动力。感谢中山大学中文系林岗教授、中国传媒大学袁庆丰教授、广州大学文学研究所刘介民教授、华南师范大学文学院段吉方教授、广东财经大学田忠辉教授对该成果提出的宝贵建议，有助于我进一步修改完善，提高质量。

本书得以完成并出版，除了我在本书附录三"作者发表功夫影视前期成果一览"里列出的 21 篇（部）相关前期课题立项、获奖、发表与出版中需要感谢的诸多师友文朋外，特别需要感谢的是佛山市社科联邓翔副主席，佛山市委宣传部方华刚科长、何子健科长、雷郎才、淦述卫等同志。感谢佛山科学技术学院重点培养学科中国语言文学学科的资助。本书第三章和第九章系"佛山科学技术学院佛山岭南文化研究院 2014 年度招标课题"《世界功夫之王李小龙生平释疑》（项目编号：14LNWH13）的主要部分，特此对佛山岭南文化研究院深表谢忱。感谢佛山科学技术学院科技处副处长陈恩维教授、钟建平科长对本书稿进度的督促，感谢佛山科学技术学院学报主编戢斗勇研究员长期以来对于我的研究成果给予的重视，也感谢佛山科技学院体育学院院长刘永峰教授与我在外出调研时的配合与切磋。佛山功夫文化界资深本土专家梁国澄先生对我的研究工作提供了许多精辟的思考与有益的启发，他的本土经验非常接地气。中山大学出版社的编辑对本书的审读、编校、排版付出了辛劳，在此一并致谢。

我还要特别感谢我耄耋之年的老父母，数十年来谆谆教导我倾心学术，让我没有后顾之忧地发奋著述，踵武司马迁之"究天人之际，通古今之变，成一家之言"。妻子和儿子更是我在"甘坐板凳二十年冷"的学术生涯中不断探索的动力和依靠。

希望这本书能够给国内外爱好岭南文化，尤其是岭南武功文化和功夫电影的人们提供比较系统的解读与分析，尤其是对诸多以讹传讹、似是而非的历史本事与故实，对于功夫电影国际传播中的许多空白，能够作出比较可靠的阐释。囿于水平，书中一定存在着诸多不完善之处，祈请海内外方家批评指正并提供本书未及论述的第一手文献资料、物证，以利于将来修订再版时加以完善。

姚朝文

2014 年 12 月 12 日　岭南佛山　一稿

2015 年 3 月 7 日　　岭南佛山　二稿